佐藤博信◉編

中世東国の政治と経済

岩田書院

中世東国論❻

まえがき

本論集『中世東国の政治と経済　中世東国論6』および『中世東国の社会と文化　中世東国論7』は、佐藤博信先生が二〇一六年十月をもって古稀を迎えるにあたり、日頃先生に指導をいただいている者たちが集い、先生への感謝の意を込めて、研究成果を刊行するものである。

先生は一九八〇年四月、千葉大学に着任され、二〇一二年三月末日の定年退職まで、文学部史学科及び大学院等で教鞭を執られた。先生の御研究は、広く東国史を見据えることで関東各地の中世史を解明しようという視角に貫かれている。とりわけ、関東足利氏との関連のなかで安房里見氏・上総武田氏・下総千葉氏について新たな権力像を提示し、「江戸湾」をめぐる水運・商工業者をも視野に入れつつ、安房妙本寺を中心とする日蓮宗寺院の研究等を進められてこられた。さらに先生は、千葉歴史学会の発足時から運営に尽力し、二〇〇五年から二〇一三年五月まで会長として広範囲にわたる人々の中心となり、歴史研究・歴史教育等の発展に貢献されてきた。加えて、先生は自治体史編纂にも携わり、一九九一年から発足した千葉県史編纂事業には当初から参画、やがて中世史部会長として最新の研究成果を反映させた『千葉県の歴史』中世編（資料編・通史編）の執筆・編集・刊行に力を尽くした。

このように歴史研究・教育活動に尽力された先生のもとには、中世東国史の研究を志す者たちが必然と広く集うことになった。その範囲は千葉県内のみならず、関東一円から、職業・経歴・年齢も問わなかったのである。先生が主導してきた千葉歴史学会中世史部会において、文献史学を中心にしつつも、宗教史・考古学・歴史地理学・城郭史・交通史等の様々な分野にわたり、多くの者たちが日頃の成果を報告し、討論を重ね、研鑽を積んできたことはその現れである。先生が千葉大学を定年退職したのちも中世東国史の研究を志す若手を中心に、新たな参加者を得ていることは、先生が築き上げた千葉歴史学会中世史部会の存在の大きさを物語るといえよう。また、何より先生ご自身が今なお、ご論考を多数発表されている事実は、われわれへの大きな励みとなっている。

これまで、われわれは『中世房総の権力と社会』（高科書店、一九九〇年）、『中世東国の地域権力と社会』（岩田書院、一九九六年）、『中世東国の政治構造　中世東国論上』『中世東国の社会構造　中世東国論下』（岩田書院、二〇〇七年）、『中世房総と東国社会　中世東国論4』『関東足利氏と東国社会　中世東国論5』（岩田書院、二〇一二年）という六冊の論集を刊行し、その研究成果を世に問うている。本論集はそれに続くものであり、前回に引き続き多くの方々から論考が寄せられたため二巻構成とし、中世東国史の政治史と経済史を扱った巻と、社会史と文化史を扱った巻とに分けて、論考を収載した。本論集の企画及び編集作業はすべて編集委員会の責任でおこなったが、先生には編者になっていただくとともに、各巻に原稿の執筆をしていただいた。

最後に厳しい出版状況にもかかわらず、本論集の出版を快くお引き受けくださった岩田書院の岩田博氏には心より感謝申し上げる次第である。

二〇一六年十二月

佐藤博信先生古稀記念論集編集委員会
石橋一展　石渡洋平　久保賢司
黒田基樹　滝川恒昭　遠山成一
外山信司　長塚　孝　細田大樹

中世東国の政治と経済　中世東国論6　目次

陸奥・鎌倉両将軍府の成立

――護良親王・足利尊氏の東国構想――

阪田雄一

はじめに

元弘三年（一三三三）十二月、後醍醐天皇の第六子成良親王を奉じて、足利尊氏の弟直義が鎌倉に到着した。鎌倉将軍府の成立である。この将軍府、多くの概説書の中に触れられていても、これにスポットを当てて考察しているものは意外に少ない。古くは渡邊世祐氏[1]、近年は伊藤喜良氏の業績がある[2]が、主眼は南北朝期以降の鎌倉府に置かれることが多く、建武新政下の鎌倉将軍府に関してはそれほど触れられてはいない。

筆者は、「建武新政下鎌倉府再考[3]」や「雑訴決断所と鎌倉将軍府[4]」などで、鎌倉将軍府の権限について、まず関東に雑訴決断所牒が一〇通ほど残っていることから、関東が雑訴決断所の管轄下にあり、本来は将軍府には引付的権限は存在しないことを確認した。また「中先代の乱と鎌倉将軍府[5]」では、中先代の乱の主体は御内人勢力であること、それに対応した鎌倉将軍府勢力は、関東廂番ではなく、鎌倉時代同様に守護が動員された体制であったことを考察した。つまり鎌倉将軍府には、引付的権限もそれに関わる組織も存在を認められず、さらに軍事的には守護を主体とした動員体制である建武の新政下の一地方機関であることが確認できた。

その結果、筆者が受けた印象は、鎌倉将軍府はなんと中途半端な組織かということであった。成良親王と足利直義が派遣され、旧鎌倉幕府的な将軍と執権という人員配置ながら(6)、成良親王は征夷大将軍ではなく、直義には全権が与えられているとは思えず、雑訴決断所の管轄下にあることで陸奥将軍府のような独立的組織ではないことが判明し、軍事的行動も守護を主体としていたことで将軍府自体には独自の軍事的組織がなかったことが理解でき、いったいどういう意図を持って成立させたのであろうか、理解に苦しむところである。

筆者の前掲拙稿は鎌倉将軍府成立後を対象としていたため、根本的な問題、つまり鎌倉将軍府の成立に関する問題には若干触れてはいるものの、十分とはいえない状況であった。そこで本稿ではその成立に関して考察してみたい。

鎌倉将軍府の成立を考えてみるに、そもそも建武の新政側は東国をどのように扱おうとしていたのかという疑問が生じる。また将軍府成立以前に既に千寿王(義詮)が存在しているにもかかわらず、なぜ足利直義が送り込まれてくるのか。千寿王が鎌倉に残った意味は何だったのか。なぜ直義なのか、千寿王ではいけなかったのか。幕府組織はどうなってしまったのか。さらに鎌倉将軍府の前提として陸奥将軍府の存在がある。また『保暦間記』などをみるに、陸奥将軍府の成立には護良親王の存在が大きいと思われるが、いずれも鎌倉将軍府成立には、大きな関わりがあると思われる。まずそこから考察してみたい。

一　護良親王征夷大将軍就任の意味

鎌倉幕府滅亡前後の状況は、後醍醐天皇が隠岐を脱出し、船上山にて各地に綸旨を発給し倒幕を促してはいたが、こと畿内地方では、実質的中心にいたのは護良親王であった。

護良親王は、後醍醐天皇の皇子のひとりであり、森茂暁氏は、天皇が隠岐流罪に処せられている際には、親王の発給する令旨は後醍醐天皇の綸旨の代行をしていたと指摘しており、(7)重要な役割を果たしていたことがわかる。また市沢哲氏は、赤松氏や楠木氏の後ろ楯として護良親王がおり、楠木攻めに加わっていた御家人たちに令旨を発給し、倒幕の勢力形成に大きな働きをしたとしている。(8)確かに楠木攻めは御家人たちが攻撃のため集結しているが、逆に令旨を受け取りやすい状況ともいえる。結城氏は元弘三年（一三三三）三月十五日付の親王令旨を四月二日に賜っており、(9)新田義貞らもこの前後に令旨を賜り離脱したと考えてよかろう。となれば、森氏の指摘通り六波羅探題滅亡前後から鎌倉幕府滅亡に至る過程の中で、護良親王の令旨が果たした役割は大きかったと判断できる。親王は畿内地方の反乱軍の掌握だけでなく、六波羅探題滅亡の原因の一端をもち、さらにこれから訪れるであろう鎌倉幕府滅亡の報告、その主力となった御家人を動かしたのは護良親王の令旨となれば、護良親王が軍事的権力の頂点に立っていると本人が自覚し認識していたことは間違いない。

一方、足利尊氏は六波羅探題を滅亡させると、京に奉行所を開き元弘三年五月十日を皮切りに、(10)十二月十日まで、(11)上洛してくる武士たちの着到状に証判を与えていた。

六波羅探題滅亡後の尊氏の発給した文書を確認してみると、

〔史料1〕（「土佐香宗我部文書」(12)）

土佐国介良庄事、為走湯山密厳院領之処、甲乙人致濫妨狼藉條、早長宗我部新左衛門相共、相鎮狼藉、沙汰居代官、可所務、且載起請之詞、可注進違犯仁交名之状如件、

元弘三年六月四日　　　　源朝臣（花押）

甲斐孫四郎殿

とあり、これは、混乱した状況の中で武士に対して濫妨を停止させるものであり、この時期の尊氏発給文書は武士宛であり、公家や寺社の動向には触れていない。伊藤喜良氏は、後醍醐天皇の綸旨は当座の混乱を収める便宜的なものであるとする(13)。筆者もそれに賛同を覚えるが、探題滅亡後の混乱状態を沈静化させるには、各自が各々の判断で秩序を保持しなければならず、尊氏も一定の理性をもって行動していたのである。尊氏は上洛してくる西日本の武士に対しての着到状に証判を押すが、これは尊氏が京を中心にした武家勢力の把握に努力している姿であって、自ら奉行所を開設することで、六波羅探題の代わりを務めようとする意図に違いない。

東国の武士の掌握は、千寿王の存在が大きい。新田義貞を追い落とし細川一族が中心となり足利氏による鎌倉支配が成功したことによって、御家人たちの掌握がなされたと思われる。つまり千寿王による鎌倉の制圧は、残存する幕府組織を介した武家の掌握であって、尊氏の奉行所は六波羅探題の代行をしていたと考えるべきであろう。

重要なことは、当時の貴族や武士たちは、京に公家政権が存在し、鎌倉に武家政権が存在する体制しか経験していないことである。鎌倉幕府は滅亡しても、千寿王によって鎌倉が掌握され、六波羅探題が消滅しても、その代行として尊氏が西国の武士の掌握に努力していることは、現状維持を図っており、そして最終的には、千寿王の鎌倉制圧を根拠として、建武の新政下の組織として、武家の掌握を足利氏に委ねるという後醍醐天皇の決定を導き出すことを目標としていたと思われる。

尊氏をはじめ武士たちにとっては、後醍醐天皇が京に返り咲いたことは、公家政権の中の出来事であり、彼らには武家政権がどうなるかの方が大きな問題なのである。尊氏はその状況の変化を最小限にとどめるために活動していたと考えるべきで、先述の通り、滅んだ六波羅探題に代わって京に奉行所を開き武士の掌握に尽力するのは当然であり、千寿王によって鎌倉を掌握させることは、滅んだ北条氏に代わり幕府組織を堅持する目的があったのである。つまり尊氏は京に公家政権が、鎌倉に武家政権がある体制の維持を考えていたことがわかる。

美作の御家人角田正秀は、鎌倉を離れ京に馳せ参じているが、元弘元年十月二日に尊氏から着到状に証判をもらっている。(14) これは鎌倉が千寿王によって掌握されていることを示しており、鎌倉を離れたそれ以外の地域の武士たちの掌握に尊氏が尽力しているのである。

このように考えると、鎌倉幕府滅亡後の武家の中心は足利尊氏であることは間違いない。幕府滅亡という事態に際しての混乱を沈静化させるための手段であり、先述の通り、尊氏は一定の理性を持って行動しているのである。さらに不思議なことに、この行動は後醍醐天皇帰洛後も継続されている。もしこれが天皇の意思に反することならば、直ちに停止させられるべきものであろう。それがなされていないことは、この動きは後醍醐天皇の承諾を得ての行動と考えられる。後醍醐天皇の意向を無視してまで、尊氏が証判を与えることは考えられない。後醍醐天皇は尊氏に武士の掌握を任せたと考えてよいと思われる。新田義貞が武者所の長官を務めてはいるが、権限は洛中警備が中心であり、義貞が武士全体の把握を任されたわけではない。よく「尊氏なし」という言葉が強調されるが、尊氏は、元弘三年八月に武蔵守に任じられるし、建武元年（一三三四）九月には参議となり常に新政の中枢に存在していたのである。

吉原弘道氏も建武の新政下の尊氏を研究され、「尊氏なし」の言葉に惑わされることは本質を見失うと喚起を促しており、筆者も同感ではある。ただ吉原氏は西国まで及ぶ尊氏の軍事的権限の根拠を鎮守府将軍に見出している。(15) しかし鎮守府将軍はあくまでも東国に関しての役職と思われ、西国までその権限が及ぶと考えるのはどうであろう。この奉行所はやはり六波羅探題滅亡後、その権限を代行していると考えるべきであろう。

当時の人々にとっては、京においては大覚寺統の復権という政権の交代であり、鎌倉においては幕府の滅亡により北条氏から足利氏へと武家の中心が移行していく事態が出現した。京に公家政権が、鎌倉に武家政権があるというのが通常である中での、権力の交代ととらえていたのであり、後醍醐天皇も足利尊氏も、また多くの人々もそのつもりで行動していたのではなかろうか。

この考えに大きく異議を唱えたのが護良親王であった。六波羅探題や鎌倉幕府が滅びるまでの軍事権の頂点に立っていると考えている護良親王には、尊氏の行動に疑念を挟むようになるのは当然であろう。尊氏はあくまでも後醍醐天皇の信を受けて行動しているのであるが、護良親王にはこのままでいけば、いずれ再び武家政権が鎌倉に成立するであろうことが見えていたのであろう。

護良親王は、幕府滅亡後の武家をどう扱うかを具体的に考えていた人物ではなかろうか。それが恐らく自称であった征夷大将軍就任なのである。

岡野友彦氏が指摘しているように[16]、この頃、征夷大将軍には親王が任命されるものであった。鎌倉幕府六代将軍宗尊親王以降代々親王が任ぜられており、親王が征夷大将軍になることに何ら支障などなく、当時としては当然のことではなかったか。尊氏は鎮守府将軍で十分満足していたのではなかろうか。

鎌倉幕府の将軍は、実質的権限はないとはいえ、武家の首位であることは間違いない。護良親王が尊氏を意識していたことは、尊氏が着到状に証判を与え始める五月十日頃、護良親王が将軍宮としての令旨を発給するのも五月十日であり[17]、重なる部分があることからも理解できよう。征夷大将軍こそ、武家掌握の絶対的地位と考えたに違いない。尊氏の行動に反発し、また凌駕する立場の獲得であろう。その後正式に任命されることで親王は、幕府滅亡後の東国に関する権限を掌握したと考え、東国の武家をどのように跪かせるか、東国を作りかえるかという意思を持ったと思われる。特に鎌倉は尊氏の息子千寿王が制圧しており、武家の掌握を目指す尊氏の基盤であった。それを破壊することが尊氏打倒の第一歩と考えたのではないか。それが、陸奥将軍府構想であった。

つまり当時の京政府には、東国や武家政権をどうするかで、護良親王を中心に、旧幕府を解体させ、代わりに新政府の下に武家を掌握するための新しい組織を構築する考え方と、足利尊氏を中心として現状維持をすることが一番と考えるという、二つの考え方が存在していたのである。

では、後醍醐天皇は東国をどのように考えていたのであろうか。

尊氏にしてみれば、後醍醐天皇が京に返り咲き政権の中心に座ることを主眼とし、武家をどうするについては二の次に考えてもらえれば、尊氏は千寿王を鎌倉に残してきた意味があり、自らが六波羅探題の代わりに奉行所を開き西国の武士を掌握する意義がある。北条氏に代わり足利氏が鎌倉を掌握し、武家政権を維持することが可能になる。

それに対して護良親王は、尊氏の構想を真っ向から否定し、鎌倉には武家政権を構築せず、後述するが、陸奥に鎌倉幕府の体制を移行させた将軍府を作ることを進言し、八月までに体制を整えることに成功した。誰を派遣するかは親王自身か義良親王かはわからぬも、北畠顕家が中心となることは決定していたのである。その構想が進んでいたにもかかわらず、後醍醐天皇は依然として尊氏に武家の掌握を許していた。ということは後醍醐自身が東国に対しても、武家の扱いにも、関心を持っていたとは考えにくいのではないか。後醍醐天皇は、護良親王と足利尊氏の構想が対立することに気づいていないのである。

二　陸奥将軍府の成立

陸奥将軍府と鎌倉将軍府について、概説書には次のようにある。

村井章介氏は、「一三三三(元弘三)年末に陸奥守北畠顕家が義良親王を奉じて多賀城へ、相模守足利直義が成良親王を奉じて鎌倉へ下り、奥羽と関東の広域支配にあたったが、そこに現出した行政機構は幕府の完全なミニチュアにすぎなかった」[18]と記し、小林一岳氏は、「特に重視された奥州と鎌倉には、広域な地方行政機関が設置された。奥州（陸奥）将軍府と鎌倉将軍府である。元弘三（一三三三）年八月五日に陸奥守に任命された北畠顕家（親房子）は、同年十月義良親王を奉じて陸奥国府の多賀城へ下向する。陸奥将軍府には、引付・政所・侍所・式評定衆等が設けられ小さな幕府のような組織であり、奥州の支配を行った。さらに十二月、鎌倉に足利尊氏の弟相模守直義が成良親王を奉じて下り、鎌倉将軍府を開いた。目的は関東十カ国の管轄であり、関東廂番をおいて、北条与党の活動を抑止し、関東の武士を糾合しようとしたのである」[19]とする。

また新田一郎氏は、「元弘三年十二月に、足利尊氏の弟直義は、後醍醐皇子成良親王を奉じて鎌倉へ下っている。派遣した後醍醐天皇の意図は、鎌倉幕府崩壊後の関東の秩序維持を目的とする出先機関の設置にあったようだが、わずか八歳の成良親王に代わって実務を掌握したのは直義であり、実質的にはこれが、関東における室町幕府の出先機関としての「鎌倉府」の前身ということになる」[20]としているように、陸奥将軍府と鎌倉将軍府は、地方統治のための組織として順次計画的に設置されたように記されている感がある。

では次に、鎌倉将軍府の前提となった陸奥将軍府についてみてみよう。

佐藤進一氏は、『保暦間記』の「東国ノ武士ノ多ハ出羽陸奥ヲ領シテ其ノ力モアリ、是ヲ取放サント議シテ、当今ノ宮一所下シタテマツルベシトテ、国司ニハ、彼親王ニ親ク成シタテマツリニケルニヤ土御門ノ入道大納言親房卿息男顕家卿ヲナシテ、父子共ニ下サル」とあることから、護良親王の主唱により北畠父子の協力で実現したとする。[21]

しかし伊藤喜良氏は、当該の北畠親房の『神皇正統記』を参照され、「同年冬十月ニ、先アヅマノオクヲシヅメラレベシトテ、参議右近中将源顕家ヲ陸奥守ニナシテツカハサル、代々和漢ノ稽古ヲワザトシテ、朝端ニツカヘ政務ニマジハル道ヲノミコソマナビハベレ、吏途ノ方ニモナラハズ、武勇ノ芸ニモタヅサハラヌコトナレバ、タビタビイナミ申シカド、公家スデニ一統シヌ、（中略）御前ニメシ勅語アリテ御衣御馬ナドヲタマワリキ、猶オクノカタメニモトヰウケテ、御子ヲ一所トモナヒタテマツル」とあることから、顕家の陸奥国下向は親房たちが計画したものではなく、まして何度も辞退していることから、『神皇正統記』を見る限りは後醍醐天皇の意図があるとしている。[22]

伊藤氏は、『保暦間記』か『神皇正統記』のどちらに信を置くかは難しいとしながらも、当事者の書いた方を信頼すべきとし、摂関家の次に位置する北畠家が奥州に下ることや、親王の派遣などは、天皇の意図なくして実現できないとしている。ただ、当事者が書いたものは、主観的で利己的で自己正当を主張する部分がある。伊藤氏は、「鎌倉幕府滅亡の一因とみられている蝦夷の蜂起を鎮め、旧政権の与党を一掃するために顕家を奥羽に送り込んできたとみなすことができよう。鎌倉幕府の蝦夷管領に代わって、「蝦夷沙汰」を行使することも顕家の任務であったのである。陸奥の広域行政府の設置は、異民族や旧政権の残党に対応するためであった。ここに後醍醐が積極的に奥州小幕府構想を進めた理由が存在したのである。決して護良との妥協の産物として成立したものではない」と結論づけた。

しかし『保暦間記』を素直に読めば、出羽陸奥を「取放サント議シテ」とある主語は護良親王であり、これを見る限りは、親王は陸奥将軍府構想の中心にいた。佐藤進一氏は、ここに北畠父子と護良親王の姻戚関係から推測されたのであろうが、確かにここには北畠父子が関わっていたということは窺えない。父子が関わるのは、東北に親王を派遣することが決まってからだと思われる。

伊藤氏は陸奥将軍府を後醍醐天皇の発想であると結論づけられたが、六月四日に帰洛して以降、鎌倉幕府滅亡にもかかわらず、その後の関東つまり新田義貞上洛までは武家内の対立と考えたか、後醍醐天皇は関東には関心を示していない。伊藤氏は親王の派遣などは天皇の意図なくしては実現できないとされるが、陸奥や関東について具体的な構想が考え出されてきたところからは、後醍醐の意思がなくては実現できないが、その構想の発端を天皇に結びつけるのはいかがなものであろう。少なくとも、『保暦間記』を見る限りは護良親王の発想と考えるべきであろう。護良親王が征夷大将軍になることは、鎌倉幕府十代将軍となったと意識したのかもしれない。親王が関東に赴く考えがあったかはわからぬが、少なくとも東国支配権の掌握を意味し、東国経営の中心的役職を担ったと考えたのであろう。

では、この陸奥将軍府はいつ頃から計画されていたのであろうか。

〔史料2〕[23]（白河集古苑所蔵白河結城文書）

可被仰含結城上野入道々忠事、々書一通被遣之由、被仰下候也、仍上啓如件、

（元弘三年）八月十八日　式部少輔範国　奉

謹上　陸奥守殿

〔史料3〕[24]（白河集古苑所蔵白河結城文書）

可仰含結城上野入道々忠事

当国守源宰相中将可赴任也、毎事存合体之志、可致無弐之忠、宮御下向等事、随国司下知不可有緩怠、凡今度合戦之時、親光於京都、最前参御方、道忠一族又於東国、致忠之由、聞食之間、所感思食也、向後弥可専忠節、其身雖遠方、奉公更不可相替于近習、兼又奉行諸郡事、不可日来之沙汰、毎事応国司之命、無私可致其沙汰之由、別可仰含矣、

〔史料4〕[25]（白河集古苑所蔵白河結城文書）

陸奥国吏務以下事、綸旨之趣、以安威新左衛門尉資脩、被仰遣候、且又別被下　綸旨御事書候、抑本奉行諸郡事、不可違日来之由、被仰下候、国宣付留守三郎左衛門尉、可被遣候、可令存知給之由、国司源宰相中将殿所候

也、仍執達如件、

元弘三年九月三日　　　　　　前河内守朝重

結城上野入道殿

『南北朝遺文』東北編の編者は、史料3は史料2にみられる事書と判断しているが、筆者も同様に考える。これをみると、北畠顕家が陸奥国に向かうことは、既に八月の段階で決定していたと思われる。つまり八月五日に陸奥守に任ぜられたのは、それを前提としてであろう。しかも「宮御下向」とあり、陸奥将軍府の設置は、建武の新政が本格的に始動したときには決定事項の一つであったのである。

したがって伊藤氏は北畠一族が再三辞退したとするが、この指摘が正しいならば、辞退しようとしたのは六月ないしは七月段階であって、ならば陸奥将軍府構想はさらにさかのぼってかなり以前から計画されていたことになる。少なくとも八月にはその方向で動いていたことは間違いない。九月には、のちに陸奥将軍府の引付衆となる安威資脩を派遣し、着々と陸奥将軍府設立に向けて動いている。また「宮御下向」について、『南北朝遺文』東北編は、これを義良親王とするが、まだ八月段階であり、護良親王が排斥されておらず、『保暦間記』にある「東国ノ武士ノ多ハ出羽陸奥ヲ領シテ其ノ力モアリ、是ヲ取放サント議シテ」は護良親王を中心とした人々の考えであろうから、これは護良親王の可能性もあるのではないか。それは、八月に計画され実行されるはずが、十月出立という事態になっているのは、護良親王問題があったのではなかろうか。一応指摘しておく。

つまり陸奥将軍府構想は極めて早い段階からスタートしていたと考えるべきで、それは護良親王が征夷大将軍を自称した頃、または任ぜられた頃から考えられていた、とすることが一番適当であろう。

親王はまず幕府組織を解体するために、陸奥国府の組織に加えて幕府の系統をくむ評定衆や侍所を設置し、旧幕府吏僚層を配置していく。後醍醐天皇にしても、旧幕府組織の存続は否定したいと考えれば、この護良の構想はまさに「渡りに船」の構想であった。後醍醐天皇は、護良親王の陸奥将軍府構想を採用すれば、幕府組織を解体させる好機と判断したのではないか。つまり積極的に後醍醐天皇が動いたのではなく、護良親王の発想に乗じた形であったのではないかと思われる。護良親王は鎌倉にある幕府組織を解体する目的で、旧幕府の吏僚たちを陸奥に集結させるために、後醍醐天皇に迫り陸奥将軍府に引付的権限を与えてもらったのではなかろうか。

さらに遠藤巌氏は、陸奥に雑訴決断所の牒がみられないことを早くから指摘しており、これは陸奥将軍府が建武政権から引付的権限を与えられている独立的組織であることの例証としている[26]。さらに重要な指摘がある。亀田俊和氏は、建武新政下では、若干の例外はあるものの、恩賞宛行権を行使しているのは、後醍醐天皇と北畠顕家しかいないと指摘しており[27]、このことから考えると、まさしく陸奥将軍府は旧鎌倉幕府の後継組織と考えられるのである。

『建武年間記』にみえる陸奥将軍府の組織の人員には、冷泉家房など京下りの公卿などもいるが、幕府官僚二階堂一族の信濃入道（二階堂行珍）や山城左衛門大夫（二階堂顕行）、東北に所領を持つ結城上野入道・三河前司親脩・伊達左近蔵人行朝などからなる式評定衆や、彼らを頭人にする引付も存在している。また政所執事として山城左衛門大夫、評定奉行として信濃入道、寺社奉行として安威左衛門入道（安威左衛門入道性昭という人物が、元亨二年（一三二二）から三年にかけて五番引付として訴訟を扱っているが[28]、安威左衛門入道はこの人物であろう）と薩摩掃部大夫入道（伊東氏の庶流安積氏）、安堵奉行に肥前法橋と飯尾左衛門二郎、侍所に薩摩刑部左衛門入道が任命されているし、史料4にみえる性昭の息子と思われる安威新左衛門尉資脩は、嘉暦三年（一三二八）段階で引付奉行人として活躍をみせるなど[29]、多くの武士が参加している。まさしく諸先学の指摘されている「鎌倉小幕府」なのである。

これをみると、今まで国府にあった組織とは異なる、幕府組織の大移動である。引付的権限だけでなく、組織も幕府的である。このことからやはり陸奥将軍府と呼ぶべきであろう。これらの組織及び人員は、北畠顕家が陸奥守に任ぜられた八月五日からそれほどかからず計画し用意されたものと考えられる。

このように考えれば、陸奥将軍府構想は、護良親王の発案によって計画されたものといえよう。それは護良親王が征夷大将軍となることで、東国に関する権限を掌握したことから始まる。筆者は「結城文書」にある「宮御下向」を護良親王ではないかと疑ったが、これが義良親王でも、北畠顕家を伴って下向することは、八月十六日段階では決定していたのである。しかも鎌倉幕府の組織を陸奥に移すことで、鎌倉幕府の旧組織を破壊する目的があったとも思われる。このことは、鎌倉将軍府のところでも述べるが、称名寺は、継続審議であった訴訟については八月三日の弾正忠奉書で鎌倉幕府残存組織で発給してもらっているが[30]、その後の訴訟については京へと持ち込んでおり[31]、関東の寺も鎌倉には正式な組織が存在しないことを理解していたのである。

しかし親王が発給する九月の令旨には「将軍宮」という文言が消えており、征夷大将軍の地位を奪われてしまった。それは同時に東国に関する権限の消滅を意味する。そこで急遽、義良親王が下されることになったのではないか。

後醍醐天皇が、護良親王の構想であった陸奥将軍府をその後も計画通りに遂行したことは、これにより旧鎌倉幕府の組織を解体できると考えたからに違いない。それは陸奥将軍府に引付的権限を与えたことにある。鎌倉幕府が存在している時代には、鎌倉には引付的権限が与えられていた。それが陸奥将軍府に移されていることは、まず武士のふる里といわれた鎌倉には、もはや武士のための組織は存在せず、陸奥将軍府に移行したことを示している。

そのことは『保暦間記』に、鎌倉将軍府が設置された後の記事で「サレドモ出羽奥州ヲ取放サルル間、東国ノ武士多ハ奥州へ下ル間、古ノ関東ノ面影モ無リケルナリ」として記されていることでもわかる。陸奥将軍府成立の狙いの一つは、旧鎌倉幕府組織の解体にあったのである。諸先学が「鎌倉小幕府」と考えるのは正しいのである。

但し、この陸奥将軍府の体制は、義良親王を頂点に、北畠顕家が陸奥守として実権を掌握する体制であり、一見、鎌倉幕府を彷彿とさせるが、その実は顕家は貴族であり、組織の中にも貴族が派遣されていることを考えれば、貴族に支配される武士の姿が確認できるのであり、新政による新しい武家支配の組織の誕生であった。

三　鎌倉将軍府の成立

これに対して、鎌倉将軍府の成立は、どのような経緯を経ているのであろうか。

陸奥将軍府という存在を、諸先学は「鎌倉小幕府」と認識されている。今一度確認するが、旧幕府組織は陸奥将軍府へと移されたのである。護良親王には足利尊氏勢力の削減を狙った意図があり、これを継続し義良親王や北畠父子を派遣するということは、その意図を受け継いでいると判断できる。現に『梅松論』には「抑累代叡慮を以て関東を亡ぼされし事は武家を立らるまじき御為なり。然るに直義朝臣大守として鎌倉に御座有ければ。東国の輩是に帰服して京都へは応ぜざりしかば。一統の御本意今にをいて更に其益なしと思召ければ」とあり、新政側には鎌倉に何らかの組織を形成するつもりがなかったことがわかるし、それに反して鎌倉将軍府が出来ると、「一統の御本意今にをいて更に其益なし」とまで言い切っている。少なくとも陸奥将軍府のような組織が置かれる可能性はないと考えるべきである。

では、なぜ鎌倉将軍府が設置されたのか。時間的経過を振り返れば、北畠顕家が陸奥守に任命されたのが八月五日であり、その前後から着々と陸奥将軍府設立に向けての動きが展開されていた。同日に足利尊氏は武蔵守に任命されるが、その後鎌倉将軍府を構築しようとする動きはみられない。

伊藤喜良氏は、「「鎌倉府」小論」[32]ではこの鎌倉将軍府について、佐藤進一氏の説を参照しながら論を展開していたが、新しく記された「建武政権試論」[33]では、佐藤説を批判する立場で論を進めている。伊藤氏は、元弘三年（一三三三）八月の段階で尊氏が武蔵守に任命されたことに関して、建武新政側は、北畠顕家が義良親王を奉じて陸奥に向かったと同じ頃に、尊氏を鎌倉に派遣し鎌倉将軍府の設置を目論んでいたとする。それは尊氏が武蔵の国司及び守護に任命されただけでなく、駿河・上総・三河などに尊氏が国司や守護に任命されていること、相模国には弟直義が任命されていることなどをあげ、「尾張以東の東国諸国に圧倒的な勢力を持っていたのが尊氏であった」とし、さらに「後醍醐は意図的に尊氏・直義に東国の国司や守護の地位を与えたと思わざるをえない」と続け、「尊氏やその一門に東国各国の守護・国司を与えたのは、旧幕府の所在地を尊氏をもって押さえようと意図していたと推定することは理に背かない」としていることから、鎌倉将軍府の設置を後醍醐天皇が積極的に推進したと考えた。

しかし東国の守護を見渡せば、下総国は千葉氏であり、甲斐国は武田氏であり、常陸国は佐竹氏であるが、はたして彼らが足利氏の与力といえるのか。例えば千葉貞胤は、尊氏が反乱を起こすと建武三年（一三三六）頃までは反尊氏派として行動していた[34]。さらに直義が相模国国司に任命されたのは十一月のことであり、尊氏が任命された八月とは大きなタイムラグが生じている。伊藤氏の説が聊か強引ではないかという印象をぬぐえない。さらに尊氏東国下向挫折の理由は明確にすることが出来ないとし、護良親王または新田義貞の反対か、尊氏の辞退によるものとしている。

しかし陸奥に強力な政権を構築する力が建武政権にあるならば、伊藤氏のいうように関東にもほぼ同時に将軍府が形成されてもおかしくない。いやむしろ形成すべきであろう。上洛してきた新田義貞に新たに兵力を与え、再び鎌倉に下向させても良かったのではないか。なにも尊氏にこだわる必要もないのである。しかし現実には出来ていない。陸奥将軍府が成立した後も鎌倉将軍府について何も動きがみられないのは、陸奥将軍府が計画された八月頃には、鎌倉将軍府設置の構想は含まれていなかったと考えるのが自然ではなかろうか。

つまり鎌倉には何も置かず、陸奥に鎌倉幕府の機構を移築することで、鎌倉を形骸化するつもりであったと思われる。先の『梅松論』の記事にもあるように、鎌倉に何らかの組織を設置する意図が建武の新政側にはなかったことがわかる。『保暦間記』にも「古ノ関東ノ面影モ無リケルナリ」とあり、新政側の狙い通り鎌倉の衰退が窺える。

護良親王が征夷大将軍となる思惑は、武家の棟梁の地位を確保することで、武家政権の成立を阻止し、北畠顕家らとともに陸奥将軍府を構築することで、鎌倉の勢力を削減する道を選んだ。成良親王の親王宣下も、直義が相模守になるのも十一月であることを考えれば、陸奥将軍府が計画されたほぼ同じ時期に、鎌倉将軍府構想が存在していたとは考えられない。鎌倉将軍府構想は、十一月もしくは十月の下旬あたりから計画されたと考えるべきであろう。

鎌倉に何も置かないという考え方から、鎌倉将軍府構想が発想されるという状況になるのは、尊氏勢力の削減を目論んだ護良親王の東国構想からの転換が図られたと考えるべきであろう。その契機はやはり護良親王の征夷大将軍剥奪であろう。

つまり鎌倉幕府滅亡後の東国については、征夷大将軍であった護良親王の考えを中心に進んでいった。具体的にも北畠顕家を中心とした陸奥将軍府を構築する動きが出来上がっていく。後醍醐天皇もそこに引付的権限だけではなく、恩賞宛行権を与え、半独立的組織即ち「鎌倉小幕府」として承認していた。

ところがここで護良親王の征夷大将軍の剥奪が起こる。つまり護良親王の東国構想に水が差された形となった。これは足利尊氏による天皇やその側近への働きかけがあったのか、少なくとも護良親王が東国を扱う権限が剥奪されたことは確かであろう。

この当時、京に公家政権があり、鎌倉に武家政権がある体制が長年続いていたのであり、護良親王の考えが異質だったのである。足利尊氏が京に奉行所を開設し、千寿王に鎌倉を掌握させていれば、さらに鎌倉にはまだ吏僚層などが残留しその体制を維持されて、鎌倉に何らかの組織を構築する考え方が復活することは当然ではなかろうか。

ところで鎌倉の千寿王である。鎌倉幕府滅亡直後には、新田義貞とともに千寿王は鎌倉に存在していた。千寿王は鎌倉の秩序保持のために尊氏の名代として存在したのであろう。その任は、鎌倉にある旧幕府組織の維持にあったのであり、そのため幕府により継続的に審議されていた称名寺領の訴訟を処理することが出来たのである。これにより、北条氏の滅亡という激変によって生じる混乱を最小限にとどめたことは間違いなかろう。さらに幕府滅亡後その支配を巡って新田義貞と対立したが、細川氏の来着以降の状況によって、義貞が上洛することは、足利氏の優位性が確認された。これは憶測に過ぎないが、千寿王の母が赤橋登子であることも大きな意味を持っていたのではなかろうか。つまり北条の血を引く者という意味である。

また京において奉行所を開き、各地の武将たちの着到状に尊氏が証判を与えているが、基本的には九州地方を中心として西日本の武将たちが多い。東日本の武将たちの掌握は千寿王が担っていたと考えてよいのではなかろうか。先に触れたが、角田正秀は鎌倉を離れ京都に来るが、その際、尊氏が着到状に証判を与えている。これは千寿王の掌握する鎌倉を離れてきたことにより、改めて尊氏が証判を与えたものとみられる。これをみると、千寿王を中心とした足利氏たちは、大きな混乱なく鎌倉を制圧していたのではないか。

もう一度確認するが、武士たちは、京都に公家政権があり、鎌倉に武家政権がある体制しか経験していないのである。つまり武士たちは、武家政権は鎌倉にあるべきであるという暗黙の了解を持っていたのである。『建武式目』にも、鎌倉に幕府はあるべきだとしているのは、その現れと考えるべきであろう。

したがって千寿王が鎌倉を制圧することは、後醍醐天皇が鎌倉に武家政権を形成する考え方があれば、足利氏に鎌倉を任せようという天皇の決断を引き出せる可能性が高まるからである。当時の武士たちとしては、鎌倉に武家政権が存在することがあるべき姿であり、足利氏と新田氏が相争うというのも、鎌倉に武家政権があることを前提としていると思われる。千寿王の存在は、後醍醐天皇にその結論を出させる効果を期待したものと思われる。

しかし新政側は、鎌倉ではなく、陸奥に組織を移し、鎌倉には何も置かない考えを打ち出した。そこに守邦親王の薨去である。組織にしてみれば、執達すべき対象の消失である。鎌倉は立ち往生してしまった。さらに陸奥将軍府が着々と実現へ向けて動いていれば、関東の人々の対応も変わってくる。先述したが、称名寺は継続審議ではない新しい問題については、新政側にその裁許をゆだねている。もはや千寿王には何の権限もなく、鎌倉の組織は遠く陸奥へと移されたことを理解していたのである。つまり千寿王の存在理由が希薄となっていく。新政側は鎌倉が〝武士の聖地〟であることを否定していくのである。

だとすれば、この鎌倉にいる千寿王たちは、鎌倉の秩序を安定させてはいても、新政にも認められた組織でもなく、関東の人々からは次第に何の権限も持たない存在であることを理解されるようになり、まさしく根無し草のような存在になり始めていく。特に雑訴決断所にも採用されず、陸奥将軍府にも採用されず、しかし鎌倉にいた吏僚層(引付奉行人など政治官僚)は、自分たちの存在意義に疑問を呈するようになっていく。先行きに不安を覚えていたことは確かであろう。一見安定しているように見える鎌倉も、その中途半端な姿によって内実は大きく揺れていたかもしれない。もしかすると、先の角田正秀はその現状を尊氏に訴えることをしたかもしれない。

しかし鎌倉に組織を置かないことを決定し、旧幕府吏僚層を陸奥将軍府へ、雑訴決断所へと異動させても、現実問題として鎌倉にはまだ多くの吏僚層がいたはずである。彼らを新政下に掌握しなければならないという問題が生じてくる。つまり護良親王の陸奥将軍府構想は、理想であっても現実的ではなかったのである。

その解決策として最も現実的であったのが、鎌倉にも何らかの組織を作ることであった。それ故、新政側に急に十一月頃から、成良の親王宣下や足利直義の相模守就任という鎌倉将軍府の設置に関わる動きがみえるようになる。尊氏にしても、千寿王の存在が希薄になれば、武家政権への道が遠のいていく。吏僚層たちを掌握し、鎌倉を復権させるには、何らかの形でも建武の新政下の組織が必要であったのである。

『太平記』には、護良親王追放の際、尊氏と阿野廉子との結びつきが顕著であったことが記される。阿野廉子にしてみれば、自分のお腹をいためた親王たちと護良親王は今後の皇位を巡って対立する存在でもあるし、護良親王が陸奥将軍府を主張すれば、阿野廉子は現状維持派となる可能性がある。そのためにも尊氏を後楯と考える可能性が高い。諸先学は、尊氏が天皇の愛妾阿野廉子などに働きかけ、鎌倉将軍府の構築を願ったと考えているが(35)、上記の状況を鑑みれば、当然あり得ることであろう。

もちろん尊氏ばかりの状況ではない。雑訴決断所や陸奥将軍府に引き抜かれた人々以外、鎌倉に残存していた吏僚層にとってみれば、鎌倉の存在価値が失われるとすれば、自分たちの存在意義の消滅にもつながってしまうのであり、それを取り戻すには、鎌倉に何らかの組織が存在してくれなければならない。当然足利千寿王に、側近の細川氏に、果ては京の尊氏にその実情を訴え、組織の存続を願い出るしかなかったのである。

つまり陸奥将軍府は作られたが、その構想の中心であった護良親王が征夷大将軍位を剥奪され東国を扱う権限を失うと、尊氏の現状維持派が台頭していく。しかし陸奥将軍府が機能し始めると、幕府を支えていた吏僚層が、陸奥へ、雑訴へと引き抜かれていく。鎌倉が昔日の面影を失うことで、尊氏は鎌倉の復活を願うし、鎌倉に残っていた吏僚層たちは、鎌倉に後任組織の存在を願うようになるのである。

関東の状況は、千寿王によって掌握されてはいても、その存在価値が薄れていくようになれば、尊氏にしても鎌倉残留勢力にしても、新政の力を借りるしかない状況であったのである。しかし新政側にしてみれば、鎌倉に幕府と同じ権限を与えることは出来ない。引付的権限は雑訴決断所が掌握することで、決して先の幕府のような存在ではなく、あくまでも新政下の組織であることを強調しながら成立させたと思われる。

つまり鎌倉将軍府は、鎌倉幕府の再生機構ではなく、武士たちを掌握するためだけに設置された組織であるといえる。そのことが確認されたことで、尊氏による六波羅探題的行動は、鎌倉将軍府が機能し始めたと思われる十二月中旬以降、十日の着到状をもって終了したと思われる。

成良親王と足利直義が将軍と執権のような体制ではあるが、鎌倉の政権が持つはずの引付的権限や恩賞宛行権まで陸奥に移され、関東は雑訴決断所の管轄下にあり、ほとんど何の権限もない組織が出来上がったのである。それが『建武年間記』に関東廂番しか記されない真相であろう。

ただなぜ足利直義なのであろうか。通説では直義は尊氏の一つ違いの弟である。先行拙稿でも指摘したが、尊氏が元応元年(一三一九)には、治部大輔という地位を得ているのに対して、直義は嘉暦元年(一三二六)に兵部大輔という地位を得ている。一つしか違わないにしては、その間には七年という大きな開きが存在する。玉村竹二氏は「建武以前に、鎌倉在住のときに、既に受衣してゐるのである」と指摘しており(36)、筆者はこれを参考に、直義は幼年期に一度出家しており、尊氏の父貞氏の正室北条氏の産んだ高義が亡くなったことにより還俗、その後に任官したのではないかと考えた。直義は、尊氏に万が一のことがあったときのための存在であり、『太平記』が記された時点では大きな存在であった直義も、この建武の新政期にはそれほどの存在ではないと思われる。その直義が鎌倉に派遣されるということは、権力の中枢にいた尊氏を派遣するわけにはいかぬであろうし、千寿王ならば今掌握している鎌倉幕府旧組織を容認する形となり、新政側にとっては都合が悪く、これを認めるわけにはいかない。新政側としては、今まで存在していた旧幕府組織を容認せず、全く新しい組織として鎌倉将軍府を形成したい。また重要なことは、武家の中心である足利氏も新政側の立場であることを強調したいとなれば、直義の派遣は、武家にとっては尊氏の代理という存在に過ぎず、新政としては尊氏ほどの存在感を示すわけではなく、しかも足利氏が新政側の勢力であることを示すという、程よい存在感であったと思われる。

しかし鎌倉にいた吏僚層などにしてみれば、公的に認められた組織の出現である。残存組織を用いながら幕府の再興を目指していくのであろう。ここに直義と吏僚層の結びつきが発生し、あまりの強い結びつきに尊氏も直義に統治権的支配権を渡さざるを得ない状況となるのではあるまいか。

結びにかえて

鎌倉幕府滅亡前夜、京都を中心とした地域における軍事的中心人物は、間違いなく護良親王であった。その親王に対して、六波羅探題を滅亡させた足利尊氏は、京に探題に代わる武士を掌握する奉行所を作り、着到状などに証判を与えており、武士の掌握を目指して行動を開始する。元弘三年（一三三三）五月十日あたりからの証判が残っている。恐らく尊氏は武士の掌握を目的として動いている。

親王はこの尊氏の行動を警戒し、五月十日の令旨に将軍宮の仰せとし、おそらく自称であろうが、征夷大将軍を名乗り出す。この行動は明らかに尊氏をライバル視していることを示すものと思われる。

尊氏が千寿王を鎌倉に置いてそこを掌握させ、自分は京で武士を掌握していることは、武家の棟梁たらんとする行動であり、北条氏に代わる武家の中心を目指した行動であると思われる。

ところが、征夷大将軍となり武家を掌握する権限を得たと考えた護良親王は、武家対策に乗り出していく。その結果考えだされたのが、陸奥将軍府であった。陸奥に北畠顕家を中心として組織を作り出させることで幕府組織を移行させ、公家に支配された武士という姿を具体化させていった。建武の新政が本格的に動き出す八月五日以降、漸次組織が整えられていく中に、陸奥将軍府も計画されていた。既に十六日には親王派遣を含めた概要が結城氏に伝えられているのである。『梅松論』には「抑累代叡慮を以て関東を亡ぼされし事は武家を立らるまじき御為なり」と記されており、新政側は鎌倉に武家政権を作る計画は持たず、陸奥に引付的権限や恩賞宛行権などを持った本格的旧鎌倉幕府後継組織が出来上がったのである。

しかし武士たちは、京に公家政権、鎌倉に武家政権という形しか経験していない。鎌倉の復活を望むのは当然であろう。まして鎌倉には千寿王の下、未だに吏僚層を中心とした人々が、不安を持ちながら存在していたのである。

護良親王の征夷大将軍解任は尊氏にとって反撃の好機であった。鎌倉に武家組織を作る行動が開始されたのである。しかし武家政権を陸奥に移した今、旧幕府と同じ組織を作らせるわけにはいかない。成良親王を派遣させても征夷大将軍ではなく、尊氏ではなく直義であり、訴訟に関しては雑訴決断所が管轄し、軍事的には守護を主体として行動するという、極めて中途半端な組織が誕生したのである。

このとき後醍醐天皇は、東国に対して明確な構想を持っていたのであろうか。筆者が考えるに、これは否と考えるしかないと思う。それは東国に対して征夷大将軍を護良親王に与えることによって、陸奥将軍府構想を含めた鎌倉幕府の組織破壊を主眼とする方向で進み始めたにもかかわらず、護良親王と対立し尊氏に重心が動いてくると、尊氏の持つ武家政権を鎌倉に置くという構想を承認するようになる。

つまり後醍醐天皇は、東国に具体的な構想を持つわけではなく、護良親王が強く出てくれば、護良親王に任せ、親王が信用を失うと、尊氏の持つ構想を採用するようになるのである。

もちろん鎌倉の組織を陸奥に移行させたことから、鎌倉に権限を与えてしまえば、陸奥将軍府の意義がなくなるし、尊氏を派遣しては鎌倉の存在価値が大きくなるために、関東は雑訴決断所の管轄下に置き、武力の行使も守護を主体とすることにし、そして直義を主として派遣する中途半端な組織が誕生したのである。これが『建武年間記』に関東廂番しか記されない真相である。

鎌倉将軍府は、いわば旧幕府侍所のみの権限を付与された武家掌握機関と考えるべきであろう。そのため尊氏の奉行所は、鎌倉将軍府が機能し始めた十二月十日頃を以てその役目を終えたのではないかと考える。

『太平記』には、尊氏が中先代の乱の鎮圧に向かう際、恩賞宛行権を求めており、尊氏自身鎌倉将軍府にはその権限が存在していないことを理解していたのである。

建武の新政側の陸奥将軍府を中心として武家を掌握使用とする方法が、鎌倉をあくまでも武士の中心地とする現状維持派に敗れた結果であった。

註

（1）渡邊世祐『関東中心足利氏の研究』（一九七一年復刊、新人物往来社、初版一九二六年）。
（2）伊藤喜良『中世国家と東国・奥州』（校倉書房、一九九九年）。同書には鎌倉将軍府に関してのａ「「鎌倉府」小論」（初出一九六九年）、ｂ「建武政権試論」（初出一九九八年）などが収録されている。以下、伊藤氏の説はこの論文集からのものである。
（3）拙稿「建武新政下鎌倉府再考」（『千葉史学』四二、二〇〇三年）。

（4）拙稿「雑訴決断所と鎌倉将軍府」（佐藤博信編『中世東国の政治構造』岩田書院、二〇〇七年）。
（5）拙稿「中先代の乱と鎌倉将軍府」（佐藤博信編『関東足利氏と東国社会』岩田書院、二〇一二年）。
（6）「将軍執権次第」（『群書類従』第四輯）。
（7）森茂暁『皇子たちの南北朝』（中央公論社、一九八八年）。
（8）市沢哲『太平記を読む』（吉川弘文館、二〇〇八年）。
（9）道忠（結城宗広）軍忠状案（「結城文書」『鎌倉遺文』第四一巻、三二一四五号文書）。
（10）播磨安積利氏着到状（「播磨安積文書」『鎌倉遺文』第四一巻、三二一五〇号文書）。
（11）筑前青木窪盛能着到状（「筑前窪文書」『鎌倉遺文』第四二巻、三二七五七号文書）。
（12）足利高氏御教書（「土佐香宗我部文書」『鎌倉遺文』第四一巻、三二二三八号文書）。
（13）伊藤喜良「建武政権試論」（同『中世国家と東国・奥州』校倉書房、一九九九年、初出一九九八年）。
（14）美作角田正秀着到状（「諸家文書纂角田文書」『鎌倉遺文』第四二巻、三二五九四号文書）。
（15）吉原弘道「建武政権における足利尊氏の立場―元弘の乱での動向と戦後処理を中心として―」（『史学雑誌』一一一―七、二〇〇二年）。
（16）岡野友彦『北畠親房』（ミネルヴァ書房、二〇〇九年）。
（17）護良親王令旨案（「摂津勝尾寺文書」『鎌倉遺文』第四一巻、三二一四六号文書）。
（18）村井章介『日本の時代史』第一〇巻「南北朝の動乱」（吉川弘文館、二〇〇三年）。
（19）小林一岳『日本中世の歴史』第四巻「元寇と南北朝の動乱」（吉川弘文館、二〇〇九年）。
（20）新田一郎『日本の歴史』第一一巻「太平記の時代」（講談社、二〇〇一年）。
（21）佐藤進一『日本の歴史』第九巻「南北朝の動乱」（中央公論社、一九七一年）。

(22) 伊藤註(2)著書。
(23) 『南北朝遺文』東北編、二号文書。
(24) 『南北朝遺文』東北編、三号文書。
(25) 『南北朝遺文』東北編、七号文書。
(26) 遠藤巌「建武政権下の陸奥国府に関する一考察」（豊田武教授還暦記念会編『日本古代・中世史の地方的展開』吉川弘文館、一九七三年）。
(27) 亀田俊和『室町幕府管領施行システムの研究』（思文閣出版、二〇一三年）。
(28) 元亨三年十月日黒川章連訴状案（「越後三浦和田文書」『鎌倉遺文』第三七巻、二八五七〇号文書）。
(29) 嘉暦三年八月十二日関東下知状（「相模相承院文書」『鎌倉遺文』第三九巻、三〇三三七号文書）。
(30) 元弘三年八月三日弾正忠施行状案（「金沢文庫文書」『鎌倉遺文』第四一巻、三二四四二号文書）。
(31) 元弘三年九月十日足利尊氏書下案（「金沢文庫文書」『鎌倉遺文』第四二巻、三二五五五号文書）。
(32) 伊藤註(2)a論文。
(33) 伊藤註(13)論文。
(34) 山田邦明『鎌倉府と関東』（校倉書房、一九九五年）。
(35) 佐藤註(21)著書など。
(36) 玉村竹二「足利直義禅宗信仰の性格について」（『仏教史学』七―三、一九五八年）。

南北朝期二階堂氏の系譜と動向

木下　聡

はじめに

室町幕府を検討するにあたっては、政治・経済・権力構造・軍事・公武関係・宗教勢力との関係など様々なアプローチがある。幕府を構成する集団がどのような存在で、いかなる役割を果たしていたかを明らかにするのもその一つである。これについて筆者は、以前室町幕府における、足利将軍家を頂点とする儀礼的秩序と編成のあり方を包括的に論じた(1)。その構成員である外様衆については、衆に列する家の基礎的研究を行っており(2)、その中の評定衆摂津・二階堂・波多野・町野四家のうち、町野氏の政治的動向(3)や、応仁の乱以降の摂津氏と二階堂氏のあり方(拙稿A)(4)をこれまで検討してきた。また二階堂氏の中で、鎌倉府で政所執事を務めた家の系譜関係の復元も試みている(拙稿B)(5)。

この二階堂氏は、源頼朝に仕えた行政を祖とし、室町幕府と鎌倉府及びその後継たる古河公方にも仕え、それぞれで戦国末期まで存在が確認できる家である。二階堂氏に関する研究は、主に鎌倉時代を中心に進んできたが、それは鎌倉幕府吏僚としての二階堂氏と、二階堂氏の所領関係を対象とした研究(6)に大別される。前者は、細川重男氏の研究(以下細川A)(7)が現在の到達点となっている。

一方、室町幕府時代の二階堂氏は、主に評定衆・政所執事・鎌倉府政所執事・足利義尚側近を論じる上で、二階堂氏に触れる研究はあるものの、[8]二階堂氏を中心に論じたものは、南北朝期を除くと、二階堂政行を中心に論じた拙稿Aぐらいしか無い。また『尊卑分脈』（以下『尊卑』）に載せる系譜は、戦国期まで続いた幕府二階堂氏以外のほとんどが南北朝期で途絶えており、鎌倉府の二階堂氏及び陸奥二階堂氏などの庶流との接続が不明瞭である。これは他の系図類でも同様である。鎌倉府に仕えた二階堂氏の系譜は、拙稿Bで政所執事家を中心に復元を試みているが、全ての一族は検討していない。また所領関係なども、関東の二階堂氏の所領上総伊北庄に関する研究があるぐらいである。[9]

本稿では、二階堂氏の基礎的研究として、鎌倉末期から南北朝の動乱を経る中での、二階堂一族の系譜関係を明らかにし、京都の室町幕府に山城守一流が残り、他の一族が関東の鎌倉府で政所執事を交替で務めた数流へと分裂するのを見通したい。そのために前提として、鎌倉末期の二階堂氏の置かれた政治状況と、一族について確認したい。

周知のように、二階堂氏は鎌倉幕府で政所執事を歴任している。また一族は鎌倉と六波羅の職員として様々に活動し、鎌倉時代を通じて評定衆・引付衆に占める割合は、北条氏と拮抗する程であった。この評定衆・引付衆となった者は、細川重男氏が生没年、父母、就任役職・辞職時期、官位叙任日などの一覧表を作成し、あらかたの経歴は明らかにされている(細川A)。また細川氏は系譜関係も、『尊卑』をはじめとした諸史料から作成している(以下細川B)。[10]

二階堂氏では、初代行政の二人の子行光・行村で大きく分流し、それぞれの子孫も大きく枝分かれしている。細川A・Bのように、任官した受領官にちなんで、筑前守行泰の筑前家、常陸介行久の常陸家などの家の分類がされている。以下では、大きく行光流・行村流とに分け、行光流では、行光の孫三人で分流する筑前・伊勢・信濃家で大別し、行村流では、行村の子で分かれた隠岐・出羽・備中・常陸・和泉家とで各家を分け、各々検討する。併せて関係系図も各家ごとにまとめて付記する。なお備中家は行有に始まる出羽家の一流だが、別に一項を設けた。

一　行光流

1　筑前家

行光には行盛しか子息がいなかったようで、行盛の子らで大きく分流する。筑前家は行盛の子行泰に始まる。ただし行泰の子行頼が政所執事を継承しながら早世したことで、その後は振るわなくなる。行泰には行氏・行頼・行実・行佐・行重の五人の子がいたようで、行氏以外は鎌倉最末期にまで家が続いている。

幕府滅亡を迎えたのは、行頼系では行兼・行朝父子の世代に当たる。行兼は『尊卑』に元弘三年（一三三三）四月没とあり、行朝は同年五月八日自害とある。日付からすると近江番場宿で六波羅探題の面々が自害したのと同日である。番場で自害した集団の中に行朝の名は見えないが、運命を共にしたのであろう。また行朝の兄弟には他に三人いるようだが、いずれも南北朝期に確認できず、おそらく鎌倉幕府滅亡によって滅亡か没落したようである。

行実系は、行実の孫の貞宗・光貞兄弟と光貞の子の世代が幕府滅亡の時代に当たる。幕府滅亡前後の動向は定かでないが、「梅松論」に建武三年（一三三六）正月二十七日の賀茂河原合戦で討死した二階堂下総入道行全が見える。(11) 貞宗・光貞共に下総守であったようだが、貞宗は「法忠」の法名が系図で付されているので、光貞が行全に比定される。とすると、光貞は鎌倉幕府滅亡後、建武政権及び尊氏方に転身したことになる。光貞子とされる高実・政宗・行豊は、いずれも史料上で確認されないが、後に鎌倉府政所執事となる氏盛（貞盛）は、その官途名三郎左衛門尉・下総守から、この行実系の末と推測される（拙稿B）ので、南北朝期に関東へ移り（観応の擾乱がきっかけか）、命脈を保っていた。

行佐系は、その孫行憲・佐方兄弟と、行憲の子行清（高憲）のうち、行憲は正中三年（一三二六）三月に出家、佐方は元徳年間に遁世とあり、実際に建武以降も活動の徴証はない。行清は、関東廂番の四番衆の一人「因幡三郎左衛門尉高憲」その人で[12]、建武政権下で登用されていたことがわかる。しかしその後の活動は確認できず、『系図纂要』に建武元年出家とあることからすると、後述する同族貞藤の一件に巻き込まれて、政治から退いたのかもしれない。

最後に行重系である。行重の孫時元（入道行応）は、鎌倉幕府滅亡から建武政権下までの動向は不詳である。その後尊氏に属したようで、建武四年の相模信濃村をめぐる相論において、時元（「下野入道」）判形をもとに御教書が出されている（『南北朝遺文関東編』九一七号〈以後南北朝遺文は、『南関東』『南中国四国』などのように略す〉）ことが見える。そして暦応元年（一三三八）十二月六日に死去している（「常楽記」[13]）。なお時元の弟宗元は、史料上から活動はうかがえず、鎌倉幕府滅亡により死去したか隠遁したのであろう。

時元の子行春（高元、判官・駿河守入道忻恵）は、関東廂番六番衆に「下野判官高元」として名を連ねているように、建武政権下で登用されている。系図類に元徳三年（一三三一）五月一日死去とあるのは誤伝であろう。そのまま室町幕府にも仕え、康永元年（一三四二）には尊氏・直義が天龍寺立柱に臨むのに供奉している[14]。ただし康永三年に改編された引付方には名が見えず、代わりに弟政元が二番衆に列している。観応の擾乱中の動向は不明だが、乱終結後は関東にいて[15]（『南関東』二二六二号）、延文五年（一三六〇）頃にも駿河守として見える（『南関東』二九二五号）。康永三年以前にすでに関東に下向していたため、引付方に弟政元が加えられたのかもしれない。貞治元年（一三六二）には鎌倉府政所執事となり（『鎌倉大日記』）、康暦二年（一三八〇）まで活動が確認される（『空華日用工夫略集』康暦二年二月十一日〈二十一日ヵ〉条）。子孫は鎌倉府に仕えている（拙稿B）。

行春の弟政元も、室町幕府下で活動が見える。初見は康永三年の引付方改編で、二番衆の「下野三郎左衛門尉」が政元に比定される。観応の擾乱中の動向は行春同様不明だが、文和二年（一三五三）に佐々木道誉らと連署し、祇園社御神楽料足についての文書を出している（『南関東』二四一三号）ので、尊氏・義詮方として京都に留まっていたようである。時期は不明だが大蔵少輔にも任官しており、文和三年には評定始に列座し[16]、貞治三年には政所頭人として見える（『師守記』貞治三年六月十三日条）。義詮の死で出家したらしく、応安元年（一三六八）三月には使者として義詮の遺骨を関東に持って行き（「花営三代記」応安元年三月二日条）、応安四年二月八日に死去した（「常楽記」）。

系図によると、政元室は行佐系の行清妹で、逆に行清室は行春・政元の妹であったらしく、南北朝期の行佐系と行重系の統合、もしくは協調がなされていたことがうかがえる。ただ政元の子及び子孫は不明である。拙稿Bでは行春・政元のほかに弟がいて、その子を鎌倉府政所執事下野守清春としたが、あるいは政元の子が清春かもしれない。

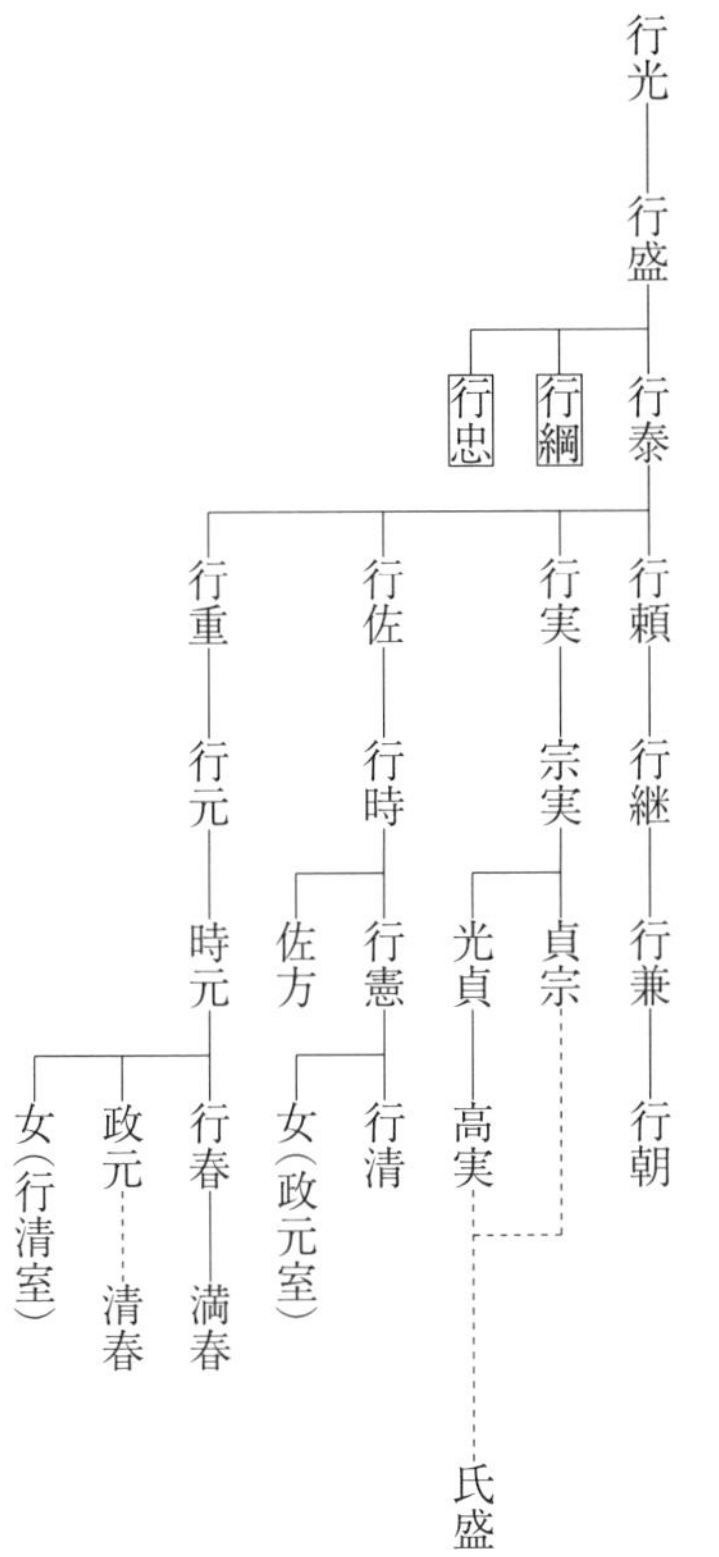

まとめると、筑前家では行頼系が鎌倉幕府滅亡で没落した。残る三系統は、いずれも建武政権下で登用され、室町幕府でも活動していたが、行佐系が中途で途絶え、観応の擾乱をきっかけに関東に下り、鎌倉府政所執事家として存続した。行清妹を室とした行重系の政元が、兄行春の存在もあって行佐系として活動した可能性があるので、そうするとこの三系統いずれも鎌倉府でそのまま命脈を保ったと言える。

2 伊勢家

行光の孫行綱に始まる。行綱には系図類を見ると八人の男子がいたが、鎌倉末期から南北朝にかけて家が存続しているのは、頼綱・盛綱・行景・政雄の四家のようである。

まず頼綱系は、その孫行朝（信濃守入道行珎、筑前家の行朝とは別人）が、建武政権で登用され、奥州将軍府で式評定衆の一人となっている。[17] 尊氏が建武政権に反旗を翻した後は、その麾下に入り、建武三年（一三三六）正月の紀河原合戦で嫡子大夫判官行親が討死し、度々の合戦の最中に自身も負傷しており、尊氏からその軍功を賞されている（「玉」七-12）。[18] そして息子行通の叙位について、行朝が官途奉行である同族の行秀に対して依頼した書中に、行朝が建武三年の御教書で、奉行を様々務めていたこと、暦応二年（一三三九）の御教書で、天皇践祚・即位・立坊・御禊大嘗会を奉行として申沙汰し、無事やり遂げたため賞されたことが記されており（「玉」六-13）、行親の戦死後まもなく幕府の奉行となり、種々の行事に関わっていたことがわかる。[19] 暦応元年には引付五番衆頭人となり、康永三年（一三四四）の引付方改編で一番衆へと移っている（頭人ではなくなる）。観応の擾乱では、行朝は直義方に参じており（「観応二年日次記」観応二年〈一三五一〉正月十一日条）、観応二年七月二十五日に京都から逐電している（『園太暦』同日条、ただしこの条は「二階堂参川入道行珍」とあるので、「二階堂参川入道・行珍」なら行朝と時綱、「行珍」が「行譲」なら時綱のみ、「参川」

が「信濃」なら行朝のみとなる）。その後、幕政に復帰することなく、文和二年（一三五三）九月死去した（「常楽記」）。

行朝の子は、先述の行親討死後、行通（美濃守入道行宏）が嫡子となっていた。康永元年（一三四二）の天龍寺立柱、及び同四年八月の天龍寺供養参詣で尊氏・直義の供奉をし（『園太暦』康永四年八月二十九日条）、康永三年引付改編で引付一番に列している。観応の擾乱では父と行動を共にし（「観応二年日次記」観応二年正月八日条）、観応二年三月二日に政所執事になったようだが（「観応二年日次記」観応二年三月二日条）、同年七月十日に死去している（「常楽記」）。

行親・行通の弟とある行良（左衛門尉）は、ほとんど史料上に現れないが、『師守記』貞和五年（一三四九）三月二十七日条の頭書に「今日二階堂信濃□□行良後朝」とある。室を離別したものか。またこのすぐ後に「信濃大夫判官行長」なる人物が五位を所望し、賀茂祭に検非違使として供奉していることが見える（『師守記』貞和五年四月十六日・二十五日条）。行朝の子と推測されるので、行良が改名したものか。

ところで『尊卑』『系図纂要』と違い、続群書類従本「工藤二階堂系図」には、行朝の子として行詮のみが見える。この行詮（式部大夫）は、鎌倉府で政所執事を務めた入道友政（及政とも）である。貞治四年（一三六五）に馬一疋の奉加帳に連署しており（『南関東』三二九〇号）、その後『空華日用工夫略集』応安二年（一三六九）十一月一日条に「吏部養子六郎」が見えるが、行詮はこの六郎の養父に当たる。拙稿B[20]で系譜関係は不明としたが、行朝子に訂正する。また他の兄弟との関係は、死去した年代が明らかな行親・行通はともかく、行良（行長）は行詮の前身である可能性がある。

次に盛綱系である。盛綱の子時綱（三河守入道行諲）は、建武政権に登用され、鎌倉将軍府にいたようである。関東廂番中にその名を見出せないが、建武元年三月に北条氏与党が鎌倉を襲撃したおり、「政所執事三河入道行証」が逐電した[21]とあり、これが時綱に比定されるので、鎌倉将軍府に政所執事として迎えられていたことがわかる。

その後しばらく史料上に現れないが、康永三年の引付改編で四番衆となり、貞和五年の時点でも同じ四番衆にいる[22]。

そして直義の側近として活動していたことから、観応の擾乱でも当初直義派として行動している（『園太暦』観応二年正月十日条）。しかしその後は尊氏方に転身し、使者として播磨へ遣わされたり（『園太暦』観応二年九月三日条）、祇園社造営奉行となる（『祇園執行日記』観応三年八月三日条）など、京都の義詮の下で活動している。文和元年十一月十八日付幕府引付頭人奉書で時綱代の濫妨が咎められている（『南中国四国』二三九八号）のを最後に、姿が見えなくなる。没年は不詳だが、生年は出家時の年齢から弘安三年（一二八〇）なので（細川B）、観応の擾乱時にすでに七十を超える高齢だったため、文和元年から遠くない時期に没したのであろう。[23]

時綱には弟行秋と、高綱・行冬の二人の子がいた。行秋は仮名・官途・活動いずれも不明である。高綱（三河判官、『系図纂要』では時高）は、鎌倉幕府滅亡時及び建武政権下での動向は不明だが、康永三年の引付改編で二番衆に列し、貞和五年の時点で四番衆に移っている。時綱同様に直義派であり、観応の擾乱では父と異なり、直義の北国行きにも同行している（「観応二年日次記」観応二年七月三十日条）。その後史料に見えず、直義派と共に没落したのであろう。

そして行冬は、関東廂番二番衆の「三河四郎左衛門尉行冬」その人である。年齢的に高綱は鎌倉幕府に出仕していたであろうから、建武政権下では兄の代わりに出仕したのであろう。そして高綱が室町幕府で活動するようになると、交替するように姿が見えなくなる。以後の消息は不明である。

行景系は、行景が鎌倉幕府内でも確固たる地位を築けなかったこともあり、行景の子貞景、その子親宗ともに史料上から動向が見えず、鎌倉幕府滅亡により没落したのであろう。

最後に政雄系だが、政雄は正中年間に死去したという。政雄の子貞雄（因幡守入道行源）は、続群書類従本二階堂系図によると、鎌倉幕府で寺社奉行を務めたという。しかし鎌倉幕府滅亡時に、後醍醐方に丹後浦家庄にあった城郭が攻められて焼き払われており[24]、それ以後の動向も不明なので、没落したか。貞雄の弟行高（高雄）は、系図に元弘三年

（一三三三）五月死去とあるので、鎌倉幕府か六波羅探題と運命を共にしたとみられる。貞雄も同様の末路をたどった可能性が高いだろう。

貞雄の子という行雄も、仮名・官途ともに不明なため、動向も不明である。可能性としては、康暦元年（一三七九）と永徳元年（一三八一）の二度にわたって、足利義満の行列で帯刀を務めた「二階堂因幡四郎」がおり[25]、鎌倉末以降で二階堂氏で因幡守となったとされるのは貞雄のみなので、この因幡四郎は貞雄の子孫ということになる。ただし義満以降、将軍行粧で帯刀を務めるのは、ほとんどが奉公衆になるので、後述する奉公衆深矢部二階堂氏の者であるかもしれない。

まとめると、伊勢家は行景系と政雄系の両家が鎌倉幕府滅亡で没落し、残る頼綱系と盛綱系は、共に建武政権・室町幕府で吏僚として用いられたが、観応の擾乱の中で時綱以外は没落し、その時綱も間もなく没したため、伊勢家二階堂氏は室町幕府から消えることとなった。

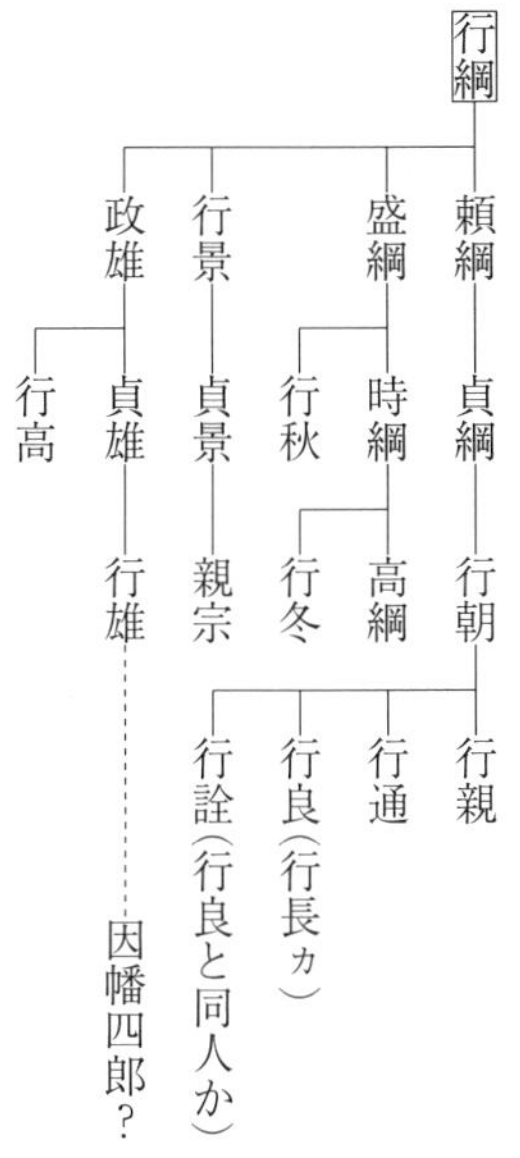

3 信濃家

行盛の子行忠に始まる。行忠には行宗・盛忠・宗光の三人の子がおり、以下それぞれを見ていく。

まず行宗系である。行宗の子行貞は元徳元年(一三二九)二月二日に死去している。その弟時盛(三郎左衛門・丹後守)も没年不詳だが、時盛の子盛高は、建武政権下で鎌倉将軍府に登用され、関東廂番の二番衆にいる「丹後三郎左衛門尉盛高」がそれである。同年九月の賀茂両社行幸で尊氏に帯刀として供奉した「二階堂丹後三郎」[26]は、盛高の子か。その後の消息はほとんど不明で、康永四年(一三四五)八月の天龍寺供養で執蓋役を務めた二階堂丹後三郎左衛門尉(『園太暦』康永四年八月二十九日条)は、盛高かその子三郎であろう。なお盛高と同じ関東廂番中に見える、一番衆の「丹後次郎時景」、五番衆の「丹後四郎政衡」も時盛の子である可能性があるが、諸系図には時盛の子には三郎盛高と五郎盛行があるのみで、全く見えない。むしろ政衡は長井丹後守宗衡の子とみるべきであり、時景も長井氏など別家の人であろう。

行貞の子は系図では貞衡・高貞(行広)・顕行の三人が書き載せられている。まず貞衡(美作守入道行忠)は、正慶元年(一三三二)に没しており(細川B、『尊卑』は元徳三年〈一三三一〉正月七日没とする)、鎌倉幕府滅亡を目の当たりにすることはなかった。貞衡の子には系図によると高衡(行直、山城守)・高行・行元、そして行景がいる。

高衡は、関東廂番五番衆の「美作次郎左衛門尉高衡」として建武政権下で登用されている。その後、行直と改名し、大夫判官となっており、康永元年十二月には、天龍寺の綱引・禄引へ尊氏と直義が赴いた折に供奉している[27]。翌年十二月以前に山城守に任官し[28]、康永三年の引付改編で二番衆に列し、内談衆の一人となっている。その後も巻数請取や馬の奉加などを度々しているが、貞和四年(一三四八)六月五日に死去した(「常楽記」)。

高衡改め行直の子には、『系図纂要』によれば氏貞がいる。この氏貞は室町幕府での活動は見当たらないが、貞和の頃の評定始着座次第で御荷用役を務めた「山城次郎左衛門尉」（「玉」一-25）は、貞衡の弟高貞が三郎左衛門尉、顕行が四郎左衛門尉であるので、貞衡・行直が次郎左衛門尉であったと推定でき、そうすると氏貞も次郎左衛門尉であったことになり、この「山城次郎左衛門尉」は氏貞になる。そこで問題なのが、康永四年八月の天龍寺供養で帯刀を務めた「美作次郎左衛門尉」で、注記に政直と付す記録がある。(29) 行直の弟か、氏貞が当初美作次郎左衛門尉と名乗ったか、あるいは全く別の系統かになるが、行直の弟で現在系図などで確認される者には、該当する者はいない。ただ美作氏貞であれば、最初政直の名乗りであったのが、尊氏かその子基氏から偏諱をもらい改名したことになる。ただ美作から山城へ呼び方が変わるのは不自然なので、別人の余地が残る。その後、氏貞は鎌倉府政所執事となる（拙稿B）ので、おそらく観応の擾乱を機に関東に下向し、そのまま定着したのだろう。氏貞の子には二階堂山城守がいる（実名不詳）。

高行・行景の動向は不詳である。『尊卑』は、国史大系では高行に「康永天龍供養随兵」と注記するが、異本にあるように、これは行元への注記である。行元は高貞の養子となったとあるのでそちらで述べる。その高貞（信濃三郎左衛門尉・丹後守）は、時期は不詳だが名を行広に改めたと諸系図にある。建武政権下では、関東廂番三番衆の「山城左衛門大夫高貞」が該当するが、そうすると建武元年（一三三四）九月の賀茂両社行幸で尊氏の随兵を務めた「二階堂信濃三郎左衛門行広」(30) は別人となる。ところで宗光系を見ると、宗光の孫行広は『尊卑』に三郎左衛門・丹後守とあり、この行貞子の高貞改め行広と官途が全く同一である。そのため康永四年八月の尊氏・直義天龍寺参詣に供奉した「二階堂丹後守」（『師守記』康永四年八月二十九日条）は、高貞か行広か判別できない。また群書類従本「二階堂系図」では行広の父は時盛としている。高貞の養子行元もだが、二階堂氏の系譜中でこの部分がとりわけ混乱している。

高貞の養子が行元（行光ともあるが、元と光は崩しが似ているため誤ったのだろう）である。行元は史料上は山城三郎左衛門尉（『師守記』康永四年八月二十九日条）・山城判官（「門葉記」貞治元年〈一三六二〉三月九日条）・山城中務少輔（『師守記』貞治六年七月五日条）で出てくる。養父高貞は丹後守なので、本来なら「山城―」でなく「丹後―」と表記されるべきだが、そうでない。行元子孫も山城守なので、行元は家としては貞和四年に死去した実兄行直の跡を継承したのではないか。そしてこれにより行直子氏貞は、京都を離れて関東に下ったのだろう。ただ文和二年（一三五三）三月二十九日の安鎮大法供養に、帯刀として供奉した二階堂山城守がいる(31)。時期的に行直でも行元でもなく、ほかに該当者もいない。帯刀を務めているので、高貞かもしれない。ただ引付や政所には関わっていないので、行元が行直の立場を継承したことには変りない。

行元は康永三年から活動が見え（『師守記』康永三年五月二十日条）、康永四年の天龍寺参詣で随兵を務め、観応元年（一三五〇）十一月に検非違使となる(32)。観応の擾乱で直義方として北国下向に従ってから（「観応二年日次記」観応二年七月三十日条）しばらく姿がみえないが、文和三年までに幕府へ復帰し、以後政所執事（「花営三代記」応安五年〈一三七二〉十一月二十二日条など）、種々の奉行(33)、評定衆(34)、地方奉行（「花営三代記」康暦元年〈一三七九〉八月二十五日条）など務めている。ただ政所執事の座は康暦頃に伊勢貞継に奪われ、以後政所は伊勢氏が継承する。また貞治二年十二月以前に中務少輔に任官し(35)、義詮死後に出家して入道行照となっている。そして明徳三年（一三九二）四月二十六日に死去した(36)。

行元の子は、諸系図では忠広のみ確認される。しかし「花営三代記」応安五年〈一三七二〉十一月二十二日条に、法体の行元の代理で吉書を持参した山城三郎左衛門尉元栄がいる。官途名から行元の嫡子であり、忠広と同一人物であれば、途中で改名したのだろう。ほかに行元子と推測される者に、貞治六年の足利義詮参内に帯刀として供奉した山城四郎左衛門尉師政(37)がいるが、これ以外に見えず、詳細は不明である。永和四年〈一三七八〉十一月に検非違使に任官した「二階堂」（『後深心院関白記』永和四年十一月二十八日条）は、おそらくこの元栄で、明徳三年八月の相国寺供養に帯刀で供奉した「山城三郎左衛門尉平忠泰」[38]は、官途名から元栄かその子だろうが、藤原でなく「平」なので別人の可能性がある。その後、応永三年（一三九六）九月十六日に山門大講堂供養に赴く足利義満の帯刀を務めた二階堂三郎左衛門尉[39]、応永六年分未進注文中に見える二階堂山城[40]、応永十年正月十一日に評定始へ参加した山城三郎左衛門尉（『吉田家日次記』同日条）がいる。年代的に応永六年の二階堂山城は元栄（忠広）で、応永十年の三郎左衛門尉はその子之忠に比定されるか。之忠以降は拙稿Aで検討したので詳細は省くが、室町幕府最末期までこの系統は続いており、数ある二階堂一族の中で、後述の奉公衆深矢部二階堂氏以外で室町幕府に残ったのは、行元の子孫のみである。

顕行は、建武政権下で奥州式評定衆の一人となっている。顕行・顕親父子は、二階堂一族で珍しく「顕」の字を名前の上に用いているが、建武政権から陸奥を任された北畠顕家の下にいたことからすると、その一字を拝受したか。『尊卑』によると、建武四年三月に顕行は下野で討死したとある。実際その後の活動は見えないので、事実を伝えているとみていいだろう。ただこれが建武政権側であったのか、室町幕府方であったのかは不明である。

顕行の子顕親は、父の死後室町幕府に出仕しており、康永四年八月の天龍寺供養で尊氏・直義に供奉した「二階堂対馬四郎左衛門尉」（『師守記』康永四年八月二十九日条）が顕親である。ただこれ以後の消息は不明である。

盛忠系は、金沢一族との親交が知られる盛忠子忠貞が、六波羅探題滅亡時に番場宿で自害している[41]。この忠貞の弟貞景・時冬、息子忠宗・時基は、建武政権下でも、室町幕府でも活動の徴証が見えない。おそらく忠貞が六波羅に殉じたのと同様に、残された一族も同じ道をたどったか、もしくは単に没落したかのどちらかであろう。

最後に宗光系だが、宗光の子貞宗は、『系図纂要』には「元弘三年五八於江州馬場自殺」とあり、従兄弟忠貞と共に自害したという。ただ番場の蓮華寺過去帳にはその名が無く、『尊卑』に記述がないことからすると、忠貞の記述が紛れたか。貞宗の子行広は、先に高貞のところで述べた通りである。そして行広の子行里は詳細不明だが、前述の盛高かその子ではないかとした、康永四年八月の「丹後三郎左衛門尉」であるかもしれない。

まとめると、信濃家は系譜関係が若干混乱している部分はあるものの、行宗系が室町幕府下で活発な活動を見せている。他の系統同様に観応の擾乱で一度没落するが、関東で氏貞が、京都で行元が復帰を果たし、どちらも家を残すことに成功した。とりわけ行元が、京都の幕府で唯一二階堂の家を保持し得たのは特筆すべきであろう。

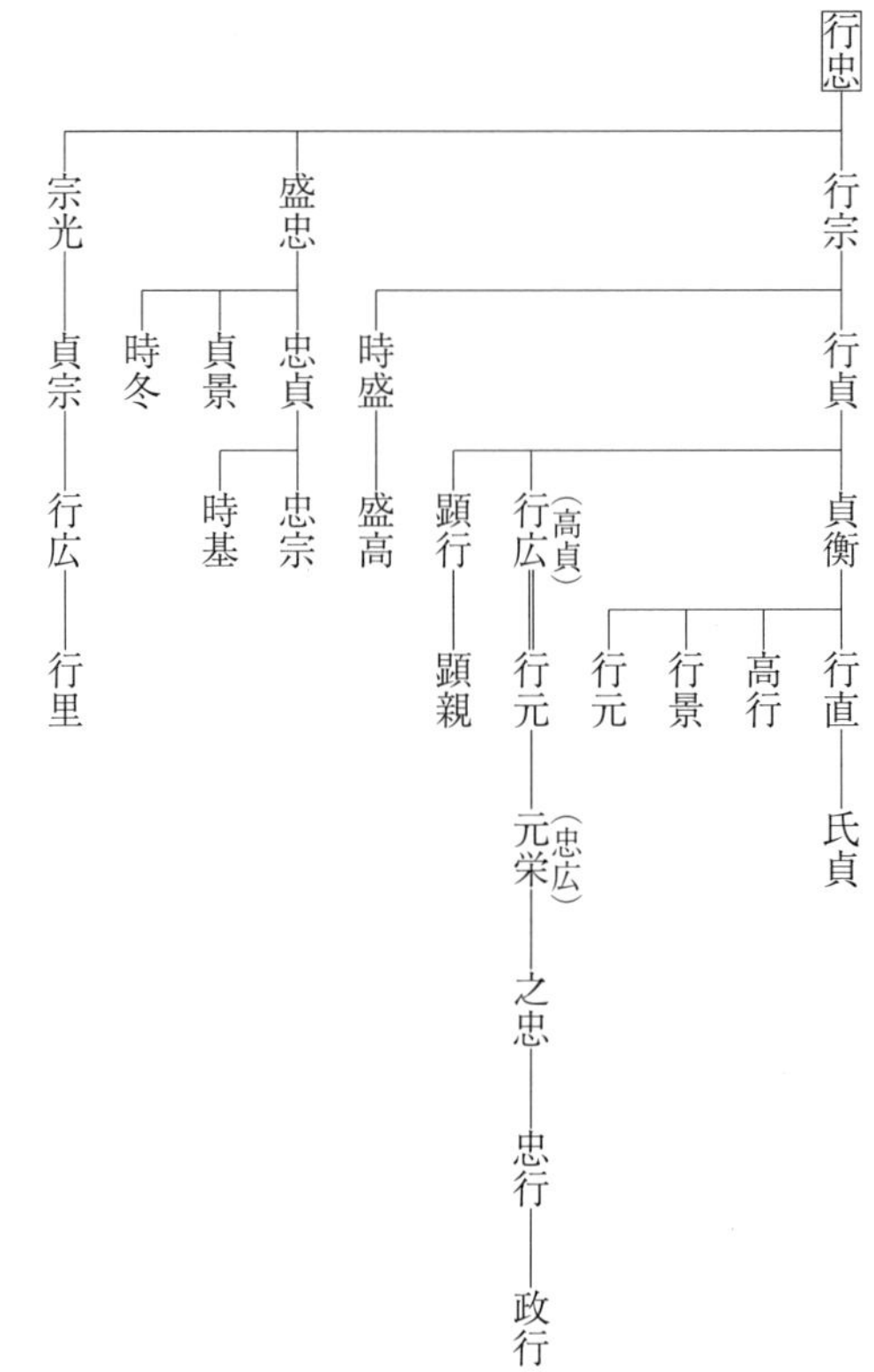

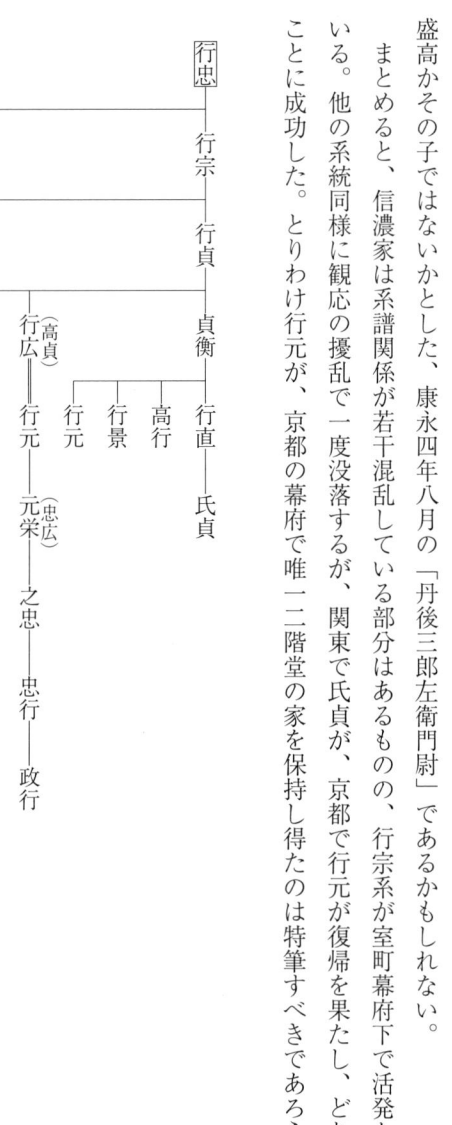

二　行村流

1 隠岐家

行村の子元行(基行)に始まる。元行には行定と行氏の二人の子がおり、行氏の子の世代でさらに分流することとなるので、以下では行定系と、行氏の子らの行景・行長・行連系について検討する。

まず行定系は、行定自身が鎌倉幕府内で地位を築けなかったこともあって振るわず、行定の子行直の子・孫は、系図に官途が記されていないことから、建武政権・室町幕府でも重要な地位につけず没落していったと思われる。

行景系は、行景が引付衆となりながら、霜月騒動によって死去し、所領も幾つか没収されて勢力を衰えさせた。行景の子泰行は所領のある薩摩阿多北方へ下り、そこに土着した。泰行の子行雄(泰藤、三郎左衛門尉・木工允、入道行存)は、一族内での所領争いをしながら、南北朝期を迎え、室町幕府方として活動し、薩摩・豊前・筑前・三河の所領を安堵されている(家譜四一号・五六号)[42]。

行雄には譲状などから、六、七人の子がいたことが確認される。嫡子が行仲(行久、三郎兵衛尉・山城権守・能登守)で、父同様に九州で幕府方として活動した(家譜七七号など)が、途中で南朝方についている(家譜八〇号)。そのため行雄は行仲の子で、孫の直行(三郎兵衛尉・隠岐守)を惣領として所領を譲り(家譜八九号)[43]、行雄死後に行仲も、直行へ同所領を譲っている(家譜九五号)。直行はそれを永徳三年(一三八三)に息子と思われる山城守行貞に譲り(家譜九七号)、以後薩摩二階堂氏として存続し、島津氏の家中に入り、江戸時代も薩摩藩士として家を存続させている。

なお諸系図には、行仲(行久)に伊勢国深矢部郷地頭との注記を付している。この深矢部郷は、行氏が持っていたようで（家譜八号）、その後、行氏の息女と思しき延寿御前の所領となっていた（家譜七号）。その後の相伝関係は不明だが、行仲が継承していても不自然ではない。奉公衆二番衆の深矢部二階堂氏には、文安の番帳に見える二階堂深矢部隠岐入道[44]、宝徳元年（一四四九）八月二十八日に足利義政の参内始に供奉した二階堂六郎左衛門尉忠政（『経覚私要鈔』同日条）、応仁の乱から明応の政変まで諸史料に散見される二階堂行名[45]（次郎左衛門尉・隠岐守・大蔵少輔）がいる。官途からしても隠岐家を継承しており、行仲子孫でも問題なさそうである。ただ薩摩二階堂氏の文書には、南北朝以降この深矢部郷に関する記述は無いので、行仲直系ではなく、近親が関連文書ごと継承して伊勢へ移ったとすべきか。

次に各世代の弟を見ると、泰行の弟には四郎左衛門盛行が見える。行雄の訴訟に関する文書（家譜三六号）に見える庶子近江四郎左衛門尉がこれに当たるだろう。この盛行の子が備中家時藤の養子となって家を相続した成藤という。ただ時藤がわざわざ中央政界から離れた隠岐家から養子をとることに不審もある。行雄の弟には、『尊卑』では行教と僧真顗二人だけだが、ほかに六郎左衛門尉成藤と又三郎行武がいる（家譜三七号）。この弟たちの活動は不詳だが、貞和年間におそらく任官を希望する者を書き連ねた交名中の「二階堂隠岐又三郎」（「玉」二‐16）は、行教子の又三郎行時のことであろう。そして行仲の弟たちは、基本的に兄同様に薩摩で活動している。あるいは行雄弟の成藤と盛行子成藤が混同されているかもしれない。

次に行長系だが、行長の子とされるのは八郎行兼と弥四郎行継で、行兼の子に貞兼、行継の子に孫四郎行時、行時の子に四郎行平（行千）が系図に見えるが、いずれも文書・記録上に現れず不明である。

最後に行連系は、行連の孫兼行（行房子）が系図に隠岐守とあるので、それなりの地位にあったと思われるが、兼行を含めこの系統の人物も活動は不明である。ただ行房は、同名の左近将監行房が九州で活動している。この左近将監行房は、行雄所有の豊前金田村半分地頭職（家譜四一号）のさらに半分の四分一地頭職を養子行国に譲っている（家譜八六号）。この行房は薩摩二階堂氏庶家の先祖とされ、行雄が末期に及んで、しきふ（式部ヵ）を養子にして所領を譲るよう依頼された下野守も、この行房ではないかと、後世薩摩二階堂氏の家譜編纂時に比定している（家譜六七号）。

まとめると、隠岐家は霜月騒動で行景が死去したことが尾を引き、中央政界での活動を諦め、所領のある薩摩へ拠点を移した。この姿勢は南北朝期でも同様で、途中で南朝方に回るなどしながら、一領主として存続していく。

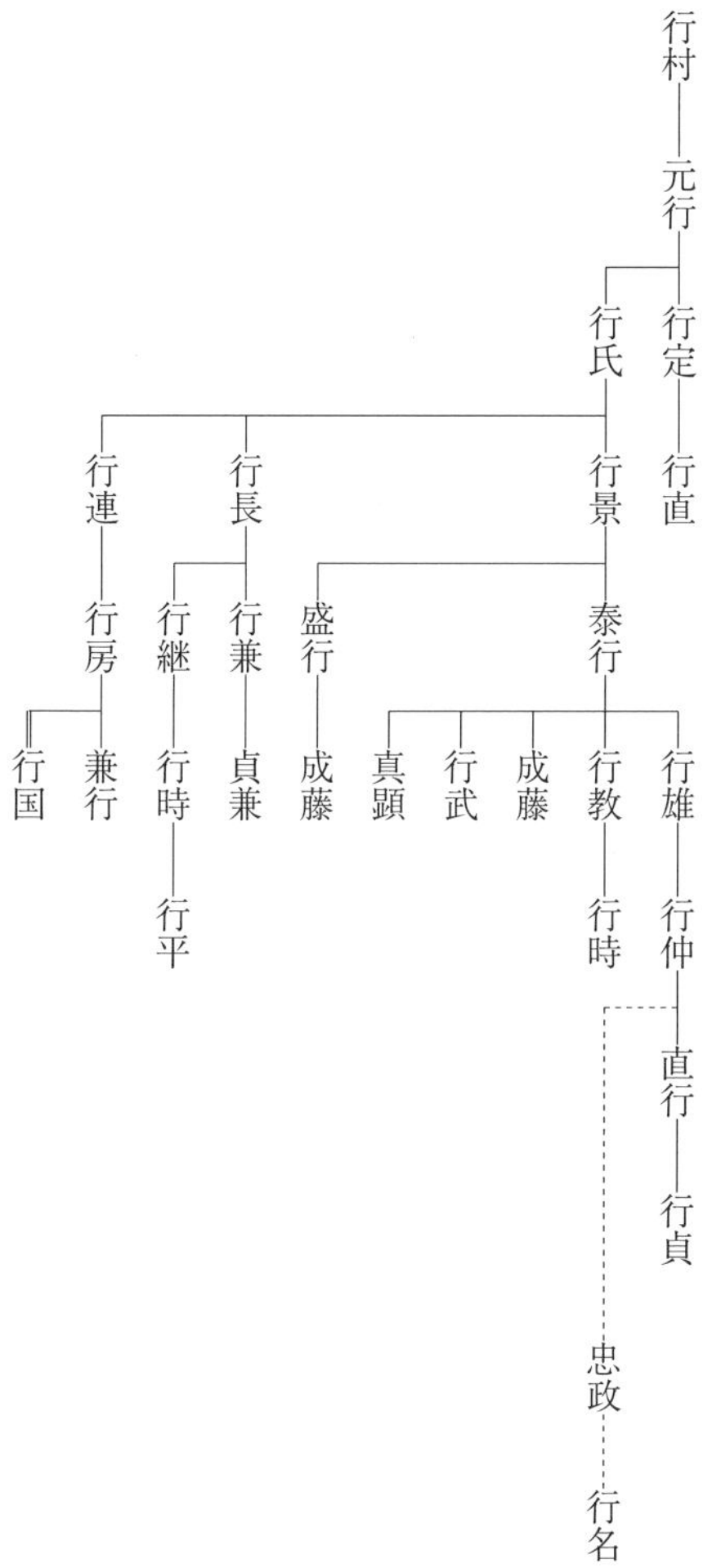

2　出羽家

行村の子行義に始まる。行義の子には行有・義賢・行定・行頼・定行・行世・行朝がいるが、ここでは行有系は備中家として別に項目を立て、以下では義賢系・行頼系について見る。

義賢系は、鎌倉幕府で引付衆を務めた義賢の四人の子のうち、行秋・行継・政賢の三人の子孫が南北朝期につながっている。ただいずれの系統も、鎌倉幕府・六波羅滅亡時、建武政権、室町幕府での活動が確認できない。このうち行秋の子孫は、行秋子光秋の娘が行秀(入道道本)室、同じく行秋子の員秋孫娘が、行秀子行登室と、康永〜貞和年間に室町幕府内で重用された行秀と密接な関係を作っているので、後述の行頼系共々行秀の下で活動したと思われる。

行頼系は、行頼の子行貞・頼村・師行の子の世代が鎌倉幕府滅亡を迎えている。このうち行貞の子政頼(出羽民部大夫)は、建武四年(一三三七)三月七日付で直義から亡父譲状に任せて駿河・甲斐・相模の所領を安堵されており(『南関東』六五九号)、室町幕府下でも家が存続していたことがわかる。同日付で薩摩二階堂の行雄にも所領安堵がなされている(家譜四一号)ので、この時、主立った二階堂一族へ所領安堵がなされたのかもしれない。その後、政頼の消息は不明だが、室が行秀(入道道本)の娘なので、行秀周辺で活動していたのであろう。その子息貞長と思われる二階堂出羽次郎が、観応の擾乱収束後の観応三年(一三五二)五月二十九日付で本領安堵されており(『南関東』二二六七号)、擾乱中は直義方で、大勢が決してのち尊氏方に復帰したのだろう。その後は不明だが、そのまま関東に留まって鎌倉府に仕えたかもしれない。

このほか、政頼の弟近江守義貞や頼村の子出雲権守貞頼は、受領を得ていたことからすれば、鎌倉幕府内である程度の地位を築いていたと思われるが、建武政権後の動向は不明である。

まとめると、備中家以外の出羽家は、鎌倉末から室町幕府下まで目立った活動がなく、わずかに行頼系の政頼・貞長父子が所領安堵されるのみである。備中家が、貞藤の誅殺で没落した影響もあったかもしれない。

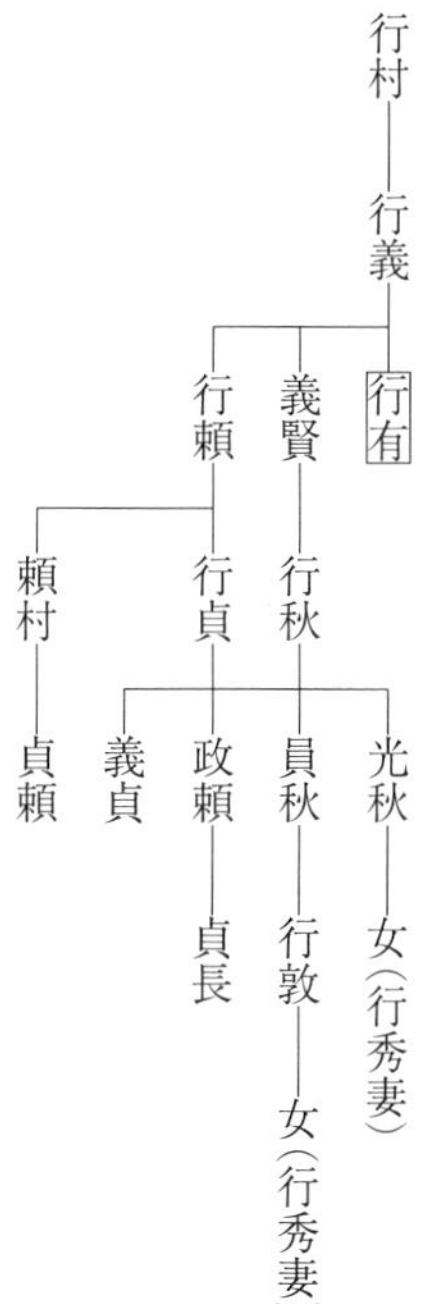

3　備中家

行義の子行有に始まる。行有には行藤と行俊の二子がおり、政所執事・引付頭人を務めた行藤には、時藤・貞藤をはじめ多くの子がいた。

時藤は、諸系図によれば正安三年（一三〇一）に出家とあるが、その後も政界にとどまっており、鎌倉幕府滅亡後は建武政権に出仕しなかったが、室町幕府には参画したようで、建武四年（一三三七）に長井貞泰が「備中入道々存」、つまり時藤に属して下文を給わっている（『南関東』一六九六号）。ただ高齢だからか、以後姿は見えず、死去したのだろう。

時藤の子には三人が見える。まず行敦は系図によれば、元弘四年（一三三四）に二十七歳で遁世して、夢窓疎石の弟子になったという。時藤が弟貞藤から迎えた養子有藤も、『尊卑』によれば時期は不明だが遁世したとある。そしてもう一人の養子が、隠岐家盛行の子成藤（越中権守・三河守・安芸守）である。成藤は建武政権下で、建武元年に雑訴決断所五番衆に名を連ねている[46]。行敦・有藤が遁世したため、成藤が時藤の後継者になったのかは定かでない。

成藤は、後述する貞藤一族誅殺の影響を受けたか、その事件後活動は見えなくなるが、室町幕府下では尊氏・直義の信任を受けて多彩な活動をみせる。観応の擾乱では直義方に与したようで、観応二年（一三五一）二月に遠江相良庄が、成藤跡職として尊氏から細川頼和に与えられている[47]。しかし関東で幕府に復帰したとみえ、尊氏が関東から京都へ上洛した後に、関東で政務に携わっている。そして延文四年（一三五九）八月以前に死去した。

成藤の子には、三郎左衛門尉義藤と行種（遠江守、入道道超）の二人が確認される。義藤の詳細は不明だが、延文四年八月十五日付足利義詮御判御教書[48]によれば、成藤が死去した折に義藤は遠江相良庄を譲られたが、自由出家したために没収され、今川直氏に預けられた、それを行種（この時は入道道超）が惣跡管領の上は安堵を給わりたいと、鎌倉府の推挙を帯び、直氏と協力して、観応二年に尊氏から相良庄を与えられた細川頼和と争ったが、頼和が勝訴している。ここからわかるのは、行種は観応二年四月に遠江守に任官している（『園太暦』観応二年四月十七日条）ので、観応の擾乱中は父成藤と行動を共にし、父同様関東で鎌倉府に仕えていた。一方義藤は、おそらく京都で幕府に仕えていたが、何かの原因で勝手に出家し、所領も没収されてしまったということである。結局義藤はその後も姿が見えず、遁世したのであろう。一方行種は、鎌倉府で政所執事を務め、息子とみられる三河守定種も同じく政所執事となる。陸奥須賀川二階堂氏がこの系統出身である可能性があるのは、拙稿Bで指摘した通りである。

次に貞藤（出羽守入道道蘊）だが、父行藤同様に政所執事・引付頭人を務めており、すでに細川Aで指摘されているように、この両方に就任したのは二階堂氏の中でこの二人だけである。貞藤が最末期鎌倉幕府の首脳部の一人であったことは、『太平記』などにも見えている。しかし貞藤の子で貞藤弟宗藤養子となった貞方（『尊卑』で元弘三年遁世とある）を除き、貞藤とその子らは鎌倉幕府と運命を共にすることなく、建武政権でそのまま用いられている。元弘三年時の雑訴決断所に、貞藤の息子兼藤（山城守入道道儀）が四番衆、同じく知藤が二番衆にそれぞれ名を連ね、貞藤の弟雅藤（政藤とも、筑前守入道道要）も三番衆となっている[49]。建武元年に拡張された雑訴決断所では、貞藤が四番に、雅藤が五番に連なり[50]、兄時藤の養子成藤も五番におり、二階堂一族の中でも貞藤の血縁者のみが登用されている。また関東廂番でも兼藤の子尾張守長藤が五番衆の一人となっている。しかしこの建武元年十二月に、貞藤は謀叛に荷担したとして、息子兼藤及び孫三人と共に誅された[51]。兼藤には系図によれば五人の子がいたが、長藤は関東におり、この時に処刑された貞藤の孫三人は、それ以外の行長・知行・盛藤・行藤のうちの誰かであろう。

この一件で貞藤系統は大打撃を受け、史料上にも見えなくなり、没落した。ただ貞和年間に二階堂行秀から出仕の時の口添えをすると伝えられた、能登左衛門尉という人物がいる（「玉」四-6）。能登苗字の者とも考えられるが、わざわざ行秀が口添えしているので、二階堂一族の可能性が高い。この頃二階堂一族で能登守であったのは、貞藤子知藤か、貞藤孫行長ぐらいなので、この能登左衛門尉はどちらかの子であろうが、いずれにせよ、後ろ盾がほぼない状態であったので、行秀が間に入ることになったと思われる。文和二年（一三五三）七月に醍醐寺領尾張一二ヶ村内、栗木・羽高・大塚で二八貫一〇〇文分が二階堂能登前司の正税弁済所として見えるが[52]、この能登前司は、知藤・行長・能登左衛門尉のいずれかに比定され、観応の擾乱も乗り切ってこの時期まで存続していたことになるが、以後の消息は不明である。

貞藤の弟たちについては、前述の雅藤以外は史料上に見えず不明で、雅藤も貞藤の誅殺で失脚して没落したとみられる。また行俊の系統も、南北朝期の動向は全く不明である。

まとめると、備中家は鎌倉幕府最末期に貞藤が頭角を現し、建武政権でもその才覚を買われて親子三代が重用されたが、自ら招いた咎によって誅されて貞藤一門は没落した。一方貞藤の兄時藤と養子成藤は、室町幕府で用いられ、成藤は観応の擾乱で直義方につくが、尊氏への帰参が許されて鎌倉府で用いられ、その子孫も鎌倉府で存続した。

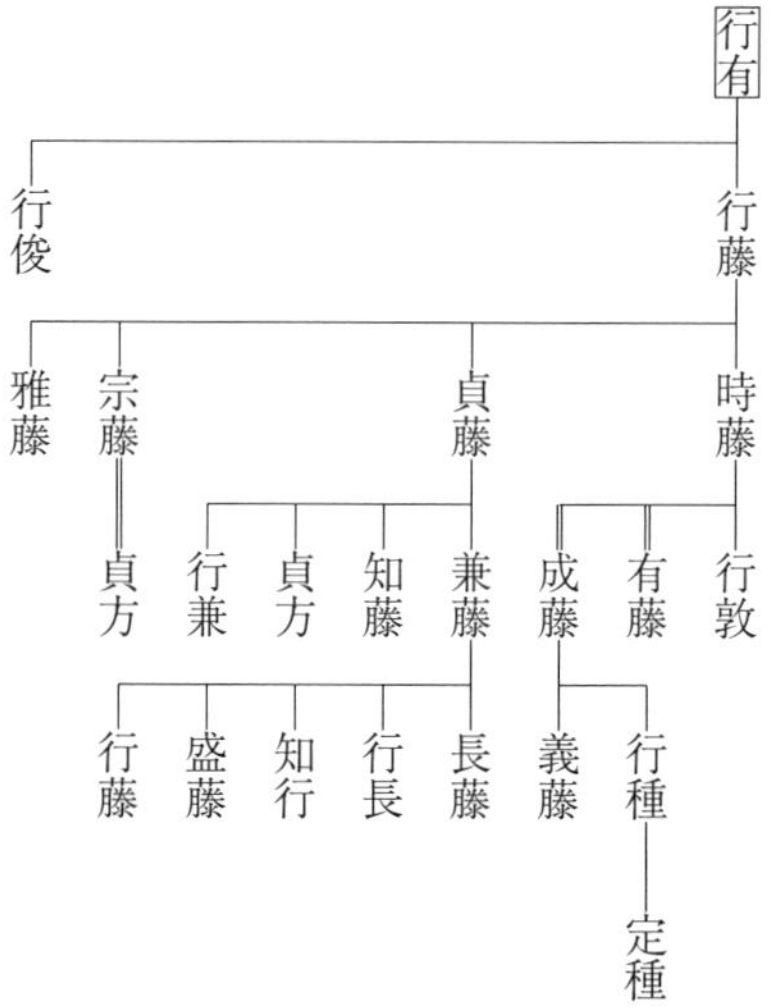

4 常陸家

行久に始まる。行久子行清には多くの子がおり、分流するが、そのうち行顕が常陸介となり、京都へ派遣される東使を務めたのと、行世が引付衆となった以外に目立った活動がなく、鎌倉幕府滅亡時も同様である。行顕の子貞行は、貞藤の子行兼（行遠、和泉守）を養子に迎えており、建武政権下でそれなりの立場を持っていたと推測されるが、それも貞藤の誅殺により失ったと思われる。結局、室町幕府で常陸家は地位を築けず、沈んでいったのであろう。

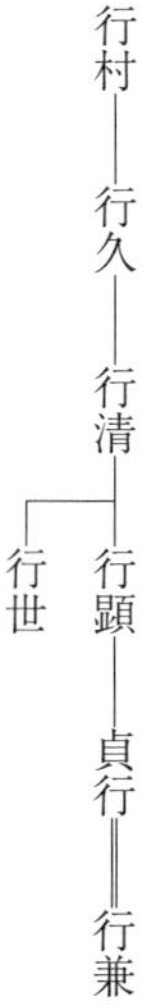

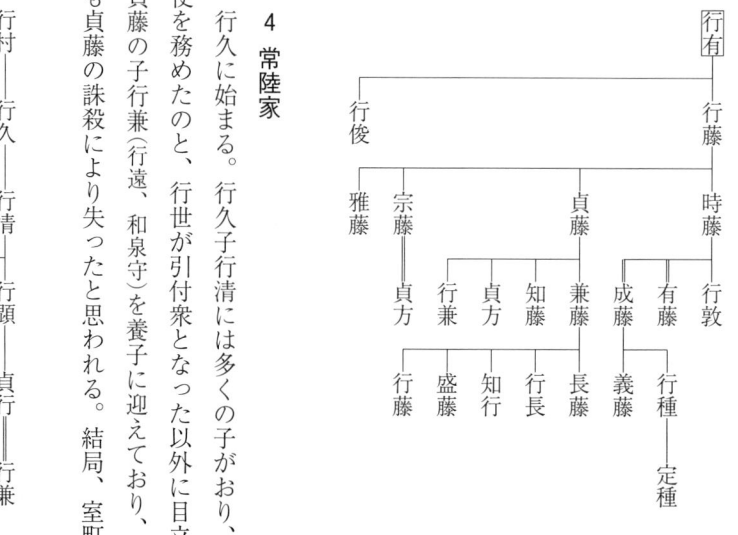

5 和泉家

行村の子行方に始まる。行方の子行章が引付衆となった後、この系統はあまり活動が見えず、鎌倉幕府滅亡時や建武政権下でも登用されていない。その中で行章の養子行員の次男行秀（行周、伯耆守入道道本）の活動が注目される。行秀の子行脩（伯耆五郎左衛門尉）・行登（七郎）が建武二年（一三三五）八月十八日の相模川合戦で討死した（『南関東』二七〇号）ように、行秀は早くから足利方として活動するが、後に直義の側近となって重用される。行秀の活動は康永元年（一三四二）から確認され[53]、任官奉行（『師守記』康永元年五月三十日条など）、康永の引付改編で五番衆、天龍寺供養を武家方奉行として書き記す（『園太暦』康永四年八月二十九日条）などがあり、「玉燭宝典紙背文書」からも多くの活動が見える。そして行秀が政権中枢に食い込むのと時を同じくして、行秀の甥行時（行秀兄行繁子、和泉民部大輔）も康永の引付改編で四番衆となり、行秀の子行恒（伯耆五郎）も、評定始で御荷用役を務め（「玉」一-25）、南方へ派遣される（「玉」五-4・5）などしている。ただ行秀は経済的には苦しかったようで、行恒の出仕に難儀して借金したり（「玉」二-8）、備中真壁郷の拝領を願う（「玉」三-4）などしている。しかし行秀が直義との関係をもとに築いた地位は、観応の擾乱で崩れ去り、直義に従って北国下向した（「観応二年日次記」観応二年〈一三五一〉七月三十日条）のを最後に行秀の活動は見えなくなる。同時に行秀一類の活動もなくなり、和泉家は没落したとみられる。

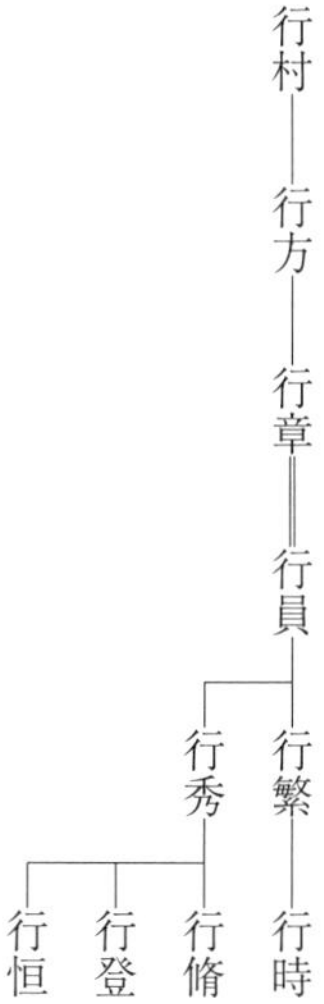

おわりに

以上、南北朝期の二階堂氏の系譜を、文書・記録史料を中心に裏付けて整理を試みた。各系譜は該当する部分で示しているのでここでは触れないが、鎌倉幕府・六波羅探題滅亡―筑前家行頼系・伊勢家行景系・伊勢家政雄系・信濃家盛忠系、貞藤誅殺―筑前家行佐系・備中家貞藤（・常陸家）、観応の擾乱―伊勢家盛綱系・和泉家と、概ねこの三つの原因により、一つまた一つと、多数あった二階堂氏の分流は没落していき、最終的に義詮死去の頃には、関東に筑前家行実系・筑前家行重系・伊勢家頼綱系・信濃家行宗系・備中家成藤の数家と、京都に信濃家行宗系の行元流・隠岐家分流深矢部二階堂、そして鎌倉時代から独自の路線を歩んで薩摩に土着した隠岐家が残ることになった。

ところで二階堂家は代々歌道にも秀でた人物を輩出している。後の二階堂政行の時代に、南北朝時代の一族の歌が将軍の御覧に供されている(54)が、その時に挙げられていたのが、貞藤・行朝・時藤・行春・政元・成藤である。これらはいずれも南北朝期に、二階堂氏の中でとりわけ目立った政治活動をした者でもある。逆に名前が挙がっていない中で目立った活動をしたのは、行秀・行元ぐらいである。政行自身当時の武家社会で歌人として名高く、行元から政行の間、政行以降の二階堂氏にそうした歌に秀でた者がいなかったことからすると、南北朝以降の二階堂氏で、和歌の才能が政治活動に比例するような現象が起きているのは、偶然とはいえ興味深い。

註

（1）拙稿「室町幕府の秩序編成と武家社会」（『歴史学研究』九二四、二〇一四年）。

（2）拙稿「室町幕府外様衆の基礎的研究」（『東京大学日本史学研究室紀要』一五、二〇一一年）。
（3）拙稿「室町幕府・関東足利氏における町野氏」（佐藤博信編『関東足利氏と東国社会』岩田書院、二〇一二年）。
（4）拙稿「二階堂政行と摂津政親」（阿部猛編『中世政治史の研究』日本史史料研究会、二〇一〇年）。
（5）拙稿「鎌倉府における諸機関について」（黒田基樹編著『足利満兼とその時代（関東足利氏の歴史3）』戎光祥出版、二〇一五年）。
（6）柳原敏昭「二階堂氏の所領と海上交通―阿多北方の位置づけを考えるためのノート―」（入間田宣夫編『日本・東アジアの国家・地域・人間―歴史学と文化人類学の方法から―』入間田宣夫先生還暦記念論集編集委員会、二〇〇二年）、佐藤博信「二階堂氏と安房国北郡―特に「二階堂文書」を通じて―」（同『江戸湾をめぐる中世』思文閣出版、二〇〇〇年）、同「二階堂氏と懐島・大井庄」（『茅ヶ崎市史研究』二、一九七七年）など。
（7）細川重男『鎌倉政権得宗専制論』（吉川弘文館、二〇〇〇年）。
（8）主なものとして、佐藤進一「室町幕府開創期の官制体系」（同『日本中世史論集』岩波書店、一九九〇年）、今谷明「室町幕府の評定と重臣会議」（同『室町幕府解体過程の研究』岩波書店、一九八五年）、設楽薫「室町幕府の評定衆と「御前沙汰」―「御前沙汰」の評議体制及び構成メンバーの変遷―」（『古文書研究』二八、一九八七年）、矢部健太郎「足利直義管下の三方制内談方と二階堂道本」・松永勝巳「師躬と道本」（今江廣道編『前田家本『玉燭宝典』紙背文書とその研究』続群書類従完成会、二〇〇二年）、関谷岳司「室町幕府評定・評定衆の変遷」（『日本歴史』六九〇、二〇〇五年）など。また田辺久子「鎌倉府政所執事二階堂氏について」（『日本歴史』四五〇、一九八五年）は、二階堂氏そのものよりも、鎌倉府政所執事の変遷が主題である。
（9）千野原靖方「中世後期上総国在地支配の変転―畔蒜庄佐々木氏と伊北庄二階堂氏の動向を中心に―」（中世房総史研究会編『中世房総の権力と社会』高科書店、一九九一年）。

(10) 細川重男「政所執事二階堂氏の家系」(鎌倉遺文研究会編『鎌倉時代の社会と文化』東京堂出版、一九九九年)。
(11) 『大日本史料 第六編之三』一六頁。
(12) 「建武記」(『大日本史料 第六編之二』四二一頁)。以後、関東廂番はこれによる。
(13) 『群書類従 第二十九輯』。以後「常楽記」はこれによる。
(14) 「天龍寺造営記録」(『大日本史料 第六編之七』二六八頁)。以下、康永元年天龍寺立柱への供奉はこれによる。
(15) 室町幕府引付番文(「結城文書」『大日本史料 第六編之八』一七六頁)。以後、康永三年の引付改編は全てこれによる。
(16) 「御評定着座次第」(『群書類従 第二十九輯』一四九頁)。
(17) 「建武記」(『大日本史料 第六編之二』四一三頁)。以下、奥州式評定衆はこれによる。
(18) 今江廣道編『前田家本『玉燭宝典』紙背文書とその研究』(続群書類従完成会、二〇〇二年)の文書番号、以下同じ。
(19) 「武家年代記」(『大日本史料 第六編之五』一二頁)。五番頭人は足利直義下知状案(「八坂神社文書」『南関東』九九六号)による。
(20) なお同論文で鎌倉府で行朝子孫とした盛秀以降については、行詮子孫に位置付けられるだろう。
(21) 『鎌倉大日記』、「将軍執権次第」(『大日本史料 第六編之一』四七六頁)。
(22) 室町幕府引付番等注文(「新田八幡宮文書」『埼玉県史料叢書 第11巻』三四七号)。以後、貞和五年の引付はこれによる。
(23) 「貞和四年記」(『続群書類従 第二十九輯下』)貞和四年七月十七日条で、直義の三条邸で行われた天下静謐祈禱において、二階堂成藤らと共に三人で使節奉行を務めていることが見える。
(24) 熊谷直経代同直久軍忠状(『大日本古文書熊谷家文書』三六号)。
(25) 「花営三代記」康暦元年七月二十五日条、「永徳行幸記さかゆく花」(『加能史料 南北朝Ⅲ』一七四頁)。

(26) 賀茂社行幸供奉足利尊氏随兵交名（「朽木文書」『大日本史料　第六編之一』九一四頁）。
(27) 「天龍寺造営記録」（『大日本史料　第六編之七』四二九頁）。
(28) 二階堂行直奉書（「石上寺文書」『三重県史　資料編中世2』九号）。
(29) 天龍寺供養日記（「結城文書」『大日本史料　第六編之九』二八四頁）。
(30) 前註(26)文書。
(31) 安鎮大法供養足利尊氏随兵交名（「朽木文書」『加能史料　南北朝Ⅱ』六頁）。
(32) 別当宣案（「東寺百合文書ウ函」『大日本史料　第六編之十四』八頁）。
(33) 光済書状写（「門葉記」『大日本史料　第六編之二十四』五七頁）、「門葉記」康安二年三月六日条など。
(34) 「御評定着座次第」（『群書類従　第二十九輯』）・「花営三代記」応安六年正月十二日条など。
(35) 中務少輔は貞治二年十二月二十六日付二階堂行直巻数請取状（「石上寺文書」『大日本史料　第六編之二十五』二九五頁）が初見。
(36) 「御評定着座次第」（『群書類従　第二十九輯』一五四頁）。
(37) 「貞治六年中殿御会記」（『大日本史料　第六編之二十七』八九八頁）。
(38) 「相国寺供養記」（『群書類従　第二十四輯』三三九頁）。
(39) 延暦寺大講堂供養足利義満随兵交名（「朽木文書」『加能史料　室町Ⅰ』四〇頁）。
(40) 尾張国国衙領正税未進注文（「醍醐寺文書」『愛知県史　資料編9』七六九号）。
(41) 「近江国番場宿蓮華寺過去帳」（『群書類従　第二十九輯』二四六頁）。
(42) 足利直義袖判下文（「二階堂氏正統家譜」『鹿児島県史料　旧記雑録拾遺　家わけ一』四一号、以後「家譜〇号」と表記する）、足利尊氏袖判下文案（家譜五六号）。

（43）二階堂行雄譲状（家譜八九号）。なお行雄には孫に次郎がいたが、遁世したために八郎行春へ譲ったという。この次郎と同じ孫の三郎直行との血縁関係は不明だが、兄弟の可能性もあるか。
（44）「幕府番帳案」（『大日本古文書　蜷川家文書之一』三〇・三一号）。
（45）「見聞諸家紋」（『群書類従　第二十三輯』四三五頁）、東京大学史料編纂所架蔵写真帳「宣秀卿御教書案」、東山殿時代大名外様附」（今谷明「『東山殿時代大名外様附』について―奉公衆の解体と再編―」（同『室町幕府解体過程の研究』岩波書店、一九八五年）など。
（46）「雑訴決断所結番交名」（『大日本史料　第六編之一』七五二頁）、雑訴決断所牒（「仁和寺文書」『大日本史料　第六編之一』七四五頁）。
（47）足利尊氏袖判下文（「野田文書」『南関東』一九七〇号）。なお沙汰は十一月になってなされた（仁木頼章奉書「野田文書」『静岡県史　資料編6』四四八号）。
（48）「野田文書」（『大日本史料　第六編之二十二』六六九頁）。
（49）雑訴決断所結番交名（「比志島文書」『愛知県史　資料編8』九五四号）。
（50）「雑訴決断所結番交名」（『続群書類従　第三十一輯下』六三〇・六三一頁）。
（51）「蓮華寺過去帳」（『大日本史料　第六編之二』一〇三頁）、日静書状（「金綱集第六巻裏書」『大日本史料　第六編之二』二〇三頁）。
（52）尾張国諸郷保地頭正税弁済所々注進状（『大日本古文書　醍醐寺文書之四』六七一号）。
（53）二階堂行秀請文（「東寺百合文書せ函」『大日本史料　第六編之九』四四〇頁）。
（54）二階堂政行書状（『壬生家文書六』一七六〇号）。

南北朝・室町期東国における戦功認定と大将

――軍忠状・着到状の分析から――

石橋一展

はじめに

南北朝・室町期の東国の政治史、権力論を考察する時、合戦・軍事関係からのアプローチは有効な手段の一つである。東国武士は南北朝動乱によって所領を拡充・削減された。また、合戦に当たっての軍勢催促や軍功の認定、恩賞給付などは、当事者相互の関係性やおかれた政治的立場に起因している。よってこれらを扱うことで当該期の東国武士や鎌倉府の特質を探る一助としたい。本稿ではこれらを問題関心の基幹とし、また以下、研究史整理において導かれた各課題を解決していくことを目的とするものである。なお、筆者はかつて同様の目的で、合戦の恩賞給付の一様態としての感状についての小論を記したが(1)、紙幅の関係で軍忠状・着到状の考察は省かざるを得なかった。そのため、今回は軍忠状・着到状についての考察を行う。旧稿の中でも研究史に触れたため、今回は重複する部分は可能なかぎり捨象し、軍忠状・着到状についてのものや、近年の成果を中心にしたものとすることを予め断っておく。

軍事史研究の初期段階は、古文書学と密接な関係にあった。実際に相田二郎氏(2)や荻野三七彦氏(3)・佐藤進一氏(4)は、古文書研究の中で、軍勢催促状・着到状・軍忠状・感状等の基本的事項を明らかにし、いくつかの重要な提起をしている。本稿の中心的課題（後述）に関係する指摘として、相田氏は軍忠状について「各々の合戦に於ける戦功を日にかけて日記体に記したもの」と「一の合戦に於ける戦功を詳細に記したもの」の二つに分類できることを指摘し、佐藤氏はその背景として、南北朝合戦の長期化に伴い、一回ごとに戦功を認定する方法は消え、「戦闘状況の大きな段階ごとに軍忠状を発給するようになった」とした。また佐藤氏は軍忠状の役割の変化―「戦闘経過」の報告から「戦闘成果」や「味方の負傷」に関する記事へのもの―があったとも指摘した。

漆原徹氏は、佐藤氏の研究成果を一部批判的に継承し、軍忠状を中心に広く南北朝前期の軍事制度を研究した。本稿に関連する指摘としては、①軍事指揮権が、軍勢催促権・戦闘指揮権・戦功認定権・戦功及び戦況注進権・感状発給権の五つ分類にできること、②佐藤氏の軍忠状の分類を批判し、「即時型」（一回ごとのもの）を何回か出したあと、もう一度「一括型」（日記方式のもの）としてまとめて提出していること、③足利一門の大将を、他の大将と比べて優遇し、一般の大将が着到状・軍忠状に証判を加えたあと、さらに一門大将が証判を加えて戦功を幕府に注進するという「二重証判制度」が採られたこと、などを挙げている。[5]

松本一夫氏は漆原氏の軍事関連文書の研究視角に学びつつ、南北朝期の東国の軍事制度を研究した。本稿に関連する指摘としては、①足利一門大将や軍事関係の奉行を検出し、②漆原氏が指摘した二重証判制度が東国でも存在したこと、③守護研究の視点から守護の「軍勢催促権」「戦功注進権」などの所在を明らかにし、守護と管轄国の御家人との関係、守護と大将との関係を考察したこと、④（南北朝期）の最終的な軍事制度の中心は上杉氏が担ったこと、などである。[6]

松本氏の研究以降、東国においては軍事史の研究はやや静謐化する。一方、合戦そのもの―武器や戦傷・兵種・兵粮等―に関する研究が、近藤好和氏[7]・トーマス・コンラン氏[8]・飯森富夫氏[9]・鈴木眞哉氏[10]らによって進められた。

二〇〇〇年代になると、再び文書の内容論・形式論を駆使した軍事史への接近がみられた。特に本稿を進めるうえで重要と思われる指摘を挙げる。これらに共通するのは、単に軍忠状の分析を行うのみではなく、どのような政治的・社会的背景によって内容や様式が変化したのかという、いわば軍功認定の方法論を主軸に据えたものであるという点である。

中島丈晴氏[11]は、河音能平氏[12]・海津一朗氏[13]・片岡健介氏[14]らの研究を前提に、戦功確認の手段としての実験帳の機能について分析し、軍忠状が出される前提として、①奉行人による戦功の実験があり、②それを奉行人が「実験帳」に記載する（物的証拠がない場合は見知人を立てる）こと、そのうえで③申請者から軍忠状が出され、④奉行が交合を行う、という流れがあったとした。

吉田賢司氏は、室町幕府の軍制を研究する中で以下のように述べている。[15]①軍勢催促は、「守護に直接行くもの」「守護を経由して国人に行くもの」「惣領に行くもの」の三つの形式があり、最終的には守護のみに出されるようになる。②義持期以降、御内書による軍勢催促が始まり、それを受けた者は請文（御請）を提出する。③軍忠を積んだら注進状を提出し、注進を行う。注進状は返却されず、感状の発給を以て認定は完結する。④そのため、義持期以降、軍忠状は大きく数を減らす。

呉座勇一氏は、東国の軍忠状を分析する中で以下のように述べている。[16]①東国においては、禅秀の乱の感状と軍忠状の数が並び、その後逆転することから、吉田氏が指摘したような軍功認定の変化を想起し、「国人の自主的な報告・申請を待つのではなく、鎌倉府の側で積極的・主体的に戦功を認定していこうという足利持氏の政治的意思の表れ」があったとした。②それでも軍忠状を出している武家は近臣（大将）との関係も浅くしばしば惣領の干渉も受けるなどする中小武士であり、東国は大将が戦功を注進するため、軍功認定―恩賞獲得に不安の残る武家は軍忠状を出し続けた。

これらの研究成果は、果たして南北朝・室町期の東国の実態には即しているのであろうか。少なくとも当該期の東国には、中島説にみる軍奉行や実験帳は見出せず、吉田・呉座氏が指摘する注進の実態も室町後半を除いてうかがえない。東国における戦功認定過程の検証を再度行う余地があろう。よって、第一節では、軍忠状・着到状をリストアップして、その全体的な傾向と特徴を見出す。第二節では、前節の検討結果を受け、戦功認定に大きくかかわったであろう大将(軍事指揮者)および軍忠状の証判者について、可能な限り迫りたい。

検討時期と範囲については、貞和五年(一三四九)から明応三年(一四九四)までの間で、基本的には東国武士の発給した着到状や軍忠状を分析する。また、本稿での東国とは、いわゆる関東八か国と伊豆であり、信濃・甲斐・越後については、関東の情勢に関係するものは含める(応永六年〈一三九九〉には南奥も鎌倉府管轄下に入ったことを考慮し、氏満期以降は南奥も分析対象としている)。

一　東国における軍忠状の変遷とその特質

1　各時期の特色

ここでは、各鎌倉公方の在位の時期ごとの軍事文書の集計を表1～5に示した[17]。若干の遺漏があると思われるが、大まかな傾向は把握できると思う。これらの表を材料としながら、各時期の特徴について、可能な限り考察していく。

軍忠状は、以下の通り分類した(表中の「形状」の部分)。「着到」＝着到状、「軍忠」＝軍忠状、「着軍」＝いわゆる着到状と軍忠状が融合したもの、である。また、正文・案文・写の別は、基本的には典拠史料集の判断によるものとする。これら表に掲載の文書のうち、文中に引用したり触れたりするものについては、適宜、表番号と表中の文書番号を「表〇No.〇」として但し書きを挿入する。

(1)観応の擾乱期～基氏期（一三四八年～一三六七年）　表1

入間川御陣に関連する文書が目立っている。証判を加えている人物には仁木頼章・石堂義基など、先行研究であげられた軍事指揮者が名を連ねる。この点も観応の擾乱―尊氏在倉の延長線上に位置づけられよう。ちなみに、基氏自身が証判を加えている文書が一通ある（表1No.2）が、これは袖判であることにも注目しておきたい。

表1　観応の擾乱期～基氏期の着到状・軍忠状

No.	年月日	西暦	文書名	形状	種別	所属	見知	証判	備考	文書群	番号
1	観応元・10・17	一三五〇	志村親義着到状	着到	―			薬師寺公義		豊島宮城	南関一九二四
2	観応元・12・28	一三五〇	善波有胤著到状写	着軍	一括			足利基氏	袖判、罷預御小袖	相州文書所収大住郡佐藤中務家	南関一九四九
3	観応2・1・1	一三五一	佐竹義盛着到状写	着到	―			上杉憲顕		常陸遺文二酒出権六蔵	南関一九五一
4	観応2・5・	一三五一	真壁政幹代薄国幹着到状	着軍	一括	守護人（蘆名直盛）		吉良治家カ		真壁	南関二〇一〇
5	観応2・11・	一三五一	真壁政幹代森国幹着到状	着軍	一括			吉良治家カ		真壁	南関二一〇七
6	正平7・1・2	一三五二	嶋津佐忠軍忠状	軍忠	即時	当御手		某A		島津	南関二一四七
7	正平7・1・	一三五二	高麗助綱軍忠状写	軍忠	一括			薬師寺公義	□□（鎌倉）殿御教書幷三戸七郎（高師親）殿賜依内状	井伊家史料高幡高麗	南関二一六八

8	正平7・1・	一三五二	高麗経澄軍忠状	軍忠	一括		薬師寺中務丞	薬師寺公義		町田	南関二一六九
9	正平7・1・	一三五二	高麗経澄著到状	着到	―			仁木頼章		町田	南関二一七〇
10	正平7・1・	一三五二	別符幸実軍忠状	軍忠	即時		白旗一揆人々	仁木頼章		別府	南関二一七二
11	正平7・1・	一三五二	宇都宮公綱ヵ軍忠状写	着軍	一括			足利尊氏	袖判	小田部庄左衛門氏所蔵宇都宮家	南関二一七六
12	観応3・2・	一三五二	下総親胤軍忠状	軍忠	一括			不明		正閏	南関二一八六
13	正平7・3・3	一三五二	水野致秋軍忠状	軍忠	一括			新田義宗ヵ		水野	南関二二〇九
14	観応3・3・16	一三五二	三富元胤軍忠状写	軍忠	一括			畠山国清		古証文巻二	南関二二一六
15	観応3・3・	一三五二	新曾光久著到状	着軍	一括			足利尊氏	袖判	板橋	南関二二二七
16	観応3・3・	一三五二	佐藤基清軍忠状	軍忠	一括			石堂義基		佐藤	南関二二二八
17	正平7・3・	一三五二	高麗経澄軍忠状	軍忠	一括	薬師寺加賀権守入道手、執事(仁木頼章)	鬼窪弾正左衛門尉、渋江左衛門太郎、岡部弾正左衛門尉、鬼窪左近将監	薬師寺公義ヵ		町田	南関二二二九
18	無年号(観応3)	未	波多野景高代同経貞軍忠状案	軍忠	一括	侍所御手		畠山国清ヵ		雲頂庵	南関二二三四
19	観応3・5・21	一三五二	真壁政幹代薄景教軍忠状	軍忠	一括	三浦若狭守(蘆名直盛)御手		某B		真壁	南関二二六三
20	観応3・5・	一三五二	高麗季澄着到状	着軍	一括	薬師寺加賀権守入道(同道)		足利尊氏	袖判、八文字一揆	町田	南関二二七〇
21	観応3・5・	一三五二	倉持師胤著到状案	着軍	一括			足利尊氏	袖判	倉持	南関二二六八
22	観応3・5・	一三五二	香林直秀軍忠状	軍忠	一括	芳賀伊賀守		足利尊氏	袖判、安堵申請	赤堀	南関二二六九
23	観応3・10・	一三五二	烟田時幹著到状	着軍	一括			大掾高幹		烟田	南関二三六五
24	文和2・4・29	一三五三	那須資宿代大塩宗広着到状写	着到	―			吉良貞経		有造館本結城古文書写	南関二四四九

25	文和2・5・	一三五三	佐原宗連軍忠状	軍忠	一括	守護代(芦名朝貞)・同若狭五郎左衛門尉相共	守護代芦名次郎座衛門尉朝貞	吉良貞家		小荒井	南関二四五五
26	文和2・8・23	一三五三	長岡法昌軍忠状写	軍忠	一括	(真壁)河内守高幹親子共		なし	進上御奉行所	長岡古宇田	南関二四八六
27	文和2・9・	一三五三	鹿嶋幹儀著到状写	着軍	一括			なし		古証文巻三	南関二四九五
28	文和2・9・	一三五三	烟田時幹著到状	着軍	一括			川越直重	平一揆	烟田	南関二四九六
29	文和2・9・	一三五三	波多野景高代同経貞著到状案	着軍	一括			不明		雲頂庵	南関二五〇七
30	文和4・3・	一三五五	烟田時幹軍忠状写	軍忠	即時			不明		烟田	南関二六三九
31	延文元・9・	一三五六	江戸房重代同高泰著到状写	着軍	一括			高坂氏重	二番衆	古簡雑纂六	南関二七二七
32	延文5・3・	一三六〇	烟田時幹軍忠状写	軍忠	一括			畠山国清ヵ		烟田	南関二九一七
33	康安2・9・	一三六二	中村定行軍忠状写	軍忠	一括	当御手		某C		続常陸遺文	南関三〇三七
34	康安2・11・25	一三六二	波多野高道著到状案	着軍	一括			不明		雲頂庵	南関三〇四五
35	貞治2・10・	一三六三	中村貞行軍忠状写	軍忠	即時	御手		高坂氏重		集古文書二十四	南関三一三二
36	貞治2・10・	一三六三	烟田時幹著到状	軍忠	一括			高坂氏重		烟田	南関三一三一
37	貞治2・11・	一三六三	(畑野)常全軍忠状	軍忠	一括	当御手	直(高坂氏重ヵ)	高坂氏重		畑野静司氏所蔵	南関三一四〇
38	貞治3・3・	一三六四	烟田時幹著到状案	着軍	一括	当御手		高坂氏重		烟田	南関三一六五
39	貞治3・11・	一三六四	石河妙円・同光親軍忠状写	軍忠	一括		不明	上杉憲顕		諸州古文書二十五	南関三二二三

(2)氏満期（一三六七年〜一三九八年） 表2

小山氏・小田氏・田村氏の乱が断続的に勃発し、多くの軍忠状が出された。証判に関しては、氏満成人後は、基氏期のように多彩な顔触れではなく、関東管領上杉氏一門（またはその代理）に限られるのは、先行研究の通りである(18)。

表2 氏満期の着到状・軍忠状

No.	年月日	西暦	文書名	形状	種別	所属	見知	証判	備考	文書群	番号
1	応安元・9・	一三六八	市河頼房・同弥六入道代難波基房軍忠状	軍忠	一括	御手		上杉朝房		市河	南関三四九〇
2	応安元・9・	一三六八	嶋津佐忠代田村忠長着到状	着到	―	御手・縣兵部		上杉憲春		島津	南関三四九一
3	応安元・10・	一三六八	善波胤久著到状写	着軍	一括	当大将御手		高南宗継カ	平一揆・宇都宮	諸国古文書二十四	南関三四九五
4	応安元・10・	一三六八	南部法言軍忠状写	軍忠	一括	御手	直（武田信成カ）	武田信成カ		諸家文書纂	南関三四九六
5	康暦2・9・10	一三八〇	波多野高道軍忠状案	着軍	一括			不明		雲頂庵	南関三九九九
6	康暦2・10・	一三八〇	烟田重幹軍忠状案	着軍	一括	鹿嶋兵庫太夫幹重		不明		烟田	南関四〇〇九
7	康暦2・10・	一三八〇	大掾某軍忠状写	軍忠	即時		鹿嶋兵庫太夫幹重	不明		安得虎子	南関四〇〇八
8	康暦2・10・	一三八〇	庭野貞家軍忠状写	着到	―			上杉朝宗		正木	南関四〇〇七
9	康暦2・10・	一三八〇	高麗師員軍忠状写	軍忠	即時			木戸法季		井伊家史料高幡高麗	南関四〇〇六
10	永徳元・12・	一三八一	善波胤久軍忠状写	着軍	一括	当御手		某D		相州文書所収大住郡佐藤中務家	南関四〇六四

11	永徳2・2・	一三八二	塩谷行蓮軍忠状	着軍	一括			上杉朝宗		中村直勝蒐集	南関四〇七二
12	永徳2・2・	一三八二	烟田重幹軍忠状	着軍	一括	鹿嶋兵庫太夫幹重		木戸法季		烟田	南関四〇七三
13	永徳2・4・	一三八二	嶋津政忠軍忠状	着軍	一括	当御手		木戸法季		島津	南関四〇八七
14	永徳2・4・	一三八二	金子家祐軍忠状	着軍	一括			木戸法季	武州中一揆	金子	南関四〇八六
15	永徳2・4・	一三八二	烟田重幹代井河信吉軍忠状案	着軍	一括	惣領（鹿嶋）幹重		不明		烟田	南関四〇八八
16	永徳2・4・22	一三八二	長谷河親資軍忠状	着軍	一括			上杉憲英		江田	南関四〇八五
17	至徳元・12・	一三八四	某軍忠状	軍忠	一括			氏□（貞ヵ）	研究の余地あり	白井諭吉家	南関四二四三
18	至徳3・7・	一三八六	烟田重幹軍忠状案	着軍	一括	鹿嶋兵庫太夫入道（幹重）		不明		烟田	南関四三二〇
19	至徳3・11・	一三八六	波多野高経著到状案	着軍	一括	当御手		不明		雲頂庵	南関四三三四
20	至徳4・8・	一三八七	嶋津政忠軍忠状	着軍	一括			某E		島津	南関四三七〇
21	嘉慶2・6・	一三八八	高麗清義軍忠状	着軍	一括			上杉朝宗	武州北白旗一揆	町田	南関四四〇六
22	応永3・6・	一三九六	波多野高経著到状案	着軍	一括	当御手		不明		雲頂庵	五一六三
23	応永3・6・	一三九六	烟田重幹著到状写	着軍	一括	鹿嶋兵庫太夫入道永光（幹重）		不明		烟田	五一六五
24	応永3・6・	一三九六	烟田重幹著到状写	着軍	一括	鹿嶋兵庫太夫入道永光（幹重）		某F		烟田	鉾八四
25	応永3・6・	一三九六	大高成宗軍忠状	軍忠	一括		大内四郎	某F		大高	小三三五
26	応永3・6・	一三九六	嶋津直忠軍忠状	軍忠	一括			某F		島津	小三三六

(3) 満兼期（一三九八年～一四〇九年）　表3

満兼の時代は約十一年と短く、東国で大きな内乱が起きなかったこともあり、軍事関係の文書も非常に少ない。応永九年（一四〇二）、南奥で伊達政宗の乱が起きたが、上杉氏憲を派遣することで鎮圧している。氏満期までのような公方自身が長期間「陣」を構える必要がなくなったと考えたい。

表3　満兼期の着到状・軍忠状

No.	年月日	西暦	文書名	形状	種別	所属	見知	証判	備考	文書群	番号
1	応永7・1・	一四〇〇	鳥名木道秀軍忠状	着軍	一括	常陸大掾満幹		某G		鳥名木	茨一-六

(4) 持氏期（一四〇九年～一四三八年）　表4

応永二十三年の上杉禅秀の乱や、それに続く京都御扶持衆討伐＝小栗の乱や、山入合戦などが起こり、ふたたび軍事文書も増加した。軍忠状の証判に関しては上杉氏のほかに外戚の一色持家が大将として加判しているものもある（表4No.18・19）。また、公方自身の出陣も再開された。

表4　持氏期の着到状・軍忠状

No.	年月日	西暦	文書名	形状	種別	所属	見知	証判	備考	文書群	番号
1	応永24・1・	一四一七	別府尾張入道代内村勝久著到状	着軍	一括			上杉憲基	武州北白旗一揆	別府	五五〇三

2	応永24・1・	一四一七	豊島範泰軍忠状	着軍	一括	二階堂下総入道（氏盛ヵ）同心		上杉憲基		豊島宮城	五五〇四
3	応永24・1・	一四一七	石川幹国軍忠状写	着軍	一括	宍戸備前守（持朝）		某H		石川氏	五五〇五
4	応永24・1・	一四一七	烟田幹胤軍忠状案	着軍	一括		大将一色宮内大輔（直兼）殿	不明		烟田	五五〇六
5	応永24・1・	一四一七	古宇田幹秀着到状案	着軍	一括	惣領掃部助（真壁秀幹）		某J	同文の真2-33あり	真壁長岡古宇田	真二-三二一
6	応永24・2・	一四一七	烟田幹胤軍忠状写	着軍	一括		大将一色宮内大輔（直兼）殿	上杉憲基	5506とほぼ同文	烟田	鉾九七
7	応永24・3・	一四一七	宍戸朝国軍忠状写	着軍	一括			某I		常陸志料所収真家	小森
8	応永24・4・26	一四一七	飯野光隆（光清）軍忠状	軍忠	一括	岩城氏ヵ	小野崎安芸方	某J		飯野	茨五-二一五
9	応永25・6・	一四一八	亀谷田（烟田）胤幹軍忠状写	着軍	単独	惣領鹿島出羽守憲幹		某K		烟田	鉾一〇三
10	応永25・6・	一四一八	烟田幹胤軍忠状写		単独	惣領鹿島出羽守憲幹		某K	鉾103とほぼ同文	烟田	鉾一〇四
11	応永26・4・25	一四一九	烟田幹胤代幹胤軍忠状写	軍忠	一括	惣領鹿島出羽守憲幹		不明		烟田	鉾一〇六
12	応永30・3・	一四二三	烟田幹胤軍忠状写	着軍	一括	御手		不明	同文の鉾113あり	烟田	鉾一一二
13	応永30・3・	一四二三	鳥名木国義軍忠状	着軍	一括	当御手		佐竹義憲		鳥名木	茨一-八
14	応永30・8・	一四二三	鳥名木国義軍忠状	着軍	一括	土岐美作守		行実・泰規	管領幼少のため奉行人が裏花押	鳥名木	五六八四
15	応永30・8・	一四二三	烟田幹胤軍忠状案	着軍	一括	御屋方	鹿島・行方・東條同道	行実・泰規	管領幼少のため奉行人が裏花押	烟田	五六八五

16	応永30・8・	一四二三	別府幸忠軍忠状	着軍	一括		大将	上杉定頼	武州白旗一揆	別府	埼五-七三九
17	応永30・11・	一四二三	某軍忠状	不明	一括			上杉定頼	前欠	皆川	栃一-八四
18	応永33・8・	一四二六	久下修理亮入道代憲兼着到状写	着軍	単独			一色持家	武州白旗一揆	松平義行氏所蔵	埼五-七五六
19	応永33・9・	一四二六	善波憲有軍忠状写	着軍	一括			一色持家		諸州古文書二十四	五七六八
20	正長元・8・27	一四二八	鳥名木国義着到状	着軍	一括	土岐修理亮同道		某L		鳥名木	茨一-一四

(5)幕府―関東管領の統治下（一四三八年～一四四七年）

永享の乱・結城合戦と、東国を揺るがす内乱の戦後処理があったはずだが、鎌倉府自体が壊滅したこともあり、軍事関係の文書は見られない。

(6)成氏期（一四四七年～一四九七年） 表5

江の島合戦―享徳の乱という流れの中、東国は恒常的な内乱状態に突入した。軍忠状に関しては、後述するが数が極めて少ない。

表5　成氏期の着到状・軍忠状

No.	年月日	西暦	文書名	形状	種別	所属	見知	証判	備考	文書群	番号
1	享徳4・2・	一四五五	筑波潤朝軍忠状案写	軍忠	一括	一色刑部太夫（持家）		不明	進上　御奉行所	古証文二	六一八七
2	無年号	未	赤堀政綱軍忠状	軍忠	一括			足利成氏	袖判・後欠	赤堀	戦古三三八

2　軍忠状の分類方法について

先に述べたように、軍忠状の研究において相田二郎氏は軍忠状を二つに分類し、佐藤進一氏は二つの軍忠状は時期によって即時型から日記型のものへの変化を指摘したことに対し、漆原徹氏は二つの軍忠状は「戦功認定手続きの段階性によって重層的に作成提出されていた」とした。漆原氏は自説を、各史料を用いて実証的に検討しているのであるが、本稿対象期の東国の事例はほぼない。このシステムは東国においてどこまで貫徹できていたのか。

まず、すべての表を通して見ても、漆原氏が想定した、即時型→一括型という順番で出されたことが追える事例はほぼ存在しない。わずかに表1№8の「高麗経澄軍忠状」に同№9の同人の着到状の内容を含んでいることが確認できるのみであった。一括型の文中に即時型軍忠状が出されたことを窺わせるものも見当たらないのである。また、漆原氏は、一括型が出た後、次の段階としてこれらを盛り込んだ恩賞獲得等を目的とした申状が出ることを述べ、この三段階の申請について、三通の軍忠状を出して恩賞を得られたわけではなく、それぞれの段階で重複して申請されていたと想定しているが、この申状も数点確認できるのみである。よって当該期の東国において漆原氏が論証した軍忠状提出の行程を確認することは不可能と言わざるを得ない[19]。

では、これらの軍忠状で提出された軍功は証明を受けたものであったのだろうか。例えば、『南北朝遺文 中国・四国編』（以下「南中」と略す）に記載される応安元年（一三六八）〜明徳四年（一三九三）までの軍忠状は、一八通確認できるが、うち半数は「御見知」を受けている旨の記載がある。ここでも即時型→一括型の流れを追えるものは見当たらないが、ほぼ合戦一回ごとに見知を受けていることが分かるものもあり（「豊後入江文書」南中四一三二）、こまかな軍功認定の過程を追える。『南北朝遺文 九州編』（以下、「南九」）にも、勘文の存在が分かるものや（「肥前有浦文書」南九四九四〇）や、手負注文への証判がみられる（「豊後入江文書」南九 五一三三）から、こまかな戦功確認があったと思われる。東国のものは二一通のうち見知文言があるものは二通のみとなっており、その割合は比べるべくもない。よって軍忠状提出の形式および過程＝軍功確認の方法については、時代変遷とともに、地域差をも想定すべきであり、本稿対象時期の東国における軍功認定の作業が明確に行われていたのか、疑問が生じる。戦功を確認する勘文や証人の文言が見えず、軍奉行も確認できないという事実も、このような東国の戦功認定の状況に起因する可能性があろう。これらの事実を確認しつつ、論を進めたい。

さて、禅秀の乱以降になると、見知文言の増加が見られるものの、軍忠状の減少・感状の増加という現象が見られるのは呉座氏の指摘の通りである。呉座氏はこの背景について、幕府の軍功認定制度変更を視野に入れつつも「鎌倉府（鎌倉公方足利持氏—近臣系大将）の側で積極的・主体的に戦功を認定することを目的とした制度変更」としている。しかし、相変わらず軍忠状が見え、関東管領や近臣系の大将が証判していること、また実際に注進を受けたことが分かる事例は、持氏発給感状の四分の一に過ぎない[20]ことを考えれば、仮に何らかの変更があったとしても、あくまで方針が変更されたのみで、厳密な制度変更はなかったと思われる。ここにも、東国における戦功認定のあいまいさが窺える。

筆者が劇的な変化があったと考えるのは成氏期である。この時期には軍忠状二通を残して、あとは見られない。替わりに感状の戦功把握の手段として「聞召」「聞食」が多く見られる。成氏発給感状のほぼ半数に見られ、将軍発給のものにも「注進」文言に交じり散見される。成氏は主に「聞召」「聞食」という手段で戦功を把握したのである。この手段が実際に戦功を「聞く」という口頭のみの手段でないことは、東国武士に対する幕府方の感状にも同文言があることからも明らかである。大将の注進状は別に存在するので、大将の注進とは別の文書＝本人による注進状であると思われる。具体的にどのようなものかは明らかではないが、僅かに残る「赤堀政綱軍忠状」（表5No.2）にその糸口がありそうである。以下に提示したい。

〔史料1〕足利成氏加判赤堀政綱軍忠状（後欠、「赤堀文書」戦古三三八）

（花押）

赤堀孫太郎政綱軍忠事

右、去享徳四年二月二月十七日夜善信濃入道・同三河守庶子等在所悉焼落、同十八日亡父下野守時綱武州村岡御陣地馳参在陣仕、同三月三日古河江供奉仕、同十四一揆悉弛〔馳カ〕御陣、雖致御敵於時綱相残御方在々所々致宿直警固、

（後略）

この軍忠状のみ、成氏の袖判が認められるのである。これは同時期に出されている袖加判の安堵状と同じく、承認してほしい事象を当事者が書き、そこに成氏が加判して返却する、という書式のものである。享徳の乱期の東国武士は、この安堵状と同じ方式で戦功の認定を受けていた可能性があろう。よってこれが注進状の形と仮定しておきたい。安堵についての文書は保管されたが、注進状の方は改めて感状が発給された時点で価値が低下したため、残らなかったものと思われる。感状の増加と関連して考察すれば、これは多発化する合戦への迅速な対応、そして東国武士の庶流や被官級の武士の要求にも答え、積極的に褒賞することが必要とされた、と評価できるであろう。

以上、残存した軍忠状をもとに東国の特徴とその変化について若干の考察を加えた。

二　鎌倉府の大将と証判

1 各時期の大将

それでは、当該期の軍事体制はどのようなものであったのだろうか。足利基氏期までについては松本一夫氏の詳細な研究があるので、特に付言の必要はないと思われる。氏は、軍事関係文書を精査し、大将（軍事指導者）の検出、着到状・軍忠状への証判をしている人物の検出を行った。その過程で、①南北朝内乱期の東国においても外様守護に対する一門の軍事指揮権の優越とそれに伴う二重証判制度が認められること、②観応の擾乱期には二重証判制度は消滅して、軍事指揮権も執事や関東管領、上杉氏周辺に限定されていくこと、を述べた。

それでは、氏満期以降の軍事体制はどのようになっていたのだろうか。松本氏も若干触れているが、重複を恐れず、基氏期から改めて検証したい。以下、持氏期までの大将として史料上に挙がる人物と着到状・軍忠状に証判を加え、戦功を注進した人物を抽出する。持氏期については、田辺久子氏が持氏近臣の抽出を行っている[21]。既に指摘がある通り、持氏は近臣を多く大将に起用したので、重複する部分もある。また、風間洋氏が氏満期以降の大将の抽出を行っており[22]、そちらともかなり重なる部分が多いが、若干の異同があるので、行論上、改めて掲載する。なお、公方の出陣についても記載した。

［基氏期］

〈大将〉

①畠山国清…畿内近国の南朝討伐（南関二九一七・二九二三）

②両大将…畠山国清の乱（南関三〇二七）
③高坂氏重…岩殿合戦（南関三一四〇）
④高師義…信濃国凶徒退治（南関三二七五）
〈公方の出陣〉　岩殿合戦については、管見の限り着到・軍忠状は高坂氏重の証判のみ（「畑野静司氏所蔵文書」南関三一四〇など）であるので、同人が大将であったと思われるが、足利基氏も在陣していたので、実質的な指揮は直接基氏が執っていたと考えられる。
〈証判〉　①某C、②河越直重、③高坂氏重、④畠山国清ヵ、⑤上杉憲顕。
〈注進〉　事例なし。

［氏満期］
〈大将〉
①上杉憲顕…平一揆の乱（南関三四七四）
①上杉憲方…小山義政の乱①（『頼印』『大草紙』）
②上杉朝宗…小山義政の乱①②③（『頼印』『大草紙』）、小田氏の乱（『大日記』）
③木戸法季…小山義政の乱①②③（『頼印』『大草紙』）
〈公方の出陣〉　小山氏の乱②とそれにつづく③については、氏満も出陣したことが分かっている。
〈証判〉　①上杉朝房、②武田信成ヵ、③上杉憲春、④高南宗継ヵ、④上杉朝宗、⑤木戸法季、⑥某E、⑦某F。
〈注進〉　①木戸法季、②上杉朝宗。

［満兼期］

〈大将〉

①上杉氏憲…伊達政宗の乱（『判鑑』『大日記』）

〈証判〉　某G。

〈注進〉　事例なし。

［持氏期］

〈大将〉

①畠山国詮…伊達持宗の乱（『判鑑』）

②上杉憲基…上杉禅秀の乱（神五五〇四）

③一色直兼…上杉禅秀の乱（神五五〇六等）、那須出兵（神五九〇六）、永享の乱（『大草紙』）

④上杉憲直…武田信満の乱（『大草紙』）、山入与義討伐、武田信長討伐②（『判鑑』『大日記』）、小笠原討伐②（『大草紙』）、永享の乱（『大草紙』）

⑤上杉持定…岩松氏討伐（神五五六三）

⑥一色左近将監…上総本一揆の乱①（神五五六一）、小栗満重の乱①（『大草紙』）

⑦木戸範懐…上総本一揆の乱②（神五五八六、『大日記』）、小栗満重の乱①（『大草紙』）

⑧吉見伊予守…小栗満重の乱①（『大草紙』）、武田信長討伐①（『判鑑』）

⑨上杉重方…小栗満重の乱①（『判鑑』）

⑩上杉定頼…小栗満重の乱①（神五六四九）、山入祐義の乱（神五九〇六）、奥州（白河）出陣（神五八三〇）

⑪上杉憲実…小栗満重の乱②（神五六八五）
⑫一色持家…武田信長討伐③（『判鑑』『大日記』）、永享の乱（『大草紙』）
⑬岩松持国…長倉氏討伐（『長倉追罰記』）
⑭桃井憲義…小笠原討伐①（『判鑑』）
⑮里見刑部少輔…山入祐義の乱（神五七九七）、宇多庄合戦（神五八二七）
⑯木戸持季…永享の乱（『大草紙』）
〈公方の出陣〉　禅秀の乱、小栗満重の乱②、永享の乱には出陣している。
〈証判〉　①上杉憲基、②上杉定頼、③佐竹義憲、④行実・（島田）泰規（上杉家奉行人）、⑤某H、⑥某I、⑦某J、
　⑧某K、⑨某L。
〈注進〉　①里見刑部少輔、②木戸範懐、③一色直兼、④上杉定頼、⑤一色持家。

まず、各時期で何点か補足する点があるので述べる。

応安元年（一三六八）六月に開始した平一揆の乱では、まだ幼少の氏満に替わり、憲顕が合戦の指揮をとり、奉書式の感状も発給した（「本間美術館所蔵市河文書」南関三四七四）。軍忠状には、上杉朝房（「本間美術館所蔵市河文書」南関三四九〇、表2№1）、上杉憲春（「早稲田大学所蔵下野嶋津文書」南関三四九一、表1№2）、武田信成ヵ（「国立公文書館所蔵諸家文書」南関三四九六、表2№4）なども証判が見られる。朝房と信成ヵは、守護管国の武士に対する証判である。

畠山国清の乱については、伊豆周辺の武士に軍勢催促が出されているが、大将については両大将（「伊豆三島大社文書」南関三〇二七）とあるほか記述がないが、これまで直義派として逼塞していた上野岩松直国が「白旗一揆・上野国

藤家一揆・和田宮内少輔」などを引率して伊豆神余城を攻撃すること(「上野正木文書」南関二九九三)や、基氏の命令を立野城攻撃軍にも伝える役目を担っていること(「上野正木文書」南関三〇二三)を考えると、直国が大将の一人であったと思われる。

持氏期の大将について、吉見伊予守・木戸持季など、その動向が二次史料でしか確認できない人物もいるが、網羅的に掲載した。後考を俟ちたい。

次に全体的な考察に移る。まず、大将の顔ぶれについてみるが、南北朝期の多人数から観応の擾乱期の固定的な状態は満兼期まで続き、持氏期にはまた多様になってくることが分かる。これは合戦の回数が増加したこと、先述の通り近臣を重用したこと、また関東管領であった上杉憲実が持氏の政治方針に必ずしも協力的でなかったことが挙げられる。ただ、基本的には足利氏一門と上杉氏(とその代理)が大部分である。

大将については、一次史料から確認できる人物は僅かであるが、『判鑑』や『大日記』などある程度信頼がおける二次史料から確認できる人物も多い。また、上杉朝宗・木戸法季・一色直兼・一色持家・木戸範懐・上杉定頼・里見刑部少輔のように、自身が大将を務める合戦で、戦功を注進している(いわゆる「戦功注進権」を有する)ことが裏付けられている人物も多い。むしろ、前代と同じく大将は戦功の注進をひとつの任務としていたと言える。そう考えると、大将としての活動の徴証と捉えられるだろう。

また、どのような理由で大将が選定されたのか、という課題もあるが、今回はそれを論じるだけの紙幅もないので今後の課題としたい。(23)

2　証判を加える人物

それでは、鎌倉府における戦功認定権は大将のみが持っていたのだろうか。軍忠状への証判は上杉朝宗・木戸法季・上杉憲基・上杉定頼・一色持家のように、大将や関東管領が行っているが、注目すべきは証判を加えているが、詳細不明の某A～Lがいることである。

この「某」を検討することで、東国における戦功認定の実情を探ることができるはずである。某の可能性としては、①大将、②守護・惣領、③軍奉行などが想定できようか。

まず、大将の可能性はないだろうか。入間川御陣以降、証判者が特定できる場合に限ってみると、高南宗継・上杉憲春・上杉憲英・佐竹義憲以外はすべて大将である。宗継証判については検討の余地があり、憲春の証判は平一揆の乱の指揮をとった憲顕は死去した時期、憲英は、急遽小山氏に与同した新田氏に対応するため本体から割かれた軍である（佐竹氏は後述）というように名前を挙げた人物は諸事情があり証判をしていることを考えると、やはり証判は大将の権限と考えるのが自然である。しかし、入間川御陣以降の軍忠状約六〇通に対し、二割強の一四通＝一〇人が某である。正体不明の大将がそんなにたくさんいるのだろうか。例えば、三度に亘る小山義政の乱の着到状・軍忠状でも某E～Iの不明花押があるが、先に名前が挙がった以外の大将がいたという証拠は（長期に亘るもので、多数の記録類にその記述が見えるにもかかわらず、）一次史料にも二次史料にもない。また、某Jは、表4№5にも№8にも証判している。№5と№8は共に常陸における戦功を注進しているが、前者の攻撃対象は上杉禅秀、後者は常陸長倉氏であり、時期もずれているので、二つは異なった合戦と評することができる。ただし、これらの合戦に同一の大将が派遣されたという史料もない。これらのことを考えると現在検出できていない相当数の大将がいると考えるのは現実的ではなさそうである。松本氏は先の上杉憲春が証判を加えていることを根拠に、憲春が軍事指揮権を有していることを述べた。[24] 風間氏も同様の論理で、憲春が大将であるとの認定を行っている。[25] しかし、現時点では証判のみをもってその人物を大将と認定することは拙速であろう。

次に、②の守護・惣領であるが、某加判の軍忠状提出者の守護または惣領に某が該当する事例は、管見の限り一例も見出せなかった。よって②の可能性も少ない。守護が軍忠状の証判者として多く登場する西国との差異である。佐竹義憲が鳥名木氏の軍忠状に証判を据えているが、これは抗争中の佐竹庶子山入氏との合戦に関してのものであり、鎌倉府軍の大将としての性格ももっていたためであろう。

では、軍奉行はどうか。漆原氏・松本氏はしばしば「軍奉行」の存在を想定して、議論を進めている。例えば建武三年(一三三六)九月付吉川辰熊丸代河内道覚軍忠状(『大日本古文書』吉川文書二、一〇四七号)には「軍奉行長門四郎、并高橋孫五郎入道」の文言がある。この高橋は建武五年八月付狭間政通軍忠状でも軍功の確認をしている(「筑後大友文書」南九 一二三八)。しかし、軍奉行は複数で裏花押をすることが基本であり、単独の証判では形式が合わない。また、某証判軍忠状の形式は、最終的な軍忠状であると思われる一括型なので軍奉行が証判していたとは考えられない。

このように考えると、他の研究者も取り組んできたところであるが、当該期東国の軍忠状の人物比定の困難さが改めて感じられる。むしろ、比定できかねる雑多な人物が証判を据えていること自体が、東国の軍忠状の特色と考えるべきではなかろうか。守護や九州探題など一部の人物が証判を据える西国とは大きな違いである。次の史料はその某に少しでも近づくための一助となり得るものである。

〔史料2〕上杉持定書状写(常陸誌料雑記五一)[26]

就上総国本一揆御退治事、被仰出候旨、被成奉書候、国中平均相触訖、於府中付着到、国之境を可堅固候間、美

濃守方へ申遣候、諸事有談合、可然之様、可被相計候、尚々能候様面々之可有談合候、謹言、

正月卅日　　持定書判

恒岡源左衛門尉殿

これは、禅秀の乱後上総で起きた本一揆の乱について上杉持定が家人の恒岡氏（家宰級か）に、①「府中」にて「着到」を付けること、②「国之境」を警固すること、③「美濃守」にも連絡したので諸事談合すること、などを述べたものである。「国」「府中」が特定できないので、確定はできないが、持定は大将または守護の立場で命じているのであろう。そして、その場合「着到」に証判するのは恒岡や美濃守などであったのである。よって他の着到状・軍忠状にも、彼らのような守護または大将の有力被官が証判している可能性が想起されていいのではなかろうか。彼らは軍事指揮のみではなく一定の軍功認定権を持ちながらも「大将」とは称されない人物である。よって、先の上杉憲春や憲英も大将である憲顕や朝宗の近親者として同様の役割があったとも思われる。

以上、可能性の段階に留まるが、正体不明の証判者＝某についての考察を行った。

おわりに

本稿では、極めて雑駁ながら軍忠状をもとに軍事指揮・戦功認定について考察してきた。その内容を大まかに述べると次のようになろう。

①東国においては、南北朝後期～室町期において軍忠状の提出に漆原氏が想定した段階性はほぼ認められない。

②幕府の方針とは異なり、永享の乱以前は大きな変化はなく、軍忠状は出され続けていた。享徳の乱の乱期に至って

成氏に直接「注進」を行って感状を得る、幕府の体制との類似がみられた。
③大将は軍功注進権の所有は確認できるものの、軍功認定している人物すべてが大将との判断はできず、その構成は西国とは違い雑多である。人物比定できない証判者「某」の中に、戦功認定権を持った大将または守護の有力被官・近親を想定すべきであろう。

このようにまとめると、申請に段階性もなく、書式や申請方法も明確な基準が認められず、多くの証判者を検出できる東国の状況が明らかになる。有体に言えば、鎌倉府自体が厳密な設定・制度を設け、それを徹底することをしなかったと評価できるであろう。そのため、様々な書式や申請先が、申請者によって選択されたのであろう。この点、漆原氏がいみじくも指摘した通り、「軍忠状の記述作成が、申請する各人によってかなり恣意性に委ねられていた」[27]状況が、東国にはより顕著に当てはまると言えるだろう。

軍事関係文書の研究では、感状・軍忠状のみではなく、軍勢催促状、また申状としての軍忠状が恩賞獲得にいかほど効力があったかなど、さらに検討すべき課題が山積しているが、今後の課題としてひとまず擱筆したい。

註

（1） 拙稿「南北朝・室町期における東国武士受給感状の特質」（佐藤博信編『関東足利氏と東国社会』岩田書院、二〇一二年）。
（2） 相田次郎『日本の古文書』上（岩波書店、一九四九年）、下（岩波書店、一九五四年）。
（3） 荻野三七彦「古文書と軍事史研究」（日本古文書学会編『日本古文書学論集』7、一九八六年、初出一九七三、七四年）。

（4）佐藤進一『新版　古文書学入門』（法政大学出版局、一九九七年）。
（5）漆原徹a「軍忠状の機能と形式」（同『中世軍忠状とその世界』吉川弘文館、一九九七年、初出一九八三年）、b「軍忠認定における着到状の意味」（同書、初出一九八五年）、c「守護発給感状からみた足利一門」（同書、初出一九九四年）、d「挙状成立と戦功認定」（同書、初出一九九七年）。
（6）松本一夫a「鎌倉府軍事体制と東国守護　第一章　南北朝前期」（同『東国守護の歴史的特質』岩田書院　二〇〇一年、初出一九九五年）、b「同　第二章　南北朝後期」（同書）、c「南北朝初期幕府軍事体制の一様態―信濃国の場合」（『信濃』五七―一〇、二〇〇五年）、d「南北朝内乱期における軍事情報の伝達―幕府・島津氏間を中心に―」（『日本歴史』七〇五、二〇〇七年）。
（7）近藤好和『騎兵と歩兵の中世史』（吉川弘文館、二〇〇五年）。
（8）トーマス・コンラン「南北朝期合戦の一考察―戦死傷からみた特質―」（大山喬平教授退官記念会『日本中世の史的構造　古代・中世』思文閣出版、一九九七年）。
（9）飯森富夫「野武士と戦場」（小林一岳・則竹雄一編『戦争Ⅰ』青木書店、二〇〇四年）。
（10）鈴木眞哉『刀と首取り』（平凡社、二〇〇〇年）。
（11）中島丈晴「南北朝期における戦功確認と実験帳の機能」（井原今朝男編『生活と文化の歴史学』3富裕と貧困、竹林舎、二〇一三年）。
（12）河音能平「中世日本における軍忠状文書様式の成立」（『ヒストリア』一四〇、一九九三年）。
（13）海津一朗「合戦手負注文の成立―〈つはものの道〉再考―」（『国立歴史民俗博物館研究報告』四八、一九九三年）。
（14）片山健介「南北朝期の軍事関係文書における『勘文』について」（『史友』三九、二〇〇七年）。
（15）吉田賢司「室町幕府の戦功褒賞」（同『室町幕府軍制の構造と展開』吉川弘文館、二〇一〇年、初出二〇〇二年）、

「室町幕府の軍勢催促」（同書、初出二〇〇三年）、「足利義教期の管領奉書」（同書、初出二〇〇三年）、「足利義政期の軍事決裁制度」（同書、初出二〇〇六年）。

(16) 呉座勇一「鎌倉府軍事制度小論」（『千葉史学』六五、二〇一四年）。なお、ここで呉座氏は、堀川康史「北陸道『両大将』と守護・国人―初期室町幕府軍事制度再検討の試み―」（『歴史学研究』九一四、二〇一四年）の成果を受けて、東国における二重証判「制度」を否定した。こちらも重要な指摘であるが、今回の主題とは異なるので、考察はしない。

(17) 表および本文中における史料の省略は、以下の通りとする。

番号のみ…神奈川県史 資料編3上（一九七五年）、下（一九七九年）。

『南関』…南北朝遺文 関東編三（二〇〇九年）、四（二〇一〇年）、五（二〇一二年）、六（二〇一三年）。

『戦古』…戦国遺文 古河公方編（二〇〇六年）。

『埼』……埼玉県史 資料編5（一九八二年）。

『栃』……栃木県史 史料編四（一九七九年）。

『茨』……茨城県史料Ⅰ（一九七〇年）、Ⅱ（一九七四年）、Ⅲ（一九九〇年）、Ⅳ（一九九一年）、Ⅴ（一九九四年）、Ⅵ（一九九六年）。

『真』……真壁町史料 二（一九八六年）、三（一九九三年）。

『小』……小山市史 史料編中世（一九八〇年）。

『鉾』……鉾田町史 中世史料編 烟田氏史料（一九九九年）。

「小森」…小森正明「『常陸誌料』所収「真家氏文書」について」（『日本史学集録』四、一九八七年）所収F号文書。

(18) 註(6)松本a・b論文。

(19) 例えば、波多野高経着到状案（表2No.22）は、合戦の間鎌倉の警固をしていたことを軍忠としているが、このような任務は即時型の軍忠状を出すことは不可能なため、段階性を想定することは非現実的である。
(20)　拙稿註(1)。
(21)　田辺久子『関東公方足利氏四代』(吉川弘文館、二〇〇二年)。
(22)　風間洋「足利持氏の周辺―関東奉公衆一色氏を通して―」(『国史学』一六三、一九九七年)。本稿における風間氏の説はすべてこの論考に拠る。
(23)　例えば関東管領以外では、合戦の地に所縁のある人物が選ばれている感がある。すべての事例に当てはまるわけではないが、公方からの信頼度を前提にしつつも、右のような事由があったとしても不思議ではない。付近に所領がある人物のほうが、増員や補給に難がないためだろう。その事例を挙げると、以下の通りである。
小山氏の乱…木戸法季(下野足利荘出身)、小田氏の乱…上杉朝宗(常陸田中荘小目郷領有)、小栗氏の乱…上杉定頼(小栗荘の一部領有)、山入の乱…里見刑部少輔(宍戸荘小原城主との伝来。一族とみられる里見基宗が多賀郡手綱郷を領有と伝わる)。
(24)　松本註(6)b論文。
(25)　加えて、氏は禅秀の乱時の大将に二階堂行方を挙げている。これは、表4№2に「二階堂下総入道同心」とあることに由来すると思われるが、二階堂氏に「同心」ということが指揮下に入るという意味なのかは疑問である。
(26)　黒田基樹編『扇谷上杉氏』(戎光祥出版、二〇一二年)所収。
(27)　漆原註(5)a論文。

鎌倉府奉公衆簗田氏の系譜
――斯波氏とのかかわりから――

長塚　孝

はじめに

鎌倉府において、近習や奉行そして直接的な軍事力として鎌倉公方を支えていた鎌倉府奉公衆[1]は、上杉禅秀の乱勃発段階（一四一六年）でおよそ五〇〇人おり、乱後に増強されて七〇〇人程度になったと推定されている。その構成員として七四氏が確認されており、一つの名字で複数の系統があることから、大部分の名字が判明していると考えられている[2]。本稿は、奉公衆の一員である簗田氏について、鎌倉府時代における存在形態を再検討する。簗田氏は鎌倉御家人の系譜を引かず、応永前期までの一等史料に姿が見えないことから、禅秀の乱後に奉公衆化した武士といわれている。そのため、簗田氏の動向を明確にすることは、鎌倉府がどのような領主を組み込んで直轄軍を増強したかを知るうえで重要である。

奉公衆の個別研究については、家伝文書が残された例がないことから、ほとんど手が着けられていない。その中で、簗田氏の総体的な研究を行った佐藤博信氏は、鎌倉府時代以前について以下の点を指摘した[3]。①簗田氏は下野国梁田御厨を名字の地とした領主で、平安期に上級領主である足利氏と結びついた。②基本的には足利氏の根本家臣だが、開発領主として存在したのではなく在地的な土着領主というべきものであり、足利家の奉行人よりもはるかに下級な家臣であった。③簗田氏の発展は、足利満兼より偏諱を授与された「御家之鏡」満助が、下総国下河辺庄へ移住したことが契機となった。その生業は、低地荘園の支配という特殊な技量だった可能性がある。④一五世紀初頭、鎌倉公方足利持氏による奉公衆整備の中で簗田氏らが注目された。公方権力は、簗田氏らを奉公衆化するだけでなく、家督の継承等にも介入するようになっていた。⑤簗田氏から持氏の側室が輩出されたが、単なる血縁関係の展開にとどまらず、持氏の副状を発給するなど独自の展開をするようになった。

これに次いで、筆者は『簗田家譜』の検討を中心に、御家人の系譜を引かない奉公衆の事例として検討し、以下の点を指摘した。(4) ①鎌倉期の簗田本宗家は三河国額田郡へ転出しており、関東の簗田氏はその庶流に位置する。②関東簗田氏では、持氏側室を出した直助系(武蔵簗田氏)が有力であり、古河公方家宿老になっていく満助系(下総簗田氏)が必ずしも主流だったとはいえない。③持氏によって奉公衆となった満助の実名は系図類にしか見えず、実際には発給文書にある助良が正しい。④直助系・助良系は、梁田御厨からではなく武蔵国太田庄から同国崎西郡種垂・下総国下河辺庄関宿へ移住した。それらは、常陸守護佐竹義人の旧領であった。⑤『簗田家譜』の「旧本」は、本来直助系簗田氏に伝来したものを、直助系の衰退により助良系簗田氏が接収した。⑥一六世紀前期、助良系簗田氏の当主簗田高助は「旧本」に簗田家宿老の意見を加えて『家譜』を完成させた。

鎌倉府における奉公衆簗田氏は、禅秀の乱から永享の乱までわずか二〇年しか活動していない。しかも、史料としては『家譜』以外には発給文書が四点確認される程度で受領文書はなく、ほかに所領関係史料が多少あるにすぎない。それらの分析はすでに行われており、今までと同じ研究方法には限度があるといわざるをえない。そこで、本稿では鎌倉府以外の時代や、関東地方以外に存在する簗田氏の関係史料を収集・紹介し、奉公衆簗田氏の実態に迫っていきたいと思う。

簗田名字を名のる領主については、前述のように三河国額田郡と武蔵国崎西郡・下総国下河辺庄に在住する人物がおり、元は血縁関係があったことを推定したことがある。しかし、三河と関東以外にも簗田名字を使用する者は存在している。まず、その中から関東簗田氏と関連すると思われる領主を取り上げ、政治的地位や動向を確認したうえで、もう一度関東へかえって奉公衆簗田氏と比較することによって、その立場を再考したい。関東簗田氏との関連としては、官途受領名や通称が同じであるかどうかを対象とする。

全国的に同じ名字の領主がいることは不思議ではないが、官途受領名までが一致することは、めったにありえない。偶然に名字・官途受領名が同じこともあるだろうが、通常は何らかの理由で一致した確率の方がはるかに高いはずである。そして偶然ではないならば、以下のような条件が前提にあると思われる。①血縁関係の遠近はともかく一門であること。②一致した官途受領名は、当主が使用する最上位の物であるとの認識が、それぞれの家内部にあること。③にもかかわらず、複数の人物が使用しているのは、両者は政治的にかかわりを持たないような地域に在住していること。これらに合致する同名字・同官途受領名は、もともと関連性があったと判断してよいだろう。

すでに、戦国期の関東・東海地方で名字・官途受領名が同一の例があり、二人の人物が混同されていたことが知られており、(5)両者間の分析を進めることは無意味ではないと考える。名字・官途受領名の一致（本稿では同名同官と略す）する人物を、時代と地域に限らず確認して動静を追っていきたい。

一　奥州簗田氏の動向

天正十九年（一五九一）八月初旬、九戸政実の乱にかかわる書状が伊達政宗から南部信直へ送られた。八月十五日、これに応えて南部方から書状が出される。九戸城総攻撃の一〇日前にあたる。(6)

〔史料1〕

追而申上候、御両使可有御披露之条、不能具候、

御尊札令拝見候、今度両使被指遣処ニ、於爰元ニ馳走無之候、失本意令存候、依九戸一和之義被仰出候、尤信直無是非被存候、雖然九戸一揆　殿下ニ依無隠、中納言様御下向之上者、弾正殿様以御相談、被仰調候ハん事専用候、万端重而重而可得御意候、恐惶謹言、

簗田中務少輔

八月十五日　　詮泰（花押）

政宗様　御尊報

南部方の発給者は簗田中務少輔詮泰と記している。簗田助良の子持助や、持助の孫某と同じ官途を使用しているので、助良系簗田氏との関連を想像させる。ただし天正末期に当主だった助利や、元当主の晴助と血縁関係はなく、実名にも共通性がない。詮泰は、文中で「信直」と記しているように、下総からはるかに遠い三戸城主南部信直に従う領主である。

盛岡藩士の系図集「参考諸家系図」には、詮泰を始祖とする簗田氏の家系が載せられている。(7)それによると、盛岡

藩には簗田名字の家が三系統あり、平姓で家紋は立葵と四目結となっている。詮泰の先祖の本国は越前で、代々斯波氏に仕え詮泰の代に斯波詮直の執権となった。天正十六年八月に斯波氏が滅亡すると高水寺城へ向かい信直に投降し、日詰村と下平沢村で九八〇石を与えられたという。つまり、詮泰は信直の譜代家臣ではなく、幕府管領斯波氏の一門で陸奥国斯波郡高水寺（岩手県紫波町）に居城を構える斯波氏、奥州斯波氏の家臣だったのである。奥州簗田氏は、官途受領名だけではなく家紋も下総簗田氏と同一である。

紫波町の志和稲荷神社には、天正十六年五月二十八日の銘がある棟札が残されており、斯波詮直とともに詮泰の名が掲載されている。(8)

山川険谷中迦陵頻伽声〔大旦那源朝臣〕志和孫三郎詮直
命命等諸鳥悉聞其音声〔小旦那平朝臣〕簗田中務少輔詮泰

実名の「詮」は、斯波氏からの偏諱授与とみられるが、上の一字を与えられているから重臣であることがわかる。また、棟札には他の斯波家臣の名が見えないことから、系図にある「執権」かどうかはともかく、斯波氏の宿老だったことは間違いない。(9)そこで、簗田氏の越前より奥州への移住について確認するため、奥州斯波氏の系譜と動向について少し調べたい。

奥州斯波氏の子孫には南部氏に属したものがあるため、やはり藩士系図が残されている。それによると、斯波氏の子孫のうち五系統が南部氏に仕えており、祖先は家兼だというから、奥州探題になる斯波大崎氏の庶流ということになる。系図には詮高・経詮・詮真・経直（詮直）の四代が記される。詮高は本国が越前で、明応二年（一四九三）に奥州へ来住し斯波郡の領主となり高水寺城へ入ったとされる。曾孫の詮直は、天正の初期に詮真から家督を受け継ぎ、三戸南部氏と対立した。しかし、嗜酒に浸って国勢が乱れ離反する家臣・庶民が増加したため、簗田大学や大萱生玄蕃をはじめとする重臣が三戸へ誼を通じるようになり、天正十六年八月に信直が出兵すると詮直は高水寺城を出奔した。慶長期になって、南部利直へ召し出されて出仕するようになったという[10]。

詮高が越前より移住したということは、詮泰の先祖は詮高に随行して奥州へ赴いたことになる。そして、四代目詮直の行動が事実かどうかはともかく、他の重臣とともに詮直と対立したことから、南部氏に結び付いたことになる。他の系譜類も同じくみてみよう。

「奥南旧指録」(岩手県立図書館蔵)に記された斯波氏の先祖は足利左京大夫直持とあるから、やはり家兼流である。直持の子息詮持から数代斯波郡を知行したが、相続する子がなかったことから、一家である越前国倉谷御所の詮基が奥州へ下向して七代続いたとある。これに対し、元禄十一年(一六九八)成立の「奥羽永慶軍記」巻一四に見える斯波氏没落の記事では、斯波御所家(奥州斯波氏)は家長流で七代続いたと記している[11]。さらに、斯波孫三郎の子孫を名のる家の系図「奥州斯波系図」では、盛岡藩士の系統と異なる当主名が記されており、先祖は家長流で一〇代続いたとする[12]。

これらは、いずれも江戸期に作成された史料であり、全面的に信用できるものはない[13]。ただ、越前鞍谷御所家が奥州斯波氏から派生している記事が正しければ、「奥州斯波系図」をある程度信用して家長流ととらえるか、「奥南旧指録」にあるとおり家兼流を信じて、血統断絶により家長流鞍谷氏から養子を入れたと推定しておくかであろう。

奥州斯波氏の世代については、右のとおり七代か一〇代継続したとある。これも確実な史料はないが、「奥州余目記録」では永正十一年(一五一四)の段階で、斯波殿は四代に成ると記している[14]。明応二年もしくはその前後に詮高が越前から移住していれば、「奥州余目記録」の斯波殿は詮高で四代目にあたる可能性が高く、詮直まで七代という情報は確かだということになる。ただし、そうすると詮高以前の当主が三代しかないことになるから、初代は応永初期までもさかのぼれない。だとすれば初代斯波殿の前に三代程度の世代があった方が自然であろう。そう推定すれば、詮高の養子化だけでなく南北朝期から室町初期あたりに一度断絶があった可能性がある。系統が不明瞭なのは、そのためかもしれない。

いずれにせよ、越前より詮高（もしくは詮基）が奥州へ入った際に随行した家臣中に簗田氏がおり、宿老となったという流れを想定しておきたい。

二　越前簗田氏の動向

奥州簗田氏は、越前より移住したと伝えられていた。たしかに、越前における簗田氏関係史料はわずかだが確認することはできる。奥州斯波郡や斯波鞍谷氏と直接かかわるものではなく、他地域での活動とはいうものの、越前簗田氏の概要を想像させる文書なので、以下に掲げよう。

〔史料2〕

「長禄三　十一　日」

畏申上候、

抑郡内之弓矢により候て、山上より御上使御下候、御百姓等恐悦千万候、随而名主悉連判仕、以目安お申上候、さ候間、やなた殿御代官候により、御領中悉及度々に被乱妨候、今度ハおとなしき御百姓二人被打候、家ニ被放火候、其外おとなしき者あまた手おい候て、なんきに及候、迷惑此事ニ候、加様之事も武家方より御代官めされ候により、地下も時々に及如此めいわくにて候、いまより以後ハ、御本所より御代官すへ候て、直務に御知行めされ候て、御百姓をも御助候へく候、かやうに申候お、御承引候ハて、やなた方より御わひ事なんと、御定候て、又けいやくめされ候ハヽ、当年之御年貢おもひかへ申、後年ハかうさくおも開申ましく候、此分おきこしめし御わけ候て、御百姓おも御助候ハヽ、御奉書おいたゝき申候て、いまの御上使相共に、御年貢お早々ニ捧申へく候、さやうに候ハヽ、可然御代官おすへおかれ候ハてハ、地下のしきとゝのい候ましく候、郡内之弓矢もいまた落居なく候、弓矢ミたれ候ハヽ、定御領中尚々すなおあるましく候、其分御心得可有候、恐惶謹言、

十月廿日　　井野部名主等

御奉行所知院之御坊へ申上候、

醍醐寺領である牛原庄井野部郷の名主らによる連署の申状案である。(15)郡内で合戦が続いたことにより、醍醐寺から上使が下向した時のこと、代官の「やなた殿」によりたび重なる乱妨が起こり、おとな百姓二人が打たれて放火された。ほかにもおとなが怪我をして難儀におよんでいるという。「やなた殿」の代官再任に百姓らが抵抗している様子がうかがえる。

もう一点、右の文書以降に発給されたと思われる年月日未詳の某書状によると、井野部郷の代官職を二宮氏が望んでいるが供僧中は反対していること、「簗田」が代官職を持っていた時は守護請だったことを、朝倉方へ尋ねたと記している。(16)「やなた殿」と「簗田」は同一人物で、長禄三年(一四五九)前後に井野部郷の代官に任じられていたことがわかる。

長禄三年の越前における合戦について概述しておこう。斯波氏の本宗家(斯波武衛家と仮称しておく)では、享徳元年(一四五二)に義健が死去したが嗣子が無かったため、一門持種の子息義敏が家督を継承した。これに対し、守護代甲斐常治が反発して対立が続いた。長禄三年二月、幕府は和睦を勧告するが義敏方の反対により失敗する。甲斐方は一

味して越前に入り国内の中央部を制圧、幕府もこれを承認して常治が越前支配を進めた。五月、足利成氏討伐を命じられた義敏は、勝手に甲斐方の越前敦賀城を攻撃して敗退する。激怒した将軍義政は、義敏の守護職を剥奪して隠退に追い込んだ。七月、義敏方の堀江・朝倉氏庶家勢が勢力を盛り返して甲斐方と対峙する。しかし、八月十一日に甲斐・織田・朝倉本宗家らとの合戦になり、義敏方は敗北した(17)。

このような状況で、代官とされる簗田氏はどのような位置にあったのだろう。牛原庄は、越前国大野郡に所在した。大野郡を支配していた斯波氏（斯波大野氏と仮称しておく）は、室町初期に幕政を担った斯波義将の弟義種の子孫にあたる。義種の子息満種は、応永二十一年（一四一四）に将軍義持の忌諱にふれ、加賀守護職を剥奪され、高野山へ遁世した(18)。満種の子持種は武衛家のもとで大野郡を与えられる。室町期の大野郡代館は、近世大野城下町の東端に所在したという。

ということは、越前簗田氏は斯波鞍谷氏との関係は不明だが、斯波武衛家もしくは斯波大野氏の家臣であり、郡代館の北側に位置する醍醐寺領荘園の代官を請け負っていたことになる。長禄三年の合戦で敗北した義敏方は、もともと拠点のある大野郡は確保していたのだろうが、簗田氏らの無理な課役により百姓等と対立するなど、足元で紛争が起きていたのである。大野郡で代官職を補任されていたとなると、斯波大野氏の家臣である可能性の方が高い。

そして、本来は斯波大野氏に仕えていたと推定できるならば、越前でなくとも関係文書だと判明する史料がある。

〔史料3〕

「越中国棟別　〔左衛門介殿書下案〕」

東寺よりの棟別之事、先立藤代方へ其子細可被仰之由申候へとも、自寺家御屋形へ被申間、当国御領共多候、皆々無子細候、寒江の事も無子細さたさせられ候へく候、せんきの例ハ入候ましく候、其段可有御心得候、乍去

此御領にかきり候ましく候、五位庄野尻なとも其沙汰候へく候、それをひつかけにて候へく候、能々可有御沙汰候、恐々謹言、

やなた

三月十八日　・・判

さふへ　さんかいとのへ

応永二十年と推定されている「やなた」某の書状案である。[19] 前年の十九年九月、幕府は東寺造営のため六か国に段銭か棟別銭を賦課させた。越中は棟別銭であり、守護畠山満家が守護代へ徴収を命じている。当然のことながら越中国内における斯波一門の所領へも棟別が賦課された。[20] この時期、書状の端裏にある「左衛門介」＝左衛門佐を名のっているのは斯波満種なので、棟別徴収にあたる「やなた」は満種の家臣ということになり、長禄三年に見える簗田氏の先祖にあたると思われる。

斯波義種は、侍所頭人や越前・若狭の守護を経験し、父義将が守護となった越中の守護代にも任じられ在国したことがある。宛名の寒江庄や文中の五位・野尻は、その際入手した荘園と思われ、義種が加賀守護となっても領有していたのである。この簗田氏は、越中へ在国しているのではなく、遠隔地から指示しているようだから、おそらく満種へ近侍して在京していたのだろう。公事徴収の奉行人として活動しているところをみると、甲斐氏や二宮氏という宿老ほどではないようだが、所領支配に関しては重要な地位にあったことがわかる。長禄三年以前に井野部郷の代官職を受けていたのも、その職掌を受け継いだのだろう。

やがて応仁文明の乱が起こり、文明三年（一四七一）に越前の朝倉孝景が東軍になると、幕府は義敏を牽制するようになる。同七年十二月、朝倉方が義敏方の大野郡土橋城を攻略したため、義敏は越前を退去した。越前簗田氏の当主

もしくは一門が奥州へ移住したのは、前述のように明応二年と伝えられている。長禄三年から三四年後、義敏の越前退去から二二年後のことである。この間における簗田氏の動向を知ることはできない。斯波鞍谷氏の宿老として奥州へ下向した系図の記事が事実ならば、義敏に随行せず越前に留まり続けた可能性がある。

ただ、当該時期の斯波鞍谷氏については越前在国を続けていること、義敏方とは同調していないことしか知られない。血縁関係については、まったく不明である。[21]そこで、斯波鞍谷氏についてはひとまず除外しておき、奥州斯波氏と斯波大野氏を比較しておくべき点について紹介しておきたい。それは仮名についてである。「参考諸家系図」に記載される奥州斯波氏の官途受領名は、兵衛尉（詮高）・治部大輔（経詮）・民部大輔（詮真）であった。これに対し、仮名は詮高が不明で、経詮・詮真・詮直三代は孫三郎とされている。[22]斯波大野氏は、初代義種が民部少輔・伊予守・修理大夫、満種は民部少輔・左衛門佐、持種は民部少輔・修理大夫となり、武衛家を継いだ義敏に代わり兄弟の義孝が民部少輔に補任されている。そして仮名は満種以外すべての人物が孫三郎を称しているのである。

官途受領名は、基本的に共通性はないが、仮名については一致しているのである。いかに遠隔地とはいえ、偶然ということはありえない。だとすれば、仮名についても前述した官途受領名同一の現象に近いことがあるかもしれない。かつて血縁関係があったこと、政治的に同調していた時期があったこと、のちに無関係な状態になっていたこと、奥州斯波氏が斯波大野氏の名跡を継承したと自認していたこと、これらのいくつかが、あてはまる可能性がある。[23]そう考えれば（斯波鞍谷氏介在の有無は措いておくにしても）、斯波大野氏に仕える簗田氏から奥州斯波氏当主となる人物に随行した者があったという史料の補強にはなるだろう。

なお、越前簗田氏のあり方を右のように推定しておくと、京都における史料も越前との関連性を推定することができる。それは、『見聞諸家紋』に掲載された簗田氏の陣幕紋である。『見聞諸家紋』は応仁元年（一四六七）から文明二年までの間に作成されたものと考えられており、[24]東軍に属した武家三一〇家の紋と名字が記されている。その末尾から九番目に立葵紋の絵が描かれ、下に「簗田」と記されている。[25]永禄四年（一五六一）ごろ、長尾景虎に与同する国衆の陣幕紋を記した「関東幕注文」に見える簗田晴助の紋「水あをい三本たち」[26]と同形と思われる。しかし、幕府奉公衆には簗田名字の人物は存在しない。だとすれば、この「簗田」が斯波義敏の家臣である可能性が高く、『見聞諸家紋』に記された意味も判明する。義敏は、応仁文明の乱勃発に際し越前に在国したとされるが、彼に属す軍勢すべてが下向していたわけではなかったのである。簗田氏は、義敏の代官として軍勢を率い在京したのだから、簗田氏は原則として在京する重臣だったことになるだろう。

三　尾張簗田氏の動向

つぎに、直助系簗田氏と同じく受領名出羽守を使用する簗田氏について探ることとしよう。簗田出羽守といえば、永禄三年（一五六〇）の桶狭間合戦にかかわる織田信長の家臣が思い起こされるので検討したい。『甫庵太閤記』によれば、今川義元との合戦に際して出羽守が良き事を申し上げ、それに感じた信長の行動により味方は大利を得ることができた。信長は出羽守に対し、ただちに沓懸村（豊明市）で三〇〇〇貫文の地を与えた。義元の首を取った毛利新介への褒美は、これより軽いものだったという。[27]

尾張簗田氏については、室町期以前に遡れる史料は確認できない。本拠について明らかになるのは桶狭間合戦の七年後、永禄十年のことである。この年、尾張に赴いていた連歌師の里村紹巴は、四月二十二日に九坪（北名古屋市）の松元院へ出向いた。そこでは、簗田出羽守の息が酒を用意して待っていた。また二十四日に出羽守の知行である「くつかけ」の城へ向かうと、田楽窪へ迎えの侍が多数出ていたという。[28] 桶狭間合戦により新知として沓懸を授与されたのだから、九坪が本知ということになろう。九坪に本拠を持つ尾張簗田氏が、はたして関東の簗田氏と関連しているのか、動向を探ってみることにしよう。

尾張簗田氏の初見は『信長公記』首巻に記されている。かつて武衛家の家臣に簗田弥次右衛門という者がいた。清洲の那古野弥五郎と男色関係を結び、信長への味方となることを誘った。やがて家老衆の説得にも成功する。ある時、弥次右衛門は信長の人数を清洲へ引き入れ、町を焼き払った。信長も出兵したが、このとき清洲城は落ちなかった。やがて弥次右衛門は知行を過分に取り、大名になったという。[29] 尾張簗田氏は本来武衛家の家臣であり、信長が清洲城に入る直前、おそらく天文後期ごろ信長へ属したことになる。いつごろ称したか不明だが、弥次右衛門は出羽守を名のり、桶狭間合戦にかかわったことになろう。

出羽守の次に登場するのは左衛門太郎である。元亀三年（一五七二）十月二十二日、信長は徳川家康に書状を送り、簗田左衛門太郎を見舞いとして送ったこと、詳細は簗田に伝えてあることを知らせた。[30] 武田信玄の遠江進攻に対し、信長は佐久間信盛・平手汎秀・水野信政を家康の許へ派遣している。左衛門太郎は、対武田戦に関して信長の使者もしくは加勢として浜松（浜松市）へ送られたことになる。佐久間ら三将は、尾張衆か尾張に与力を持つ人物なので、左衛門太郎も尾張衆と考えられる。簗田氏の知行である沓掛は、境川をはさんで三河と接する地ということから、左衛門太郎は出羽守の子息であり、三河衆との接触が頻繁にあったのだろう。

天正三年（一五七五）七月三日、信長は朝廷より官位を進めることを伝えられたが承諾せず、代わりに家老衆へ官途受領名の授与を依頼した。左衛門太郎も、その時に官途右近大夫となり、名字を別規（別喜）に改めた。左衛門太郎の実名は広正である可能性があるという。[31] 翌八月、信長に従い越前攻めに加わり、やがて加賀平定を命じられ大聖寺城

（加賀市）に入った。しかし、一向一揆勢の抵抗により平定が進まなかったことから、翌四年に加賀からの退却を命じられる。広正は、尾張へ戻され一時九坪へ蟄居した。(32)

六年六月、広正は兵庫・明石間の路次確保のため、織田信忠に命じられて警固にあたっているので、ほどなく尾張衆として活動していることがわかるが、(33)ふたたび簗田左衛門太郎と呼ばれている。蟄居した段階で、別喜名字と官途名を撤回され、沓掛も没収されたとみられる。そして七年六月に死去したという。

広正の後継者は彦四郎である。天正十年の武田氏攻めに参加し、木曽口より進攻しているのは、尾張衆として信忠に属していたからだろう。(34)六月の本能寺の変では、在国していたらしく戦死を免れた。翌十一年正月二十四日、織田信雄が勝手な公事賦課を禁じる地の領主として、織田一門とともに彦四郎の名が記されているので、信忠死後は信雄へ仕え九坪を知行していたことがわかる。(35)その後、信雄による領国内の検地が開始され、彦四郎は知行を替えられたと思われる。(36)

その後の動静は不明だが、子孫は徳川氏へ仕えている。「寛永諸家譜」未勘部に載る簗田系図には、織田信秀に仕えた四郎左衛門に始まり、信長家臣の出羽守、さらに家康家臣となった半兵衛正勝の三代が記されている。(37)正勝は、文禄四年（一五九五）に徳川家康へ謁見し、そのまま仕えるようになったという。きっかけは、羽柴秀次の死去だろう。おそらく、彦四郎かその子息が信雄へ仕え続け、信雄が天正十八年に改易されると、代わって尾張を授与された秀次に出仕したのだろう。秀次の死は文禄四年七月十五日だから、新たに清洲城を与えられた福島正則には仕えず、徳川氏の下へ赴いたことになる。そして、正勝は承応元年（一六五二）に死去したという。(38)文禄四年からは五七年を経ているので、晩年の信長に仕えていた彦四郎と正勝は同一人物ではない。「寛永諸家譜」が正しければ、正勝の父出羽守と記されていたのが彦四郎のこととなる。

しかし、それでは世代が合わない。おそらく四郎左衛門が出羽守を称した人物で、右近大夫広正も出羽守になったのかもしれない。彦四郎の実名・官途受領名は不明、そして正勝という四代ではないかと思われる。「寛永諸家譜」と『信長公記』に見える簗田一門の官途受領名が一致しないことが多いので、尾張簗田氏には複数の家系が存在したことは予想される。とはいうものの、「大名」になったと伝えられるような人物は広正だけだから、彼の系統が最有力であり「寛永諸家譜」につながることは間違いない。

正勝以後の尾張簗田氏は、知行一五〇〇石の旗本として隠岐守直次・淡路守直秀・主殿直治と続いた。正勝は、武蔵国多摩郡山崎村（町田市）に菩提寺簗田寺を建立している。しかしながら、元禄九年（一六九六）に直治が急死したため、後継者が存在しない簗田氏は断絶してしまった(39)。偶然ながら、助良系簗田氏と直助系簗田氏の子孫は共に幕臣となっていたのである。とはいうものの、両者に同族の認識があったか、元禄期までに交流があったかどうかは定かでない。

四　関東簗田氏の立場と奉公衆

以上のように、助良系（官途名中務少輔）と血縁関係が近いと思われる簗田氏は、斯波大野氏に仕え在京したり、越前国大野郡に在住していた。越前簗田氏に属する系統の一派は、明応二年（一四九三）ごろ斯波詮高に随行して、奥州斯波郡へ入部した。また、直助系（受領名出羽守）と同族と思われる簗田氏は在京の有無は不明だが、戦国後期には尾張を本拠としており、斯波武衛家に仕えていた。越前・尾張の両簗田氏は、どのような関係にあったのだろうか。両者が無関係でない限り、考えられる選択肢は二つである。一つは、越前簗田氏は奥州へ移住した中務少輔の系統だけではなく、斯波義敏に近侍する出羽守系の人物がおり、義敏が越前を失った後に尾張へ下向したというものである。この場合、両系統とも斯波大野氏の家臣だったことになる。もう一つは、両簗田氏は別系統という考え方で、越前簗田氏は斯波大野氏へ、尾張簗田氏は斯波武衛家に仕えていたというものである。

関東では、助良系と直助系は兄弟と伝えられていたが、実際に近親者かどうか明確でなく、政治的に別行動を取ることもある。また、越前簗田氏の陣幕紋は立葵(水葵三本立)なのに対し、尾張簗田氏は蔦葵なので、同じ葵紋といっても全く異なる形態のものを使用している。これらを勘案すると、今のところは越前から尾張へ簗田一門が移動したと考えるよりも、別系統が同時に存在していたと判断した方が良いだろう。とはいうものの、もともと兄弟から派生した伝承をさかのぼらせることが可能ならば、斯波義将・義種兄弟に仕えた簗田氏の兄弟がおり、それぞれ武衛家と大野氏の譜代として存続していったというのが自然な考え方である。

では、越前・尾張簗田氏と関東の簗田氏との関係はどのようなものだろうか。越前簗田氏は、郡代二宮氏などと異なり宿老の一員ではないかもしれないが、応仁文明の乱では京都で軍事指揮権を行使し、それ以前には奉行として活動するなど、重臣であることは間違いない。尾張簗田氏は武衛家の重臣とはいえないかもしれないが、家老衆を説得するだけの身分ではあった。これに対し関東簗田氏は、上杉禅秀の乱以前は武蔵国太田庄の一部を支配していただけであった。あきらかに越前・尾張簗田氏の方が有力である。越前簗田氏と助良系簗田氏、尾張簗田氏と直良系簗田氏との間に血縁関係があるとすれば、関東の簗田氏は庶流というべき立場である。

かつて、諸国に所領所職を持つ鎌倉御家人は、遠隔地支配に一門や譜代家臣を代官として派遣していた。室町期も、基本的な変化はない。だとすると、越前・尾張簗田氏が斯波氏の譜代として京都か分国に本拠を置いているならば、小規模な所領を支配する関東の簗田氏は、代官なのではないだろうか。斯波氏は、鎌倉期には足利本宗家からは独立した御家人であり、関東にも所領は存在したはずである。太田庄内にあるのは、その一部ではないだろうか。斯波氏は一門を太田庄に封じず、代官を派遣していたのである。考えてみれば、斯波氏の一族で関東に在住する者は確認されていない。遠隔地所領に一門がいないならば、代官は譜代の家臣だろう。斯波氏は、譜代簗田氏の庶流を太田庄へ配したとみるべきである。

そのように仮定すると、足利持氏の奉公衆増員策は根本家臣の身分上昇ではなく、在京寺社・在京守護らの代官等を奉公衆化することが多かったのかもしれない。新奉公衆の経済基盤は、必ずしも禅秀方の欠所地ではなかったことになる。だとすれば、押領の記事が注目される。たとえば応永二十四年（一四一七）十二月十三日、摂津満親は南禅寺褒勝軒へ寄進した武蔵国小沢（稲城市・川崎市多摩区）・小机（横浜市港北区）が不知行になっているため、加賀国で替地を用意した。[41]

小沢郷といえば、岩戸山合戦の戦功により足利基氏が簗田経助へ授与したと伝承される地である。[42]『簗田家譜』の「旧本」にある言い伝えなので信憑性は低いが、直助系簗田氏にはかつて小沢郷を知行していた記憶があったことになる。直助か近親者は、小沢郷もしくは周辺の生田郷（川崎市麻生区・多摩区）の代官をしており、[43]奉公衆化する中で小沢郷を押領したのかもしれない。このような動向は直助一人に限らず、多くの奉公衆が持氏の命令や黙認により各地で押領を続けたならば、在京領主と鎌倉府の関係が悪化するのは当然のことといえよう。

これらを総合してみると、関東簗田氏は斯波氏の譜代だったと考えてよいだろう。その系統は、義将とその子孫へ従った出羽守系（尾張簗田氏）、義種とその子孫へ従った中務少輔系（越前簗田氏）と大きく二つの流れがあった。武衛・大野の両斯波氏は、武蔵国太田庄の所領支配にあたり簗田氏庶流を代官として派遣していた。それを、鎌倉府が奉公衆に組み込んだということになる。二系統の関東簗田氏は、やはり禅秀の乱を契機に持氏へ仕えたとみてよい。持氏は、禅秀方の所領だった武蔵国崎西郡種垂や下総国下河辺庄関宿を、簗田直助・助良らに渡して地域支配の一端を担わせたが、彼らはそれに止まらず他者の知行を侵食し始めていたのだった。

ただ、右のような考察過程に終始しては、簗田氏が斯波氏の家臣だったという単純な結果で終わってしまうことになる。簗田氏はあくまでも一事例であり、増員された奉公衆に類似する例の有無を示しておかなければならない。そこで、古河公方奉公衆（以下、古河奉公衆と略す）についてふれておきたい。

古河奉公衆は、主に鎌倉府の奉公衆出身者が中心である。となれば、鎌倉府時代の史料は残っていなくとも、古河奉公衆の名字・官途受領名・仮名などを検討することにより、奉公衆だった時点の性格にさかのぼれる可能性はある。本稿では斯波氏との関係を中心に考察したので、簗田氏と同じ斯波氏の旧臣である可能性が高い例を掲げておく。

小弓公方足利義明の奉行人に、堀江大蔵丞や堀江下総守という人物が存在する。(44) 義明に従ったということは、元は社家奉行人か古河奉公衆である。堀江氏は、下総国上幸嶋の若林郷（茨城県境町）を知行していたと考えられているので、(45) 永正の乱に際し義明に従い小弓（千葉市中央区）に移った古河奉公衆ということがわかる。

堀江氏といえば、関説したように越前国河口庄堀江郷（あわら市）を名字の地とする斯波氏の家臣が知られている。同氏は、応永三年には興福寺領の代官として越前に現れるが、それ以前に斯波氏の家臣となっていた。長禄期以降は、斯波義敏派として甲斐氏や朝倉氏と対立する宿老となっている。(46) また、応永期には一門が遠江へ入部したらしく、同十一年にはすでに東寺領での年貢米代銭徴収にかかわっている。(47) 斯波氏の重臣を輩出し、越前・遠江で荘園代官に補任されている姿は、まさに簗田一門と同じである。鎌倉府時代の関東では、ほとんど目立たないことからしても、散在所領の代官であった可能性が高い。

また、土肥氏もこの例に近いと考えられる。足利義氏の家臣に、土肥中務大輔・次郎という父子がいる。(48) 土肥氏といえば、寛正三年（一四六二）以前に相模で兵粮料所を預けられていた土肥中務少輔や、伊豆を本国とした土肥次郎が確認される。[49]仮名が同じで官途名も類似していること、上杉顕定に属していたことから、土肥氏は上杉家臣から小田原北条家臣になり、最終的に古河奉公衆へ変わったと思われるかもしれない。

しかし、そうとは限らない。観応三年（一三五二）から貞治三年（一三六四）にかけて、越中国堀江庄（滑川市）には土肥中務入道心覚という人物が存在し、京都祇園社領の支配にかかわっている。[50]これも同名同官の例に加えられるのではないだろうか。前述のように、越中は斯波義将が守護、義種が守護代となっているので、斯波氏と土肥氏は接触していることは明らかである。しかも、古河奉公衆土肥氏の子孫には、鎌倉御家人から斯波武衛家に仕えたという伝承がある。[51]土肥氏も、斯波氏の家臣として関東にかかわっていた可能性は捨てきれないので、今後慎重な検討が必要であろう。

むすびにかえて

以上、やや迂回するような作業過程をたどったが、同名同官を追うことにより、関東簗田氏の系譜という側面を、ある程度想定できたかと思う。鎌倉期に足利氏へ仕えた三河在国の簗田氏を除外すると、簗田氏は斯波氏の家臣として存在しており、その一門が関東に置かれた散在所領を支配していたことが想定された。関東に在住した二系統の簗田氏は、斯波武衛家に仕えた尾張簗田氏の一門にあたる直助系と、斯波大野氏へ仕えた越前簗田氏の一門に連なる助良系とであると考えられた。関東簗田氏は、禅秀の乱後に鎌倉府奉公衆として持氏に属し、本拠を武蔵国太田庄から武蔵国崎西郡種垂・下総国下河辺庄関宿へ移したことになろう。筆者を含め先行研究で、簗田氏を足利氏の根本家臣と推定したことは修正すべきである。

もちろん斯波氏に限らず、在京領主の代官が奉公衆化したとすれば、わずかの間に一・四倍に人数が膨張した現象も、理解できるだろう。そして、この増員策により簗田・堀江・土肥氏ら斯波家臣だけでなく、さまざまな関東代官が奉公衆化し、押領行為を拡大したならば、鎌倉府に対する幕府の態度を硬化させる一因にもなったと考えられよう。そういえば、幕府宿老の中で比較的鎌倉府寄りの態度をとる畠山氏は、鎌倉に一門が在住していた(52)。畠山氏は関東畠山氏との間に交流があり、関東の情勢には詳しかったことも想定される。反対に、鎌倉府に対してある程度の距離を保っていた細川氏は、鎌倉御家人の子孫ではないため、関東に多くの所領を持っていない。あるとしても、関東で一門が確認されないことから、代官を派遣していたのかもしれない。奉公衆簗田氏の検討は、幕府と鎌倉府の関係についても、何がしかのヒントを与えてくれるのである。

註

（1）本稿では、基本的に幕府奉公衆についてはふれないので、鎌倉府奉公衆を奉公衆と略し、幕府奉公衆については幕府を明記する。

（2）山田邦明「鎌倉府の奉公衆」（同『鎌倉府と関東―中世の政治秩序と在地社会―』校倉書房、一九九五年、初出一九八七年）。

（3）佐藤博信「古河公方家臣簗田氏の研究」（同『古河公方足利氏の研究』校倉書房、一九八九年、初出一九八一年）。

（4）拙稿「鎌倉府奉公衆の一過程―簗田氏の動向を素材として―」（『葦のみち』一五、二〇〇三年）。なお、簗田直助については一等史料による実名の確認ができないため、本稿では「与五将軍系図」（『古河市史』資料中世篇一五四四号）

どおり直助と仮称する。

（5）長倉智恵雄「漂白の戦国武士二人の伊達与兵衛―『駿河伊達系図』から―」（同『戦国大名駿河今川氏の研究』東京堂出版、一九九五年）。ただし、二者の血縁関係については言及されておらず、今後研究を進めるべきと思われる。

（6）「伊達家文書」（『伊達家文書』二―六一二号）。

（7）「参考諸家系図」巻三（前沢隆重他編『参考諸家系図』二―四五七頁）。

（8）志和稲荷神社所蔵資料（『紫波郡誌』二九一頁）。なお、二行割の部分を本稿では〔　〕で表した。

（9）岩手県立図書館蔵の『南部諸士由緒記』によると、志和（斯波）御所内では氏家・細川・甲斐・簗田を「四天之侍」と呼び、斯波氏に背いて信直へ仕えたといわれている。

（10）「参考諸家系図」巻四三（『参考諸家系図』三―二五七頁）。

（11）今村義孝校注『奥羽永慶軍記』上―四三四頁。

（12）『群書系図部集』第二―三五二頁。

（13）『岩手県史』第三巻（一九六一年）で、奥州斯波氏にかかわる史料を複数掲げているが、どの系図・覚書も史料的価値が高いとは思えない。江戸後期には、斯波氏の系統が不明になっていることがわかる。

（14）『仙台市史』資料編一―二四一頁。

（15）「醍醐寺文書」一三函一〇〇（『福井県史』資料編2三三八頁）。なお、本文書および註（16）の文書については、佐藤圭氏のご教示をえた。

（16）「醍醐寺文書」七函一〇二紙背（『福井県史』資料編2三七二頁）。

（17）長禄三年の越前における合戦の状況、およびその後の斯波氏・朝倉氏等の政治動向は、『福井県史』通史編2中世（一九九四年）によった。以下、同書は『福井』通史と略す。

(18) 遠藤巌「斯波氏」(今谷明・藤枝文忠編『室町幕府守護職家事典』下、新人物往来社、一九八八年)。以下、斯波氏に関する概要は本書より参照するが、逐一注記は行わない。
(19) 「東寺百合文書」ヌ函二五〇(『富山県史』史料編Ⅱ五八一号)。
(20) 「東寺百合文書」ツ函一〇六(『富山県史』史料編Ⅱ五七六号)。
(21) 斯波鞍谷氏については佐藤圭「戦国期の越前斯波氏」、松原信之「朝倉氏戦国大名化の過程における『鞍谷殿』の成立の意義」(木下聡編『管領斯波氏』戎光祥出版、二〇一五年、に収録)を参照した(初出は、それぞれ二〇〇〇年、二〇〇六年)。
(22) 註(10)系図。
(23) 天正十年(一五八二)四月、佐々成政に属している鞍谷民部少輔という人物が確認される(「佐野てる子家文書」(『福井県史』資料篇3四二八頁))。官途名からすると、斯波鞍谷氏も斯波大野氏の名跡を継承しているという認識があったのかもしれない。なお、松原註(21)論文参照。
(24) 小泉宜右「『見聞諸家紋』について」(岩橋小弥太博士頌寿記念会編『日本史籍論集』下巻、吉川弘文館、一九六九年)、嗣永芳照「『新井白石自筆見聞諸家紋』解説」(『歴史読本 日本紋章総覧』新人物往来社、一九七四年)。
(25) 『群書類従』二三輯四七五頁。
(26) 「上杉家文書」(『新編埼玉県史』資料編8六三八頁)。
(27) 「太閤記」巻一(桧谷昭彦・江本裕校注『太閤記』二九頁)。
(28) 「紹巴富士見記」(『愛知県史』資料編一一―五四五号)。
(29) 「信長公記首巻」(我自刊我本『信長公記』巻上五頁)。
(30) 「田嶋家文書」(『新編岡崎市史』史料古代中世一二一九頁)。

(31) 谷口克広『織田信長家臣人名辞典』（吉川弘文館、一九九五年）。弥次右衛門・出羽守・広正の動向については、同書によった。ただし、筆者は弥次右衛門と出羽守を別人とは考えていない。
(32) 「当代記」巻一（『当代記・駿府記』二八頁）。
(33) 「信長公記」巻十一（奥野高広・岩沢愿彦校注『信長公記』二四七頁）。同史料は、基本的に岡山大学付属図書館本「信長公記」によったが、便宜上右書籍の頁数を明記しておく。以下も同様のこととする。
(34) 「信長公記」巻十五（『信長公記』三八二頁）。
(35) 「生駒文書」（『愛知県史』資料編一二―八五号）。
(36) 天正十三年（一五八五）前後の知行状況を伝えるという「織田信雄分限帳」に彦四郎の記載はなく、九坪は中川定成が知行している（同右書一〇四〇号）。
(37) 『寛永諸家系図伝』一五―八九頁。
(38) 『寛政重修諸家譜』一八―三一四頁。
(39) 註(38)および『新編武蔵風土記稿』四―三二六頁に載る尾張簗田氏の菩提寺簗田寺の項参照。なお、蛇足ながら述べておくと、江戸期の尾張簗田氏当主は「直」を実名の通字としている。武蔵簗田氏から奉公衆化したのが「直助」と伝えられていることから、「直」の字は出羽守系に多く使われた可能性があろう。
(40) 註(37)『寛永伝』・註(38)『寛政譜』。
(41) 「南禅寺文書」（『川崎市史』資料編1五四九頁）。
(42) 『簗田家譜』（『総和町史』資料編原始・古代・中世七〇八頁。以下、本書は『総和』と略す）。
(43) 『家譜』によると、鎌倉幕府滅亡時の戦功で簗田俊助は生駄郷を授与されたという（『総和』七〇八頁）。生駄は、生田のことであろう。

(44)「大藤文書」・「喜連川家文書案」四(『戦国遺文』古河公方編一三六三・一三七〇号。以下、本書は『遺文』と略す)。
(45)原田信男「低台地型の中世村落―若林郷を中心に―」(同『中世村落の景観と生活』思文閣出版、一九九九年、初出一九八二年)。
(46)大原陵路「国人層の活動」(『福井』通史)。
(47)村井章介「守護斯波氏の遠江支配」(『静岡県史』通史編2中世、一九九七年)。
(48)「湯屋文書」(『遺文』八七三号)。
(49)「御内書案」(木下聡編『足利義政発給文書』(1)三五七号)、「古文書纂」(『静岡県史』資料編7二九二号)。
(50)「井上文書」「八坂神社文書」「同上」(『富山県史』史料編Ⅱ中世三二八・三八九・三九五号)。
(51)「佐藤氏古文書土肥氏古文書」(長野県立歴史館蔵)。
(52)湯山学「鎌倉府の足利一門―桃井・畠山氏について―」(同『鎌倉府の研究』岩田書院、二〇一一年、初出一九九七年)。

古河公方御連枝足利基頼の動向

中根正人

はじめに

戦国初期の常陸南部については、「内海」論などの視点によるアプローチはあるものの、(1)全体としては自治体史による検討が中心であり、(2)その動静には不明な点が多く残されている。本稿では、当該地域での幅広い活動が見られる足利基頼の動向を検討することで、当該期の常陸南部の情勢を考えていきたい。

最初に、基頼に関するこれまでの研究状況について見ていく。

まず挙げられるのが平田満男氏の専論である。(3)平田氏は基頼の発給文書を検討し、①常陸と関わりのある人物への発給が中心。②使者として見える町野能登守・淡路守を、政氏に仕えた蔵人入道能悦の一族と比定。③文書形式、内容が兄高基に準ずること。④享禄年間まで高基方、享禄四年（一五三一）に政氏、天文四年（一五三五）に高基が死去したこと、晴氏の公方就任による北条氏綱・氏康父子の影響力強化に対抗すべく、天文年間に義明方に属す。という四点を指摘した。

その後、基頼に関する検討は、主として古河公方或いは小弓公方の研究の中で間接的な言及が行われる状況に留まるが、(4)『猿島町史』において黒田基樹氏は、「足利家通系図」(5)にある、基頼が下総若林(現・茨城県猿島郡境町若林)に葬られたとする記述から、同地に基頼が何らかの関わりを有した可能性を指摘している。(6)そして近年、寺崎理香氏が基頼の発給文書の原本調査の成果を踏まえつつ、各文書の年次比定を行った論考を発表した。(7)寺崎氏はその中で、基頼の花押の改判を永正十五年(一五一八)に高基方から義明方に転じた際とし、その後も常陸や北総の経営に力を注いだとする。

以上が基頼に関する主たる研究であるが、その具体的な動向や立場、特に古河公方方から小弓公方方に転じた時期などについては、諸説入り乱れているのが現状である。その要因として、基頼が活動した時期の常陸地域に関する史料の年次比定という基礎的検討が不十分な状況がある。そこで本稿では、基頼の発給・受給文書の年次比定を改めて行うことを通し、彼の行動とその背景、当該期の常陸・下総の動静を見ていくこととする。

一　足利基頼の出自

まずは足利基頼という人物の出自を見ていく。彼の生年を示す史料は管見の限り確認できないが、兄である高基が文明十七年(一四八五)頃、義明が長享~延徳年間(一四八九~九二)の誕生とみられることから、少なくともそれ以降であることは間違いない。また永正年間(一五〇四~二一)の半ばには活動が見られることから考えると、遅くとも明応年間(一四九二~一五〇一)の前半には誕生していたと思われる。

基頼の父は第二代古河公方足利政氏、母は史料上確認できず不明である。また、兄弟姉妹については、兄弟に第三代の古河公方である高基、鎌倉鶴岡八幡宮若宮別当(雪下殿)であり、後に小弓公方となる義明、関東管領上杉顕定の

古河公方足利氏系図

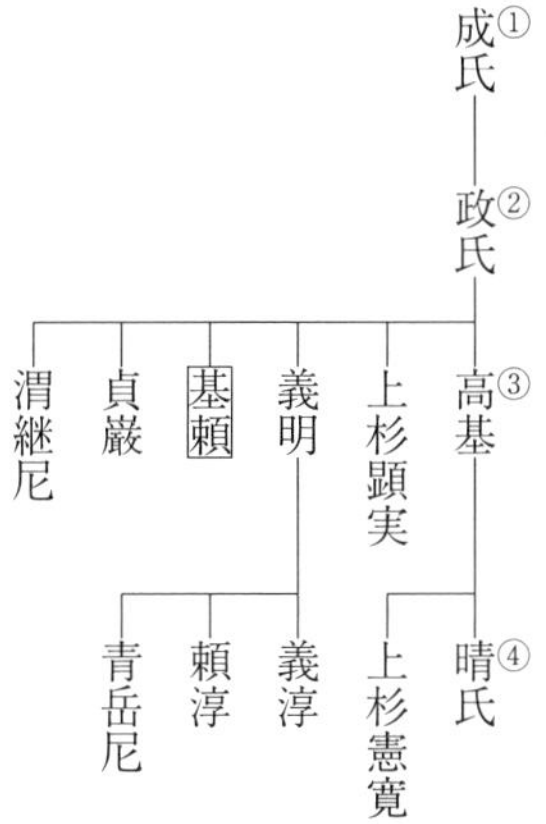

養子となり、その後継者候補となった顕実、久喜甘棠院の開山となった貞巌があり、姉妹に鎌倉東慶寺第十六世となった渭継尼があった（「古河公方足利氏系図」を参照（8））。

基頼の元服時期としては、活動開始から永正十年（一五一三）以前と推定される。その「基」の字が兄高基の一字であることは間違いないと思われるが、永正年間を通し、父政氏と兄高基が対立と融和を繰り返してきたことを考えるならば、政氏の下で育った基頼の初名は別の名前、例えば「政頼」のような名であった可能性もあろう。ただし、基頼については、後掲史料B・Fの包紙に「基頼」と記された実名以外には、官途や受領名、また幼名や仮名が分かる史料がなく、これらについて不明とせざるを得ない。

二　文書にみられる使者と花押形

続いて、基頼の発給・受給文書の検討を基に、当該期の彼の活動や周囲の情勢を見ていく。基頼の発給・受給文書は、『戦国遺文　古河公方編（9）』によれば、次表の通り発給九点、受給一点の一〇点が確認できる。いずれも無年号の文書であり、これらを他の史料とつき合わせて年次を比定することは、当該期の関東の動静を考える上でも重要であろう。

足利基頼発給文書一覧

番号	月	日	花押形	受給者	使者	出典	戦古
A	8	10	Ⅰ	塩美作守殿	町野能登守	秋田藩家蔵文書五一	一二四九
B	7	3	Ⅰ	真壁右衛門佐殿	町野淡路守	真壁文書	一二五五
C	7	3	Ⅰ	烟田平三とのへ	町野淡路守	烟田文書	一二五三
D	7	3	Ⅰ	海老原丹後殿	町野淡路守	海老原家文書（注）	一二五四
E	7	29	Ⅰ	真壁右衛門佐殿	町野淡路守	真壁文書	一二五六
F	5	23	Ⅱ	行方土佐守殿	海老名民部少輔	芹沢文書	一二五二
G	③	9	Ⅱ	真壁右衛門佐殿	町野淡路守	真壁文書	一二五〇
H	2	22	Ⅱ	小野崎大蔵丞殿	（町野源三郎）	阿保文書	一二五一
I	8	16	Ⅱ	井田美濃守とのへ	町野淡路守	井田文書	一二五七

（注）『戦古』では「この文書、なお検討を要す」とする。

足利基頼受給文書一覧

番号	月	日	発給者	受給者	出典	戦古
J	6	1	道長	基頼	豊前氏古文書抄	四三四

まずはこれらの文書に共通する部分として、使者と花押形を見ていくこととする。

⑴使者

基頼発給文書は先述の通り九点であるが、この内八点に使者やそれに類する者として名前が挙がっているのが町野氏である。彼らは問注所町野氏の一族とみられる。特に六点に名前が見られる淡路守は、同時期に高基の使者として真壁氏の下を訪れており[10]、また享禄元年（一五二八）十二月の足利晴氏の元服について記した「足利晴氏元服次第記録」[11]にも名を連ねるなど、古河公方府内にも一定の立場を持った人物であった。また能登守についても、高基からの直状に、下総の神崎氏との関係が見られ[12]、佐藤博信氏は常陸や東下総に関係を有した人物ではないかとする[13]。しかし一方で、当該期の町野氏の中には、政氏方として広く活動した能悦[14]や、義明の家臣に見える十郎[15]などの存在が確認でき、一族の中でも派閥があり、政氏・高基・義明と各勢力に分かれていた。

木下聡氏は、町野氏が常陸に地縁的関係を有していたことを指摘する[16]。これを踏まえるならば、淡路守や能登守も、地縁を背景として基頼に従い、常陸へ入った可能性が高い。また、下って足利義氏に仕えた備中守（義俊）について、義氏が鹿島郡の林氏に宛てて「如二毎年一、町野備中守罷越候間[17]」と述べており、町野氏が常陸と深い関わりを持っていたことは間違いない[18]。

続いて、史料Fに見られる海老名民部少輔についてである。彼は鎌倉府奉公衆として活動が見られる関東海老名氏の一族と思われる。民部少輔はこの文書でのみ確認できる人物だが、先述の「足利晴氏元服次第記録」に右衛門佐、左衛門の名が、「里見家永正元亀中書札留抜書[19]」や天文十年代のものとみられる鳥名木文書の足利晴氏書状には三河守の名が見られ[20]、彼らと同族と思われるが、その系譜関係は分からない。この海老名氏も、南北朝末期〜室町期にかけて、常陸との関係を有した一族であり[21]、町野氏同様に地縁によって基頼に従ったとみられる。

(2)花押形

基頼の花押については、Ⅰ型・Ⅱ型の二種類が確認できる。

花押Ⅰ

花押Ⅱ

その変遷については、次節で内容と合わせて検討するが、Ⅰ→Ⅱという変遷であり、改判時期は大永初めと考えられる。改判理由について、寺崎氏は古河方から小弓方へ鞍替えした際のこととするが、内容を検討する限り、そのように理解することはできない。形としては、Ⅰ型は所謂公方様花押の変形と見えるが、Ⅱ型は全く独自のものである。寺崎氏は、花押Ⅱの形を「貴」の字の変形と見て、「関東足利氏としての「貴」種性を主張する表現の可能性」を述べている。当該期の周辺勢力の人物が用いた花押を見ても、これに近しいものは見当たらず、基頼がこの花押形を選択した理由は判然としないが、寺崎氏の説は一つの候補となろう(22)。

三　文書の内容と年次比定

ここからは、文書の内容と年次比定について検討する。基頼発給の初見とされるのが史料Aである。

〔史料A〕（秋田藩家蔵文書　五一）

就㆓出陣之事㆒、以㆓使節㆒被㆓仰出㆒候、速可㆑被㆑存㆓其旨㆒之由、両三人仁可㆑加㆓意見㆒候、巨細被㆑仰㆓「合町野能登

守㆒候也、

八月十日　（花押Ⅰ）

塩美作守殿

文書の受給者である塩美作守は実名不詳だが、陸奥岩城氏の家臣であり、永正九年（一五一二）と比定される七月七日付足利政氏書状の宛所である塩左馬助と同一人物とみられる[(23)]。また本文中の「両三人」は岩城氏の当主及びその子息を指すとみられ、『戦古』では岩城常隆・由隆・政隆と比定している。しかし、この時期の岩城氏当主の変遷については不明な点が多く、「両三人」を具体的に確定することはできない[(24)]。

続いて年次であるが、『戦古』では永正十一年ヵ、寺崎氏は永正十一年とする。これを考えるに当たり、当該期の南奥情勢と古河公方家の内紛を併せて見ていく。

永正九年六月、古河から小山へ移座した足利政氏は、高基方への対抗策として、佐竹・岩城両氏へ度々出兵を求めるようになった[(25)]。特にこの時期、白河結城氏が内紛で弱体化していた南奥において、岩城氏は政氏・高基の双方から期待される存在であったという[(26)]。これに対する佐竹・岩城両氏の姿勢は、次の史料に見ることができる。

〔史料1〕（秋田藩家蔵文書　一〇）

岩城父子参陣之事、去今両年無㆓相違㆒捧㆓御請㆒、内儀無㆓別条㆒段雖㆓勿論候㆒、高基免許之事、佐竹右京大夫同心言上、関東之諸士違却之様可㆑存条、甚以不㆑可㆑然候、被㆑対㆓顕材西堂㆒、御心底之趣具直被㆓仰出㆒候、西堂節儀無㆓比類㆒之上、為㆑代被㆑参事、御高運候、令㆑談㆓合下総守并民部太輔仁断而参陣之事㆒、可㆑加㆓意見㆒候、若於㆓此上㆒も思惟候者、急速一勢相立候之様至㆑諫可㆓喜入㆒候、単憑㆓思西堂㆒之由、於㆓此地㆒被㆓仰出㆒候、定而可㆑有㆓物語㆒候、此度早〻属㆓御本意㆒様走廻候者、岩城於㆓末代㆒、可㆑為㆓名誉㆒候、万乙両篇共無㆑曲候者、一途御覚悟旨候、

可レ得二其意一候、謹言、

六月廿一日　「花押同前」

竹隠軒

「竹隠軒　政氏[27]」

史料1は政氏が竹隠軒（岡本妙誉）に宛てた書状である。彼は元々岩城氏の被官であったが、永正十年頃には佐竹氏に従うようになり、この頃は太田に在していたとみられる[28]。この中で政氏が「高基免許之事」を岩城・佐竹両氏が言上していると述べていることから、両氏は政氏と高基の和睦を求めており、また政氏からの出陣命令を拒んでいたと考えられる。その方針が転換するのが永正十一年の七月で、両氏はついに政氏方に立ち下野へ進軍を開始[29]。八月半ばまでに宇都宮近郊まで進み、竹林（現・宇都宮市竹林町）で高基方の宇都宮氏らと合戦を繰り広げた[30]。

史料Aの発給時点では、まだ佐竹・岩城両氏の軍事行動の情報は基頼の下に届いていなかったとみられる。永正十一年七月末の両氏出陣については、八月一日には早くも小山城の政氏に伝わっており[31]、古河城の高基や、所在は不明だが基頼も、そこまで差のない時期には情報を得ていたと推測できる。即ちこの文書はその日付から永正十一年より前の文書と考えられ、塩美作守が左馬助を名乗っていた時期から考えて、永正十年と比定できる。

続いて、この時期の基頼の立場を考える。岩城氏及びその周辺に対する書状の多くは、政氏及びその側近からのものである。ここから考えるならば、史料Aの基頼も、この時期は政氏方に属して活動していた可能性が高い。また政氏が塩美作守へ宛てた書状には、次の史料がある。

〔史料2〕（秋田藩家蔵文書　五一）

下総守父子参陣之事、去今両年以二能悦一被二仰出一候処、速可レ存二其旨一段捧二御請一、去三月以来相違様候、歎思召而も有レ余計候、然間、重而被レ指二遣能悦一候、此度使節同心仁馳参候者歟、不レ然者、一勢立進候様断而加二意見一候者、可レ然候、尚々可レ存二其旨一候也、

八月九日　（花押影）

塩美作守とのへ

史料2も日付、内容から永正十年と比定でき、また史料Aはこれと合わせて発給されたと考えられる。一日違いの日付について、寺崎氏は両上様制における高基への配慮とみているが、果たして敵対勢力たる高基に配慮する必要があっただろうか。推測だが、政氏書状が、当時小山ではなく別の在所に居た基頼の下を通って岩城の塩氏に送られる際に、基頼も書状を書いたと考えられようか。そしてここから当時の基頼が、詳細は不明だが政氏方に属し、父とは別の在所に居たとみられ、小山と塩氏の居る岩城の間と考えるならば、その場所は常陸国内であった可能性が高い。

永正十年頃の基頼は、政氏方として活動していた。しかし、その後時期は不明だが高基方に転じたとみられ、次の史料Bは高基方に属した後の書状である。

〔史料B〕（真壁文書）

「（封紙ウハ書）真壁右衛門佐殿　　基頼」

「（切封墨引）」

懇言上、喜入候、仍而昨日竹原要害落居、特城主長岡父子討捕候、定而目出可レ存候、此刻其口之揺専一候、巨細町野淡路守可二申遣一候、謹言、

七月三日　（花押Ⅰ）

真壁右衛門佐殿

受給者は常陸真壁城主の真壁家幹である[32]。また文中に出てくる「長岡父子」の詳細は不明だが、長岡（現・茨城町長岡）を名字の地とする人物とみられる[33]。寺崎氏は「鹿島大使役記[34]」の応安四年（一三七一）条に見られる「国府長岡」から、常陸大掾氏一族であった可能性を指摘するが、長岡が吉田郡内の地であることから、可能性は十分にあるだろう。

この文書について『大日本史料』は、根拠不明だが永正十年とし[35]、また寺崎氏は永正十一年八月以後数年間のものとする。内容は竹原要害（現・小美玉市竹原）を攻め落としたことを賞するものだが、「烟田旧記」には「竹原ゆふかい（要害）せめ子とし[36]」とあり、本書状は子年である永正十三年のものと考えられる[37]。ただし、この頃の小田・大掾・江戸・真壁氏などは何れも高基方に属していたとみられ[38]、長岡氏がなぜ基頼や真壁氏と対立していたかは不明である。或いは、政氏方の佐竹氏と結んでいた可能性が考えられるか。

この後も基頼は常陸国内に在ったとみられ、次に見る史料から、行方郡へ侵攻していたことが分かる。

〔史料C〕（烟田文書）

連ゝ存㆓忠信㆒之由、被㆓聞召覃㆒候、感思食候、殊此口へ令㆓動座㆒上、別而可㆓走廻㆒候、巨細町野淡路守可㆓申遣㆒
候也、
七月三日　（花押Ⅰ）
烟田平三とのへ

〔史料D〕（海老原家文書）

連ゝ存㆓忠信㆒之由、被㆓聞召覃㆒候、感思食候、殊此口へ令㆓動座㆒上、別而可㆓走廻㆒候、巨細町野淡路守可㆓申遣㆒
候也、
七月三日　（花押Ⅰ）

海老原丹後殿

史料Ｃの受給者である烟田平三は鹿島郡烟田城主であった烟田安幹とみられ、史料Ｄの海老原丹後は実名不明である。この二通は、宛所以外が全て同一文言の史料であるが、史料Ｄについて、寺崎氏は史料Ｃを基にした写であるという佐藤博信氏の見解に依り、検討の余地があるとする。筆者は原本の確認を行っていないため、断定は控えるが、本文書群の中世文書の目録(39)と翻刻のある刊本を見ると、「烟田文書」と宛所だけが異なる文書や(40)、花押と宛所だけが異なる書状の存在が多数確認できる(41)。ここから考えて、史料Ｄは近世に「烟田文書」を基に作成された可能性があると思われる。よって本稿では史料Ｃに絞って検討を行うこととする。

さて、史料Ｃにおいて、基頼は烟田氏に対し、「此口」への動座に当たっての参陣と活躍を期待している。「此口」とはどこを指すのか、これを示す史料が史料Ｅとみられる。

〔史料Ｅ〕（真壁文書）

先度懇言上、御悦喜候、其口ヘ政治相動候処、家人等励㆓戦功㆒敵討捕候由、大掾方ヘ申越候、誠心地好思召候、仍而明日至㆑于㆓玉造㆒可㆑被㆑進㆓御陣㆒候、今日当城ヘ政治可㆓相動㆒候、然者、多賀谷・水谷相談後詰之動、簡要候、巨細町野淡路守可㆓申遣㆒候、謹言、

七月廿九日　（花押Ｉ）

真壁右衛門佐殿

受給者は史料Ｂと同じく真壁家幹である。この文書では、小田政治の攻撃に対し、真壁家幹の家人が活躍して撃退したことを基頼が大掾忠幹より伝えられて喜んだこと、明日には玉造（現・行方市玉造）へ出陣するが、政治が「当城」へ攻め寄せた際には、多賀谷祥潜、水谷治持と相談の上で後詰をして欲しい旨を述べている。

本文書を寺崎氏は永正十一年八月～同十五年八月の間とみている。これについて、基頼と史料に現れる諸氏の関係を見ていく。文書が出た段階で、基頼は高基方に属し、大掾・真壁・多賀谷・水谷氏と協調関係に、小田氏とは対抗関係にあった。この内、小田氏は、永正十一年三月頃に政氏方から高基方に転じ、(42)少なくとも同十六年八月まではその立場にあった(43)。即ちこの文書は、それ以降小田氏が高基方から離反し、義明方に与した後のものと考えられ、次に見る史料Fの日付と内容から、永正十七、大永元年（一五二一）の何れかとみられる。

また、史料Cに見える「此口へ令二動座一上」という文言の「此口」は、受給者である烟田氏の所在から、史料Eで「仍而明日至レ于二玉造一可レ被レ進二御陣一候」とある行方郡玉造への出陣を指すと思われる。ここから、CとEは同一年度の発給とみることができよう。そして、基頼が当時所在した「当城」は、真壁氏からの一報を大掾忠幹を通じて受けたことを踏まえるならば、長塚孝氏の指摘するように、忠幹の居城である府中城周辺であったと考えられる(44)。

史料E発給後、基頼は行方郡へ出陣する。この時期の行方郡内の動静については不明な点が多いが、行方攻めの終わりと考えられる史料が次の史料Fとみられる。なお、この間に基頼は花押形をⅡ型に改めたと考えられる。

〔史料F〕（芹沢文書）

「（封紙ウハ書）行方土佐守殿　　基頼」

「（切封墨引）」

自二古河一御申之間、近日御帰座候、此口永〻被レ立二御馬一候之処、切〻御注進共、懇走廻之条、感思召候、巨細海老名民部少輔被二仰含一候、謹言、

五月廿三日　（花押Ⅱ）

行方土佐守殿

受給者の行方土佐守は、行方名字であるが、本文書が芹沢文書に伝来したこと、「土佐守」が芹沢氏当主の受領名であることから、芹沢氏と考えられる。この時期の当主は秀幹といわれ、また文中の「古河」は公方足利高基である。

この文書について、烟田幹衛氏は、行方名字で芹沢氏に発給した点に注目され、同様の例として足利晴氏の書状が「芹沢文書」にあることから、この基頼書状を晴氏の公方就任後から基頼の戦死以前のものとし、またこの時期に芹沢氏が行方惣領家の居城である小高城に在城していたと述べている(45)。また寺崎氏は、本文書と後述する史料Jを同時期のものとみており、その年次を享禄年間の高基・晴氏の抗争の時とし、晴氏が行方郡に在した可能性を指摘するとともに、原本調査を踏まえ、本文書が陣中で急ぎ作成されたものではないかとみている。

芹沢氏の行方在城を示す一次史料は管見の限り確認できず、また行方名字の書状は、嶋崎氏や玉造氏など他の行方流諸氏にも見られ(46)、この一通だけをもって芹沢氏がこの時期に小高に在城したと断定することはできない。また烟田氏の示す晴氏書状は、花押形から基頼戦死後のもので、同時期の文書ではない(47)。寺崎氏の説については後述する。

年次と内容としては、「自二古河一御申之間、近日御帰座」とあることから、基頼が古河方（高基方）に属した時期の文書であり、「御帰座」の「御」字を自敬表現ととるならば、基頼は高基の命を受けて陣を引き払うことになったと考えられる。また「此口永〻被レ立二御馬一」とあり、芹沢秀幹の活躍を賞していることから、基頼や芹沢氏が何処かに長期に亘り在陣していたとみられる。その候補には、先に史料C・Eで見た行方郡方面が挙げられる。このように考えるならば、史料Fの発給は花押Ⅱ型の最初期とみられ、その年次は日付等から大永二年と比定できる。

高基の命を受け、行方・鹿島郡から離れた基頼は、その後も常陸国内に留まっていたとみられる。次の史料Gは大永年間の常陸南部の動静を示した文書である。

〔史料G〕（真壁文書）

「（切封墨引）」

屋代要害土岐原責落引除候所へ政治馳合遂二一戦一候、因レ之為二合力一麻生淡路守即時打越候様躰事、樫〻共未レ聞候、此度各令二調談一、北郡へ物深相動可レ然候、巨細町野淡路守可二申遣一候、謹言、

閏三月九日　（花押Ⅱ）

真壁右衛門佐殿

受給者は史料B・E同様、真壁家幹である。文中の土岐原は江戸崎城主土岐原治頼、政治は小田政治、麻生淡路守は実名不詳だが、行方郡麻生城主である。

本文書は閏月から大永三年と比定できる。内容としては、屋代要害（現・龍ヶ崎市八代）を巡る土岐原氏と小田・麻生氏の合戦について真壁氏に伝えるとともに、周辺と調談をしつつ、北郡（現・石岡市の北西部）へ進出することを求めたものである。この合戦は東条庄を巡る、古河方の山内上杉氏被官である土岐原氏と小弓方の小田氏という構図の中で勃発した合戦であり(48)、結果としては土岐原氏が小田氏を破った。この合戦で小田氏は、「為レ始二信太一、一類不レ残討死、殊たかや人衆ニハ、たかや淡路守・広瀬・青木・石島、其外おもてをいたし候もの数多討死(49)」と高基が長南武田氏に後に送った書状にあるように、重臣の信太氏や、援軍として参陣したとみられる多賀谷氏らが討死するなど、大打撃を蒙るとともに、同地域への影響力を失うこととなった。なお、麻生氏については、推測だが、行方氏などとの対立関係の下で小弓方に属し、小田氏救援のために香取海を越えて出陣してきたとみられる(50)。

この文書について、寺崎氏は基頼が小弓方に属して以降のものとみているが、文中の「北郡」は、この時期小田氏の勢力下にあったとみられる地域である。やや時代は遡るが、明応年間頃の小田氏の内訌において、政治の父成治が、戦乱を逃れて北郡太田（現・石岡市太田）の善光寺へ移ったことは(51)、同地に小田氏の影響があったことを窺わせる。こ

の地への進出を基頼が真壁氏に求めたことは、史料E以降も基頼と小田氏が対立関係にあったことを示しており、大永三年時点の基頼は、依然として古河方に属していたのである。

なお、史料F・Gから、基頼の改判が、古河方から小弓方に転じたことを理由に行われたものではないことが言えるが、その理由については現時点では不明と言わざるを得ない。

その後も基頼は常陸に居たと思われる。それを示すのが次の史料である。

〔史料H〕（阿保文書）

「（切封墨引）」

去年岩城へ被レ遣二使節一候時分、有二御失念一、不レ成二御書一候、仍町野源三郎令二湯治一候、路地等懇走廻候者、感可二思召一候、謹言、

二月廿二日　（花押Ⅱ）

小野崎大蔵丞殿

小野崎大蔵丞は、久慈郡石神城主の石神小野崎通長とみられる。この文書を寺崎氏は天文年間の岩城・江戸氏と佐竹氏の対立に関するものとし、また本文書を基頼が小弓方に転じた後とみる。関連する史料が見出せず断定はできないが[52]、少なくとも大永～享禄年間の基頼が、岩城氏と連絡を取り合う関係にあったことは言えるだろう。

さて、享禄年間に入ると、古河公方家では高基とその子晴氏の間で抗争が勃発する[53]。この抗争の最末期、久喜に隠居していた足利政氏（道長）は基頼へ書状を送っている。現存する唯一の受給文書である史料Jである。

〔史料J〕（豊前氏古文書抄）

的便之間一筆遣候、長門守家人之帰ニも懇切被レ申候、先日昼夜之劬労察存候、梵永侍者義胤方へ切紙令二披見一

候、一芳賀次郎号㆓家中㆒地仁令㆓張陣㆒候哉、先以簡要候、人数も無㆓不足㆒候哉、目出候、乍㆑去晴氏帰座之事、興綱方江自㆓古河㆒申候歟、然間芳賀揺等悉慮候哉、如㆑斯候者帰座之儀とも急候而可㆑然之処、しかたもなき刷何事候哉、仍慈恩寺之事、高基方へ以㆓下総守㆒一筆遣候、返札大概宜候、騰侍者江写遣候き、定つかハさるへく候、

一若林之事、義胤相談したく無沙汰候、かしく、

六朔

基頼　　道長

本文書を、黒田基樹氏は内容から享禄四年（一五三一）と比定している。筆者も同意見だが、この直後に政氏は病床に伏し[54]、そのまま七月十八日に死去したとみられ[55]、或いは本書状が政氏最後の発給文書となった可能性が高い。

文書内容としては、①梵永侍者義胤の持参した切紙の披見、②芳賀次郎（高経カ）の家中（現・栃木市都賀町家中）在陣、③晴氏の宇都宮からの帰座について、④慈恩寺（現・さいたま市岩槻区に在った寺院）の事、⑤若林（現・茨城県猿島郡境町若林）の事、という五点が記されているが、本稿では特に②③について、当該期の下野と高基・晴氏の対立を見ていく。これについては、荒川善夫・黒田基樹両氏の検討がある。荒川氏は、宇都宮氏内部に、当主興綱（高基派）と重臣芳賀高経・高孝（晴氏派）の対立構図があったとする[56]。これに対し黒田氏は、政氏・晴氏―宇都宮・芳賀氏と高基―小山氏の対立を想定し、基頼については高基方・晴氏方の何れの可能性もあるとする。

この点、当時の基頼の所在や勢力の大きさは分からず、彼の立ち位置も、少なくともこの時期まで依然古河方の立場に在ったこと以外は不明である。しかしながら、この抗争が事実上の晴氏勝利で終わり、彼が実権を握った後に基頼は小弓方へ転じたとみられることから、晴氏方であったとは考えがたい。傍証があるわけではないが、高基寄りの立場か、或いは両者の対立自体から一歩引いていた可能性が考えられる。

なお本文書について、寺崎氏は史料Fと関連するとみており、晴氏が基頼を頼って行方郡内に移座したとし、また原本調査により、史料Fが晴氏の芹沢氏宛書状の多くと同じ三椏紙であることから、晴氏と基頼の連携を想定する。しかし、晴氏の帰座について高基が宇都宮興綱と連絡を取っている点を考えても、荒川・黒田両氏の述べる通り、晴氏の移座先は宇都宮で間違いない。また、芹沢文書に残る晴氏書状は、その花押形から全て基頼が小弓方に転じた、或いは戦死した後のものとみられ(57)、基頼の用いた三椏紙が晴氏のそれと関係があるとは断定できない。

高基と晴氏の抗争が終結した直後、基頼はそれまでと大きく異なる動きを見せる。それは次の史料Ⅰに見える。

〔史料Ⅰ〕（井田文書）

就二御動座一、勝胤所へ被二仰出一旨候、可レ然様加二意見一候者、可レ為二神妙一候、巨細町野淡路守被二仰含一候也、

八月十六日　（花押Ⅱ）

井田美濃守とのへ

受給者の井田美濃守は上総大台城主の井田氏胤とも、胤俊とも言われている(58)。また文中の「勝胤」は千葉氏当主である千葉勝胤のこととみられる。

本文書については、足利義明がそれまで在していた下総高柳から、上総の真里谷武田氏の下へ動座した際の史料として、永正十五年とこれまで比定されてきた(59)。しかし、基頼が少なくとも享禄四年まで古河方に在ったこと、使者に見える町野淡路守も同様に古河方の一員として活動が見えることや花押の改判時期を考えると、この比定に同意することはできない。佐藤博信氏はこの文書を基頼の小弓移座後とみているが(60)、これが正しいとすれば、その年次は千葉勝胤の没年や周辺の情勢から(61)、享禄四年の発給と考えられ、先の史料Jが出た後の文書となる。

内容としては、「御動座」について、勝胤に仰せがあったので、然るべき意見を述べて欲しい旨を伝えている。こ

の「御動座」は、内容から、①高基、或いは晴氏による義明討伐の「御動座」、②義明による高基及び晴氏討伐のための「御動座」という二通りの可能性があるが、当該期の井田氏は、その地理的条件もあり、義明から味方になることを求められており、[62]また千葉氏についても、大永～天文初期の時期は小弓方にあったとみられ、[63]ここでの「御動座」は②の意味と考えられる。即ちこの文書が出る前の段階で、基頼は小弓方に転じていたと考えられるだろう。

以上、基頼関連文書の検討により、概ねその年次を比定した。

四　基頼の動向

ここでは、前節の成果を基に、基頼の活動とその背景を時系列的に見ていく。

父政氏・兄高基の対立から発生した「永正の乱」において、基頼は当初古河に在ったとみられる。高基の古河から関宿への移座は彼の単独行動とみられ、[64]基頼はなし崩し的に政氏方に属したと考えられる。そして遅くとも永正十年(一五一三)八月までには常陸へ入部した。この動きについて、長塚孝氏は、基頼が水陸交通の要地である常陸府中城に在った可能性を示唆し、それは政氏の指示によるものとする。[65]大掾氏が乱を通じて高基方に在ったことを考えると、当初から府中に入ったかは検討の余地があるが、その後、基頼が高基方として、史料Eにあるように「当城」から行方郡方面へ出陣していたことを考えるならば、香取海やそこへ流れ込む水系に近い地域に基頼は在していたと思われ、少なくともその頃までに府中周辺に在ったと考えられる。基頼は政氏の指示により、「公方の子」として常陸に入ったが、それは常陸を自らの支持下に置くための政氏の戦略的なものであったと思われる。しかし、その後永正十三年までに基頼は高基方に転じた。これは高基方優位という当時の情勢を見ての行動であったとみられる。

常陸に入った基頼は、周辺勢力、特に大掾氏や真壁氏と積極的に情報交換を行った。両氏が基頼との結びつきを強めた背景としては、例えば大掾氏の場合、対立する小田氏との関係があったとみられ、また高基方の彼らにとって、御連枝の基頼を立てることで、自らの行動にある程度の影響力を持たせることも意識していたと思われる。一方の基頼自身も、周辺の情報を集めるなどの理由もあり、時には遠方の岩城氏と連絡を取るなど、積極的に行動していた。

そして基頼は、永正十年代の終わりには、常陸国行方郡方面へ自ら出陣した。この時の基頼が一定規模の軍勢を集めることができたことは間違いないが、その規模や実態については、関連史料が全く残っておらず、芹沢氏や烟田氏を動員したこと以外は不明と言わざるを得ない。とは言え、常陸における一方の大将的な存在として基頼は在ったと思われ、その背景には、御連枝という彼の出自に拠るところが大きかったと考えられるだろう。

その後、大永二年（一五二二）に兄高基の命を受けて行方郡方面から帰陣した基頼は、その後も常陸に在って活動していた。しかし、享禄年間（一五二八～三二）に勃発した高基と晴氏の対立において、基頼は明確な立ち位置を示さず、その後まもなく小弓方に鞍替えをした。その時期は史料Ⅰ・Ｊの検討から、享禄四年七月後半～八月前半のことであると推定できる。鞍替えの背景は不明だが、父政氏の死去は一つの理由と思われ、また甥の晴氏との関係もあろうか。

しかし、小弓に移って以後、基頼の活動は殆ど見えなくなる。この点、史料的制約もあるが、それまで古河から離れた場所で自由に活動してきた独自性が、小弓で兄義明と一体化したために失われたこともあるだろう。また、『猿島町史』において黒田基樹氏は幸嶋地域が、『鉾田町史』において平野明夫氏は鹿島郡が、それぞれ基頼の小弓方転進によって小弓公方化が図られたと、千野原靖方氏は、真壁氏も基頼と共に小弓方に転じたと、寺崎氏は小田氏が古河方から小弓方に転進した背後に基頼があったと、それぞれ述べている[66]。しかし、基頼の小弓方転進後の常陸方面への活動は確認できず、また真壁氏は享禄～天文初年の段階で晴氏と年始の挨拶を交わすなど、古河方の立場は崩していない[67]。小田氏の小弓方転進も、史料E・Gに見える動静から、基頼の動きに関わらない独自の判断と言える。

そしてこれらの状況を考えるならば、基頼の小弓方転進は、常陸の諸家に対してはそれほど影響を及ぼさなかったと思われる。背景には、当時の小弓方が、真里谷武田氏や里見氏の内紛により、地盤である房総において勢力を減退させていたことで、既に常陸まで大きな影響を与える勢力ではなかったことが考えられる。またこの時期、公方家の内紛とは別の次元で、常陸においては特に大掾・小田・江戸氏間の対立が顕在化していたこともあるだろう。

小弓へ移った後の基頼の活動については、史料が残っていないため推測になるが、房総地域の安定を重視せざるを得ず、結果として基頼がそれまで培ってきた常陸の諸家との関係はほぼ消滅してしまったと考えられる。これはその後の国府台合戦において、小田氏や麻生氏といった親小弓方勢力をはじめ、常陸から参陣したとみられる勢力が殆どないことからも、小弓公方の勢力がこの頃には常陸まで及ばなかったことを示していると思われる[68]。

そして天文七年（一五三八）十月、基頼は義明や里見氏と共に下総国府台に出陣、甥の晴氏や彼を支援する後北条氏の軍勢と対峙した。そして七日の戦いにおいて、義明やその子義淳と共に戦死してしまうのである[69]。享年は、活動時期等から四十歳前後と推定できる。前述の通り、基頼の遺骸は下総国猿島郡若林村に葬られたと言われるが、この所伝、そして史料Jで「若林之事」を政氏が基頼へ聞いていることを考えるならば、基頼はある時期までに下総若林に拠点を持ったものと考えられる。原田信男氏は、現在若林に残る堀江氏に関する伝承から、小弓方の堀江氏が若林に勢力を有した可能性を述べているが[70]、史料Jの段階、即ち享禄年間には古河方の基頼に若林の話が振られており、元々は基頼の持っていた拠点で、彼が小弓に移った後、堀江氏が入って勢力を持った可能性も考えられよう。

なお、基頼の妻については、史料上確認できず、また実子の存在も見ることができない。この点、佐藤博信氏は、義明の次男が「頼淳」の「頼」を基頼から取ったと推定し、彼が基頼の養嗣子であった可能性を指摘しているが[71]、この可能性の検討を含め、基頼に関する新たな史料の発見が望まれるところである。

おわりに

以上、足利基頼について、発給・受給文書からその実像を見てきた。彼は永正〜天文初めの時期にかけ、主に常陸南部を中心に幅広く活動していた人物であった。そして彼の立場は、当該期までの公方御連枝（出家、夭折者を除く）の中において、「公方の子」「公方の兄弟」である以外の肩書を一切持たずに活動を続けてきた、当時としては異質な存在であったと言える。即ちそれは、関東管領上杉氏の後継者候補として、山内上杉顕定の養子となった顕実や、鶴岡八幡宮若宮別当（雪下殿）として、古河公方権力における宗教面を支える立場にあった義明といった兄たち以上に自由な行動を取ることを基頼に可能にさせたと言える。また常陸南部において、大掾・真壁・土岐原氏といった諸勢力をまとめ上げるだけの影響力の大きさを有していたことも間違いないだろう。

しかし一方で、兄たちのような肩書を有さなかったが故に、自らの勢力を大きくする基盤を彼は持ち合わせず、また自由であるが故に、公方組織の中においても、自らの立ち位置を保持していなかった。このことは、兄の高基から甥の晴氏へ公方が替わり、そして晴氏が徐々に実権を握る中で、公方との親疎関係が兄弟から叔父甥の関係に遠くなったことが、同時期の父政氏の死と合わせて基頼の危機感を煽ることとなり、結果として小弓方に転じることとなった理由の一端となったのではないかと考えられる。

なお、基頼の活動は、高基や義明の発給文書から確認することができない。これについて、特に大掾氏や鹿行地域に関する史料的制約が大きいこともあるが、基頼の活動した常陸という地域が、政氏・高基・晴氏、そして義明のそれぞれの対立の中で、抗争の中心地ではなかったこともあると考えられる。ただし、それは彼らにとって常陸という地域が無下に扱える場所だったわけではなく、味方に取り込むことで後詰を求めるに格好の場所でもあった。それ故に政氏は、自分の手元に在った息子を派遣し、高基も常陸に在った弟をそのまま留めて活動させたと考えられよう。そして、基頼の活躍した時期の常陸の諸家は、古河公方家の動きに対し、自己の利害の下にそれぞれの立場を決めて行動しつつも、公方家の内紛には深く関わることは多くなかったように思われる。[72]とはいえ、その内実については不明な点も依然多く残されており、今後、例えば目まぐるしく立場を変化させた小田氏と周辺勢力の関係や、大永年間に勃発したとされる「鹿島大乱[73]」、或いは基頼が自ら軍事行動を起こして進出した行方郡の動静について、関連史料の検討を通し、さらに実態を見ていく必要があり、この点は今後の課題としたい。

註

（1）茨城県立歴史館編『中世東国の内海世界―霞ヶ浦・筑波山・利根川―』（高志書院、二〇〇七年）、佐藤博信「常総地域史の展開と構造」（同『中世東国の権力と構造』校倉書房、二〇一三年、初出は『中世常陸・両総地域の様相―発見された井田文書―』茨城県立歴史館、二〇一〇年）など。

（2）黒田基樹「小田氏の発展と牛久地域」（『牛久市史 原始古代中世』第八章第二節、二〇〇四年）、市村高男「土岐原（土岐）氏の復興」（『龍ヶ崎市史 中世通史編』第五章第一節、一九九八年）など。

（3）平田満男「足利基頼関係文書小考」（『戦国史研究』七、一九八四年）。

（4）市村高男『東国の戦国合戦』（吉川弘文館、二〇〇九年）、千野原靖方『小弓公方足利義明―関東足利氏の正嫡争いと房総諸士―』（崙書房出版、二〇一〇年）など。また『戦国人名辞典』（吉川弘文館、二〇〇六年）にも基頼の項目がまとめられている（佐藤博信氏執筆）。
（5）「足利家通系図」（足利浩平氏所蔵、『喜連川町史　資料編　五　喜連川文書　上』第二部三号）。
（6）黒田基樹「古河公方足利氏の成立と展開」（『猿島町史』第三章、一九九八年）。
（7）寺崎理香「関東足利氏発給文書にみる戦国期常陸の動向―基頼・晴氏文書を中心に―」（『茨城県立歴史館報』四一、二〇一四年）。本稿における寺崎氏の見解は、全てこの論文に拠る。
（8）系図は『喜連川判鑑』（『群書系図部集　第二』三一九～三四七頁）、註（4）千野原氏著書などを基に作成。ただし、顕実と貞巌については叔父（政氏の兄弟）とする説もある。顕実については和氣俊行「山内上杉顕実・憲寛の関東管領職継承をめぐって」（第三六六回戦国史研究会報告レジュメ、二〇一〇年）、貞巌については佐藤博信「古河公方足利政氏に関する一考察―特に岩付移座後の軌跡をめぐって―」（佐藤註（1）著書、初出は『鎌倉』一〇九、二〇一〇年）を参照。
（9）佐藤博信編『戦国遺文　古河公方編』（東京堂出版、二〇〇六年）。以後『戦古』と略す。
（10）「真壁文書」足利高基書状（『戦古』五八四号）。
（11）「野田家文書」足利晴氏元服次第記録（『古河市史　資料　中世編』七三九号）。
（12）「常総文書　二」足利高基書状写（『戦古』六一一号）。
（13）佐藤註（1）論文を参照。
（14）「秋田藩家蔵文書　一〇」足利政氏書状写（『戦古』三七五号）、「禅長寺文書」足利政氏書状（『戦古』三八一号）など。
（15）『快元僧都記』天文七年十月二日条（『戦国遺文　後北条氏編　補遺』一五四頁）。
（16）木下聡「室町幕府・関東足利氏における町野氏」（佐藤博信編『関東足利氏と東国社会』岩田書院、二〇一二年）。
（17）「喜連川家文書案　三」足利義氏書状写（『戦古』一一九六号）。
（18）ただし、木下氏によれば、町野氏に関する系図は現存せず、その系譜関係は殆ど分からないという。

（19）「里見家永正元亀中書札留抜書」（内閣文庫所蔵、『戦国遺文 房総編 第四巻』付編一号）。
（20）「鳥名木文書」足利晴氏書状（『戦古』七六四号）。
（21）「常陸志料 二」海老名季茂請文写（『南北朝遺文 関東編 第六巻』四一三九号）、「烟田文書」足利氏満御教書写（同四五一〇号）など。
（22）この寺崎氏の見方を踏まえるならば、例えば兄の義明が、道哲を名乗った後半（天文年間）に用いた花押形（『戦古』の花押D・E）は、「尊」の字の変形と見ることができると考える。基頼の改判時期を考えるならば、義明は弟の影響を受け、自らの貴種性を花押形で主張しようとした可能性も想定できるだろう。
（23）「秋田藩家蔵文書 五一」足利政氏書状写（『戦古』三七〇号）。
（24）政氏、高基の岩城氏家臣へ宛てた文書には、岩城氏当主周辺の人物について、様々な表現を用いて記されている。当該期岩城氏については、小林清治「戦国大名岩城氏」（『いわき市史 第一巻』第三章、一九八六年）を参照。
（25）註（23）に同じ。尤も、佐竹氏は既に永正八～九年に那須へ出兵しており、佐々木倫朗氏はこの動きを政氏方としての行動とみている。佐々木倫朗「永正期における佐竹氏の下野出兵」（同『戦国期権力佐竹氏の研究』第一章第二節、思文閣出版、二〇一一年、初出は『那須文化研究』一一、一九九七年）を参照。しかし政氏は、佐竹・岩城両氏に更なる南下、即ち高基方の中核をなす宇都宮氏への攻撃を求めたと考えられる。
（26）小林註（24）論文を参照。
（27）「秋田藩家蔵文書 一〇」足利政氏書状写（『戦古』三八二号）。
（28）岡本氏については、今井雅晴「戦国時代の岡本氏―ある小豪族の生き抜き方―」（『大子町史研究』一一、一九八三年）を参照。
（29）「喜連川家文書案 三」足利高基書状写（『戦古』五二一号）。

(30)『今宮祭祀録』永正十一年条（『高根沢町史 資料編Ⅰ』六一三～六一四頁）、「戸祭文書」足利高基感状（『戦古』五二四号）。

(31)「秋田藩家蔵文書 一六」足利政氏書状写（『戦古』三八七号）。

(32)従来この人物については、「当家大系図」（『真壁町史料 中世編Ⅳ』）などに基づき「宗幹」とされてきたが、この名前は一次史料では確認できない。この点、楽法寺（現：桜川市本木）所蔵の大般若経に記された天文年間の奥書などに「前安芸守家幹」の名が確認できる（「楽法寺文書」大般若経奥書『真壁町史料 中世編Ⅲ』一四号）。戦国初期の真壁氏当主は、「右衛門佐」→「安芸守」と名乗ったが、当該期の人物としては、系図上「治幹」、「宗幹」父子が該当し、永正十年代まで「安芸守」と「右衛門佐」がほぼ同時期に見られ、その後天文年間の初めまで「右衛門佐」、それ以降は「安芸守」がそれぞれ単独で見られる。永正十年代以前と享禄後半以降に現れる「安芸守」は別人とみられ、後者については天文初期に「右衛門佐」から「安芸守」へ名乗りを改めたと考えられる。そしてその名乗りに該当する当主は、系図上の「宗幹」以外におらず、前掲奥書等から彼の実名は「家幹」であったと考えられる。なお、寺崎氏も小森正明氏・寺崎大貴氏の見解に拠り、「宗幹」は「家幹」の誤記である可能性が高いとしている。

(33)中山信名編、栗田寛補『新編常陸国誌』（崙書房出版、一九七四年、初刊は積善堂、一八九九年）。

(34)「安得虎子 六」（『真壁町史料 中世編Ⅳ』六一頁）。

(35)『大日本史料 第九編之十九』二二八頁。

(36)「烟田旧記」（『鉾田町史 中世資料編』一八四頁上）。

(37)「烟田旧記」のこの記述については、これまで同じ子年であった天正十六年の第二次府中合戦の出来事とされてきた（『鉾田町史 中世資料編』）。しかし同書の別項には、「天正十六二月廿三日、小幡へ江戸殿御馬御出し被レ成候、廿四日佐竹殿江戸殿竹原へ御陣とらせられ候、」（同一八九頁上）とあり、このとき竹原城で合戦は無く、佐竹・江戸勢の合流地点と考えられる。府中合戦については、拙稿「戦国期常陸大掾氏の位置づけ」（高橋修編『常陸平氏』戎光祥出版、二〇一五年、初出は『日本歴史』七七九、二〇一三年）を参照。
(38) 小田氏は永正十一年に真壁治幹の仲介により高基に帰順している（「真壁文書」足利高基書状『戦古』五二六号）。
(39) 千葉県史料研究財団編『千葉県地域史料現状記録調査報告書第八集　本埜村海老原文彦家文書』（千葉県、二〇〇五年、四七六〜四七七頁）。
(40) 「烟田文書」足利義氏書状写（『戦古』八二七号）と「海老原家文書」足利義氏書状写（『戦古』八二八号）。
(41) 「烟田文書」足利義氏書状写（『戦古』一〇八四号）と「海老原家文書」北条氏照書状写（『新八王子市史　史料編二　中世』一一六四号）など。
(42) 註（38）に同じ。
(43) 「古文書　五」足利高基感状写（『戦古』五三二号）。
(44) 長塚孝「戦国期関東における府中の一様態―古河公方の動向から―」（前掲『関東足利氏と東国社会』）。
(45) 烟田幹衛「東常陸における在地勢力の動向―芹澤氏の対外施策をめぐって―」（『茨城史学』三四、一九九九年）。また芹澤雄二『芹澤家の歴史』（私家版、一九七二年）にも、芹沢氏が小高城へ入ったとする所伝に関する記述が見られる。
(46) 「喜連川文書案　一」足利義氏書状写（『戦古』九四〇号、一〇八二号）。
(47) 「芹沢文書」足利晴氏書状（『戦古』七一六号）。この花押形は『戦古』におけるC型（天文十年代前半頃から使用）である。
(48) 市村註（2）論文を参照。
(49) 「東京大学史料編纂所所蔵文書」足利高基書状（『戦古』五四三号）。
(50) 「臼田文書」足利高基書状（『戦古』五七八号）は、大永元〜三年の間のものと比定できるが、この文書から常陸では宍戸氏、真壁氏、江戸氏、そして行方郡の行方氏が高基方であったことが分かる。
(51)「真壁文書」小田成治書状（『牛久市史料　中世編Ⅰ』第三章六一号）。
(52) 年未詳二月十九日付「小野崎大蔵大夫とのへ」宛足利高基書状（「阿保文書」『戦古』五六四号）があり、同時期のものである可能性があるが、推測に留まる。
(53) 黒田基樹「関東享禄の乱」（同『戦国期山内上杉氏の研究』第四章、岩田書院、二〇一三年、初出は前掲『関東足利氏と東国社会』）。
(54)「豊前氏古文書抄」足利晴氏書状写（『戦古』七二五号）。
(55)『喜連川判鑑』（註(8)に同じ）。
(56) 荒川善夫「興綱の時代―重臣芳賀氏との抗争―」（同『戦国期北関東の地域権力』第一部第一章、岩田書院、一九九七年、初出は『季刊中世の東国』一二、一九八七年）。
(57)「芹沢文書」に残る足利晴氏書状は全部で一一通あり、この内一通が『戦古』のB型（『戦古』七〇九号）、残る一〇通はC型（『戦古』六七三、六八八、六八九、六九七、七〇一、七〇四、七一三、七一六、七一七、七二九号）の花押であり、何れも天文年間に入ってから用いた花押である。
(58) 茨城県立歴史館編『中世常陸・両総地域の様相―発見された井田文書―』（二〇一〇年）一号解説を参照。
(59) 註(58)に同じ。『戦古』や『戦国遺文　房総編』も同様の比定を載せている。
(60) 佐藤博信「小弓公方足利氏の成立と展開―特に房総諸領主との関係を中心に―」（同『中世東国政治史論』第一部第四章、塙書房、二〇〇六年、初出は『歴史学研究』六三五、一九九二年）。
(61) 勝胤は享禄五年五月二一日に死去したと伝わる（「千学集抜粋」清宮家蔵、『戦国遺文　房総編　補遺』付編二四号）。
(62) 註(58)に同じ。

(63) 黒田基樹「古河・小弓両公方家と千葉氏」(『佐倉市史研究』二四、二〇一一年)。
(64) 佐藤博信「東国における永正期の内乱について―特に古河公方家(政氏と高基)の抗争をめぐって―」(同『続中世東国の支配構造』第四章、思文閣出版、一九九六年、初出は『歴史評論』五二〇、一九九三年)。
(65) 註(44)に同じ。
(66) 黒田註(6)論文、平野明夫「鎌倉府から古河公方へ」(『鉾田町史通史編 上巻』第三章、二〇〇〇年)、註(4)千野原氏著書を参照。
(67) 「真壁文書」足利晴氏書状断簡(『戦古』六八四・六八五号)。この二通の花押形は、註(54)の晴氏書状と同じく『戦古』のA型である。二通とも本文を欠く断簡であるが、その日付や他の文書から、年始贈答のものと思われる。
(68) 国府台合戦において、『快元僧都記』天文七年十月二日条(註(15)に同じ)には「常陸鹿島」の名が見える。彼については、鹿島通幹(大掾忠幹の次男、鹿島氏養子)の可能性がある。大永年間の鹿島氏の内紛後に府中へ戻って以降の彼に関する所伝は全く残っていないが、或いは基頼と行動を共にし、最終的に小弓へ移った可能性も考えられる。
(69) 『本土寺過去帳』七日条(『千葉縣史料中世編 本土寺過去帳』一一六頁)。
(70) 原田信男「下総国猿島郡若林村の草切り伝承と偽文書」(『戦国史研究』五〇、二〇〇五年)。
(71) 佐藤博信「戦国期の関東足利氏に関する考察―特に小弓・喜連川氏を中心として―」(註(1)佐藤氏著書所収、初出は荒川善夫・佐藤博信・松本一夫編『中世下野の権力と社会』岩田書院、二〇〇九年)。
(72) 佐竹氏が岩城氏と共に政氏の指示の下で下野へ出陣したり、或いは高基による義明攻めに小田氏の被官菅谷氏や鹿島社大禰宜羽生氏の一族が参陣したりするなど、決してその機会が無かったわけではないが、政氏・高基・義明がそれぞれ対峙した時に彼らが向いていた方向は、下野・下総・武蔵方面であり、常陸ではなかったことは間違いないと思われる。

（73）『鹿島治乱記』（『続群書類従　第二十一輯下』四九～五三頁）。

【付記】　本稿は千葉歴史学会中世史部会平成二十五年十二月例会、第四一八回戦国史研究会例会（平成二十六年八月）における報告を基に成稿したものである。報告および成稿に当たり、多くの方のご指導、ご助言をいただいた。末筆ながら、記して感謝申し上げます。

上杉謙信による下野佐野支配の特質

松本一夫

はじめに

上杉謙信[1]が、永禄九年（一五六六）五月九日に作成した願書の中で「分国何も無事長久、（中略）亦其内ニも越後、佐野之地、倉内之地、厩橋□〔之〕地、長久無事事」と述べているように[2]、越後本国はもちろん、上野国内の要地と並んで下野佐野の地を重要視していたことは、比較的よく知られている。

その理由について、例えば池上裕子氏は、謙信が関東における軍事行動を展開する上で、佐竹氏とともに宇都宮・小山・多賀谷・太田ら有力な常陸衆・下野衆の動員は必須であり、上野の諸将のようにその軍勢催促に応じない彼らを取り込むためには、下野国内で、しかも多賀谷や太田らの近くに新たな拠点をもつことがきわめて重要な課題であった、と指摘している[3]。また黒田基樹氏は、永禄七年頃、関東支配のための拠点としていた上野沼田城・厩橋城に加えて、関東中央部への進軍に、佐野氏の拠点であった唐沢山城の位置を謙信が重要視していた、と論じている[4]。

いずれも重要な指摘と言えようが、この問題を詳細に論じたというわけではなく、上杉氏による佐野支配の特質をあらためて検討していく必要があろう。そしてそれによって、上杉氏にとって佐野という地がもつ意味合いを探ることができるのではあるまいか。

そこで本稿では、まず上杉謙信による佐野攻略の状況をおさえ、その上で謙信が一時期唐沢山城においた在番衆[5]の特徴を分析する。その際、比較検討のために上野や越中、能登での在番衆（あるいは城代）の事例もあわせてみていくこととしたい[6]。また、謙信が養子として唐沢山城に送った虎房丸の出自については後述の如く説が分かれており、そのいずれを採るかによって、上杉氏による佐野支配の意味合いが大きく異なってくる。そこでこの問題についても関説する。

一　上杉謙信による佐野攻略

1　永禄五年（一五六二）

永禄四年十一月、越山して関東へ入った謙信は、同月二十七日には武蔵国児玉郡生山で北条軍と戦った[7]。そして十二月九日、某地（上野倉賀野カ[8]）から敵軍が敗退すれば、その翌日には佐野に出馬する意思があることを越後に残った家臣長尾満景に伝えている。しかし、これはすぐには実現しなかった模様であり、翌年二月に館林城を陥落させた後に佐野に進み、唐沢山城を攻めたが、うまくいかずに三月四日以前に退却している。

2　永禄六年（一五六三）

永禄五年十一月下旬に越山した謙信は、十二月十六日に上野国倉内（沼田）に着いた。翌年二月、上杉方の武蔵松山城の後詰に失敗したが、その後、埼（騎）西城をおとし、続いて下野小山の祇園城を攻めた。小山秀綱がその子息をはじめとする多くの証人を差し出して降伏すると、謙信は唐沢山城に迫り、佐野昌綱を従え、四月下旬に帰国した。

3 永禄七年（一五六四）

永禄六年十一月下旬に謙信は再び関東へ出陣、翌年一月末にはまず常陸の小田氏治を退散させた。この後二月十二日に佐野に進み[9]、同月十七日には唐沢山城を攻め破った。同日付で謙信が配下の武士たちに発給した感状が管見の限り六通残っており、それらをまとめたのが表1である。

このうち、まずNo.1の色部勝長は、小泉庄平林を本拠とする領主で、謙信に対し最も独立性の高い揚北衆の一人である。ただし天文二十年（一五五一）頃から謙信との結びつきを強め、その後、川中島合戦や関東への出兵に従軍し、その信頼を得ていった。なお後述するように、永禄十年五月頃から約半年余り、唐沢山城の在番衆をつとめている。

次にNo.2の栗林政頼は上田の武士で、もともと坂戸城主長尾政景に仕えていたが、永禄七年七月に政景が死去すると、謙信に従うようになる。この佐野への出兵の時点では、まだ政景は存命であったから、政頼はおそらく謙信の意をうけた政景の命により従軍したものと思われる。この後も政頼は上田城将の中心的立場にあって、上野や越中などに出兵したりしている。

No.3の斎藤朝信は、羽刈郡赤田地方の領主である。斎藤氏は父祖の代から越後守護上杉氏の年寄として活動しており、朝信は永禄初年から謙信政権における年寄に登用された。永禄三年五月には、府内の町人に対し課役五ヵ年免除などを定めた謙信の都市法に署名するなど、その政務を補佐したほか、主に越中や能登方面に出兵して活躍した（この点は後述）。

さらにNo.4の長尾時宗宛ての感状には、実に五〇名の武士たちの名前が記されている。矢田俊文氏はこの感状を分

表1　永禄7年2月佐野攻めに従軍した武士（上杉謙信感状より）

No.	名宛人	出典	史料集
1	色部修理進（勝長）	色部文書	三八六
2	栗林次郎左衛門尉（政頼）	栗林文書	三八七
3	斎藤下野守（朝信） ＊宇木縫殿右衛門尉、大津藤六、蓮池弥八郎、犬貝源次郎、椎橋、宇木孫兵衛尉、吉岡（以下又被官）、中村源五郎、中条源介、二郎五郎中間	斎藤文書	三八八
4	長尾時宗 ＊黒金新兵衛尉、登坂弥八郎、大平源三、田村与三左衛門、登坂新七郎、小河源左衛門尉、同新七郎、甘糟惣七郎、笠原源次郎、熊木弥介、三本又四郎、同彦次郎、尾山市介、樋口又三郎、浅間将監、内田文三、甘糟新五郎、桐沢惣次郎、上村玄蕃允、中条玄蕃允、椿喜介、浅間次郎三郎、大平杢助、中野神左衛門尉、諸橋弥九郎、蔵田十右衛門尉、星神介、大平雅楽助、大橋与三左衛門尉、丸山与五郎、土橋三介、下平弥七郎、登坂弥七郎、同与七郎、同彦五郎、吉田弥兵衛尉、西片半七郎、豊野又三郎、樋口帯刀左衛門尉、目崎又三郎、登坂半介弟、千喜良彦次郎、（長尾伊勢守被官）高橋物右衛門尉、（甘糟被官）市場小六郎、（古藤被官）新三郎、（黒金新兵衛尉被官）玉田弥七、丸山弥五郎、篠尾与一、佐藤弥左衛門尉、宮島惣三	登坂謙吉氏所蔵文書	三八九
5	宮島惣三	歴代古案七	三九〇
6	楠河左京亮（将監）	歴代古案七	三九一

史料集の番号は『上越市史』別編1　上杉氏文書集一のものを示す。

No.3・4の＊以下は、斎藤朝信・長尾時宗宛て感状の中に記されていた人物。このうちNo.4の内田文三・下平弥七郎は、長尾時宗からも感状を与えられている。

No.4のうち傍線を付した者は、上田衆ないしは上田の守将として活躍した人物。

析し、斎藤朝信宛てのものと比較して、討死・負傷の記載のない者が三七名いること（朝信宛ての感状は、又被官以外は全て記載あり）、負傷した者を賞した文言がないこと、宮島惣三のように直接謙信から感状をもらっている者も含まれることなどから、これはこの時の佐野攻めにおいて長尾時宗に属し、何らかの戦功をあげた者を書きあげたもので、その中には宮島のように独自の軍隊をもつ自立した領主も含まれていた、と論じた。(10)表1の中で傍線を付した武士は、いずれも上田衆ないしは上田の守将として活動した人々である。もちろん出自不明の武士も少なくないが、そのような中でこれだけの数になるということは、少なくとも長尾時宗が率いたのは上田衆を主体とした軍団であったと言えるのではなかろうか。

全体としてみると、上田衆が中心であり、そこへ斎藤氏のような謙信の重臣や色部氏のような外様が加わった軍団とみなせよう。

上杉軍はこの時、唐沢山城に猛攻を加え、外構を押し破ったという。佐野昌綱は、佐竹義昭・宇都宮広綱と相談し、結局館林城主長尾景長に一任して謙信に降伏、多くの証人を差し出した。これにより謙信も昌綱を許し、永禄七年四月上旬には越後に戻った。(11)

4　永禄九年（一五六六）

永禄八年十一月末、謙信は関東に出馬したが、十二月に倉内（沼田）に着陣した時点では、今回の目的が総州攻めであることが決定していた。(12)しかし直接は向かわず、翌年正月末には佐野に着陣した。そして小田城を奪回していた小田氏治を攻めて開城させた一方で、唐沢山城の普請を行い、(13)在番衆三名に対し、謙信の花押や印判の使用規定を定めている。

なお謙信は、三月後半より下総臼井城を攻めたが、数千人の死傷者を出して失敗、四月中に帰国した。これ以後関東の諸氏が謙信から離れていったことは、よく知られている。

十月十一日、謙信はこの年三度目の越山を果たした（二度目は閏八月、北条方となった新田金山城の由良氏を攻めるため）。そして翌十一月十九日には、新田攻略の準備のため、佐野へ陣を移した。しかし結局これは実現せず、この間十二月には厩橋城主の北条高広も謙信から離反し、同じ頃館林城主長尾景長も北条方につくという情勢の中、謙信は佐野の地で越年した。

5　永禄十年（一五六七）

ところで永禄十年とみられる一月二十八日付の謙信書状（佐竹義重宛て）の中に、「政綱〔昌〕累年不忠之儀連続、然間、以凶徒取詰候」とある。[14] これを直近の事実と解した場合、前年十一月十九日以来の佐野在陣を指すこととなる。既述の如く遅くとも永禄九年二月以来、唐沢山城には上杉方の在番衆が置かれており、それにもかかわらずこうした記述がなされているということは、佐野氏の北条寄りの動きを抑える上で、この在番衆が必ずしも十分に機能していなかった状況が推測できよう。

沼田城を除く関東のほぼ全ての諸勢力が上杉氏から離れてしまった情勢の中、謙信は永禄十年五月、色部勝長を在番衆に加えた。しかしその勝長宛て五月七日付書状の中で謙信は、「仍其地万無調故、労兵帰国有度由尤候」と、唐沢山城在番衆の労苦を認め、なおかつ在番衆の一員であった五十公野重家が佐野の地から「退散」したと述べている。[15] 重家の離脱は、北条氏政による佐野攻撃が近いという情勢を察知しての行動であろう（実際にこの直後に行われた）。

氏政は五月中に佐野攻めを開始した模様だが、この時は失敗に終わった。管見の限り、六月四日付の謙信の感状が六通、七月五日付のものが一通残っているが、それらは①小曽戸図書助・②大貫半三郎・③飯塚対馬守・④梅澤兵庫助・⑤小曽戸善三・⑥高瀬縫殿助・⑦大蘆雅楽助と、いずれも佐野氏家中の人々に宛てられたものである。(16)

なお、この頃虎房丸を佐野氏のもとに遣わしている（この点は後述）。

この年秋、佐野昌綱は北条方と通じて上杉方在番衆の籠もる唐沢山城を包囲した。

景虎出張付而、急度注進御悦喜候、然者佐野小太郎（昌綱）其外、去廿七藤岡へa取除候、大導（資親）〔道〕寺以下b〔同〕日時ニ岩付へc引除之由、無是非次第候、依之氏政（北条）可乗向之由、被申越候歟、肝要候、

（中略）

（永禄十年ヵ）霜月四日　義氏（足利）

豊前山城守殿(17)

佐野昌綱は唐沢山城を出て(18)、大道寺資親が率いる北条勢「数千騎」の支援を得て同城を包囲した。さらに氏政自身も出陣して館林領赤岩に船橋を架け、利根川を越える構えを見せた。知らせをうけた謙信は越山し、十月二十四日には沼田に着陣した。そして翌日からは厩橋・新田・足利の諸城を攻めつつ氏政の陣所に迫り、ついには船橋を切り落とし、その進軍を阻止した。そうした上で唐沢山城を攻めていた佐野昌綱や大道寺らを後方から攻撃したため、二十七日に昌綱は藤岡城へ、大道寺らは岩付城まで後退した。

しかし謙信は結局昌綱を許して唐沢山城を預けおいたばかりか、佐野家中から証人三〇人余りをとったものの、わずか数か月前に遣わしたばかりの虎房丸をはじめ、上杉方の在番衆を引き連れて沼田に退いてしまったのである。これに関し（永禄十年ヵ）極月二日付の上杉輝虎書状(19)では、戦勝報告を述べた後で「併不付実否事無念候」と、それまでとは矛盾するような記述が見られる。一方、永禄十一年と推定される一月八日付の輝虎書状には、「旧冬佐城を打明

候さへ、無念ニ候処」とあり、ここでは明らかに本意に反して敵方（北条氏と通じた佐野昌綱）に唐沢山城を明け渡さざるをえなかったと述べている[20]。推測するに、極月二日付書状で戦勝と記したのは、これが蘆名氏の使僧游足庵に宛てたものであるのに対し、一月八日付の書状は松本景繁・河田重親・小中家成・小国刑部少輔・新発田長敦ら家臣宛てのために、謙信の本音が示されたことによるものと思われる。

前掲霜月四日付の北条方である足利義氏の書状にも、佐野昌綱や大道寺らが退却したとあるから、上杉軍が戦闘を有利に進めたことは事実であろうが、謙信自身これが一時的な状況にすぎず、限られた数の在番衆を置く程度では唐沢山城を維持できないと認識したからこその処置だったのであろう[21]。

6 永禄十三年（一五七〇）

永禄十二年十月二十七日、約八十日間の越中出陣を終えて春日山城へ戻った謙信は、休む間もなく関東へ出陣、十一月二十日には沼田城に着いた。ここで越年し、正月早々佐野氏を攻めるべく出陣した。周知の如く、前年六月にいわゆる越相同盟が成立し、佐野については上杉氏の勢力圏に入れる旨を北条氏も了解していたにもかかわらず、佐野昌綱は自らの意思で反上杉の立場をとったため、上杉軍の来襲を招いた、ということであろう。北条氏側もこの事態を憂慮し、昌綱には二度にわたって謙信に従うよう助言を行っていた[22]。

二月二日には、唐沢山城本丸から南西数百メートルの所に位置する飯守山において戦闘が行われた。同日付で謙信が一通（①下平右近允宛て）、長尾顕景（後の景勝）が三通（②広居善右衛門尉、③小山弥兵衛、④下平右近允宛て）、長尾時宗が二通（⑤内田、⑥下平右近亮宛て）の感状をそれぞれ発給している[23]。

7　天正二年（一五七四）

この年七月下旬に北条軍が厩橋に向かっているとの知らせをうけた謙信は、翌月初めに関東へ出陣し、由良領や桐生方面を攻めた後、十一月七日には利根川を越えて武蔵鉢形城下・成田・上田領を攻略した。ここで深谷上杉氏から北条勢撤退の知らせを聞き、上野へ戻って新田領を攻めた。

ところが簗田晴助からの注進で、北条勢は退却してはおらず、関宿城が包囲されていることを知り、足利・館林・新田領を放火した後、同月二十日には下野只木山、二十二日には沼尻まで進んだ。翌二十三日には小山秀綱と簗田晴助を招いて談合し、(24) 佐竹義重に参陣を促した後、小山に移った。この後謙信は、ようやく合流した義重と協議したが合意は得られず、決裂してしまった。このため関宿の処置を義重に任せ、自らは古河・栗橋・館林の各城を攻めつつ移動し、利根川を越えて埼西・菖蒲・岩付などの地を放火した。そしてわずかに残っていた上杉方の拠点で、武蔵・下総国境に位置する羽生城を破却し、在番衆を引き連れ、閏十一月十九日には厩橋城に帰陣したのである。これは、永禄十年十月の唐沢山城の場合と同様な処置と言えよう。

二　上杉氏による佐野支配の特質

1　唐沢山城在番衆

ここでは、唐沢山城に置いた在番衆の人的構成について検討する（ただし色部勝長(25)については既にふれたので略する）。

【五十公野玄蕃允（重家）】

五十公野氏は色部氏と同じ揚北衆であり、沼垂郡五十公野条を本拠とする。重家自身は、やはり揚北衆で豊田庄や加地庄に勢力をもつ新発田氏出身で、五十公野家の養子となった。謙信の関東出兵に従軍し、唐沢山城在番衆となったが、既にふれたように永禄十年（一五六七）五月上旬までには「退散」、すなわち謙信の許可も得ず勝手に離脱してしまった。この後、蘆名盛氏を頼ったが逆に捕らえられ、北条氏へ引き渡された(26)。

ところが翌年三月に本庄繁長が武田信玄と通じ挙兵、八月中旬には武田勢が信州長沼へ在陣中との連絡をうけた謙信は軍勢を発向させるが、このうち飯山へ投入した武将の一人として五十公野重家の名が見える。つまり、謙信は重家の唐沢山城からの離脱という独断行動があったにもかかわらず、これを許し、再び出陣を要請したのである。独立性の高い領主たちの連合というのが自らの権力の実態である以上、謙信としては五十公野氏のような存在にも軍事的協力を求め続けざるをえなかったのである(27)。

【大貫左衛門尉】

大貫氏は佐野氏の家宰で、室町期以来の重臣である。昌綱期において大貫左衛門尉は、昌綱の弟の天徳寺宝衍(28)とともに佐野氏権力を実質的に動かしていた人物である。具体的には、例えば昌綱から軍勢統率権を委ねられたり、佐野氏同心衆の小野寺氏に預けおいた所領の百姓らが年貢を未進した際、その仕置を一任されたりしている(29)。

【吉江中務少輔（忠景）】

吉江氏は謙信の近臣であり、その第一回関東出兵からこれに従った。その後いったん越後に戻って留守居をつとめ、永禄七年三月の時点でも越後にいたが、同九年二月以前に唐沢山城の在番衆となっている。黒田基樹氏は、忠景を在番衆の中で筆頭的存在であったとみている。同年十一月には上野の富岡氏への取次をつとめ、十二月には鑁阿寺に館林長尾氏の離反を伝えている(30)。

忠景はこの後、元亀三年（一五七二）五月、越中攻めにおいて、魚津の河田長親、新庄の鰺坂長実の助勢として太田本郷に陣した[31]。

【萩〔荻〕原某】

永禄十年五月十六日付、色部勝長宛て輝虎起請文の中に、「吉江（忠景）・萩原同前ニ被走廻之由」とあり[32]、これ以前に萩原某が在番衆に任ぜられていたことがわかる。黒田基樹氏は、この人物を譜代家臣の萩原主膳允と推定している[33]。同人はこの後、梶原政景・佐賀兵部大輔・蘆名盛氏など関東や南奥の武将へ宛てた謙信書状の使者をつとめている[34]。

ところで某年十二月三日、上杉方の唐沢山城在番衆である吉江忠景と某宅広が、連名で佐野氏同心衆である鍋山衆[35]の小曽戸善三に対し、鍋山在城を賞し、糟尾郷の一部を宛て行っている[36]。黒田基樹氏はこの文書に注目し、佐野在番衆が佐野氏同心衆に対して独自的に新知行の宛て行いなどをしていたこと、またその供給源として城付直轄領が設定されていたこと、などを指摘しているが、「宅広」については在番衆の有力者とみられるものの、明確にはできない、としている[37]。

まずこの文書の年代について、『史料集』では「永禄十年ヵ」と推定したが、在番衆の存在が確認できるのが永禄九年二月から翌年の十月ないしは十一月であることから、永禄九年の十二月とみるべきではないかと考える。

次に「宅広」については、前掲輝虎起請文の中に「吉江・萩原」と並記されていることから、この萩原主膳允を指す可能性があろう。管見の限り、萩原氏の実名を記す史料は見当たらないため推測の域を出ないが、一つの見方として指摘しておきたい。

2　その他の城における在番衆・城代

前項でみたように、上杉方の唐沢山城在番衆は、独立性の高い揚北衆、謙信の近臣、そして佐野氏重臣から構成されていた。この特徴をより明確にするため、ここでは比較の意味で上杉氏がおさえた他の主な城の管理体制について、先学の研究に基づき概観する。

(1)上野国

【沼田城】

最も越後寄りに位置し、上杉氏の関東経営にとって、その根拠地とも言える城である。したがって謙信自身も度々在陣しているが、永禄五年(一五六二)五月の時点で城将となっているのは、謙信が最も寵愛する近臣河田長親である。そして謙信は、その与力として沼田出身の発智長芳を附属せしめた。河田長親は、永禄七年四月にはいったん沼田城を離れたが、同九年四月には再び在城しており、七月から十月の間に解任された。

それ以後は複数の在番衆が確認されるが、短期間のうちにめまぐるしく交代しているため、表2としてまとめた。

表2　沼田城在番衆の変遷

年　月	在　番　衆
永禄5年3月?~同9年10月	河田長親
永禄9年10月~	新発田右衛門大夫(長敦)、河田重親、小中家成
永禄10年4月	新発田右衛門大夫(長敦)、松本景繁、小中家成
永禄11年1月	新発田右衛門大夫(長敦)、松本景繁、小中家成、河田重親、小国刑部少輔
同　年10月	新発田右衛門大夫(長敦)、松本景繁、小中家成、河田重親
永禄12年1月	松本景繁、河田重親、上野家成
元亀2年5月	河田重親、上野家成

栗原修「上杉氏の隣国経略と河田長親」、「上杉氏の沼田城支配と在城衆」(栗原註(6)書所収)による。

このように永禄九年を境として沼田城の支配体制が変更されたのは、西上野における武田氏の攻勢が激しくなってきたこと、また箕輪城の落城と後述する厩橋城代北条高広の離反という事態への対応のため、とみられている。なお、本来の城主である沼田氏は、既に北条氏の侵攻により没落するも、謙信の出兵により沼田万喜斎が復帰を遂げた模様だが、以後の動向は不明確である(38)。

【厩橋城】

当城は永禄三年十二月に謙信が接収したが、栗原修氏は、河田長親が統轄する越後衆がその直後から在城して防衛にあたり、また厩橋領を直轄支配したと推測している。そして氏は、同五年三月末、謙信が越後へ帰国する直前の措置として長親を沼田城代とし、当城には羽刈郡北条を本拠とする北条高広を入れた、とみている(39)。

北条氏は越後国内でも独立性の高い領主であったが、その一方で永禄二、三年頃には長尾藤景・柿崎景家・斎藤朝信らとともに、長尾家奉行人として謙信政権の中枢に関与しており、少なくとも表面的には謙信から重用されていたようにもみえる。したがって厩橋城代への登用も、信任の厚い高広を前線に送り込んだとみる考え方もあるが、逆に独立性の高い有力武将である高広を謙信はむしろ抱き込み、実質的にはその本拠地から引き離し、その在地性を剥奪しようとした、との見方もある(40)。

しかし実際には、高広は厩橋においてもさまざまな権限をもって地域的領主制を展開しており、永禄九年には上杉方から離反し、小田原北条氏に属した。同十二年、越相同盟の成立により高広は上杉方に帰参するが、謙信はこれを認め、そのまま厩橋城代とした。

【桐生城】

当城の主は、佐野氏一族（桐生佐野氏）であり、本宗家と同様に上杉方、北条方とめまぐるしく態度を変えていた模様だが、永禄九年十月の時点では、城主佐野又次郎（重綱ヵ）は、上杉方に属していた。そしてこのとき当城には、謙信の家臣長尾源五が在城していたことがわかっている。(41)

(2)越中

【魚津城】

永禄十二年（一五六九）十月以前の時点で河田長親が城将として入っていた。(42)そして長親は、それまで上杉氏から越中の東半分を占める新川郡の守護代職を代行させていた椎名氏が離反したため、これに代わって同郡の領域支配を担った。なお謙信は、元亀四年（一五七三）七月以前に、村田秀頼を長親の与力として派遣している。(43)

【増山城】

天正五年（一五七七）九月、能登七尾城を陥落させた謙信は、前年に攻略した増山城に近臣吉江景資を派遣、神通川以西の地域を管轄させた。

【松倉城】

元亀四年一月二十日から三月五日の間に上杉氏が攻略した当城へは、魚津城にいた河田長親が入った。

【新庄城・天神山城】

越中平定戦が行われていた元亀三年、上杉方の最前線にあたる新庄城には側近鯵坂長実が、また越後寄りに位置し、春日山城との連絡などを担当した天神山城には重臣直江景綱がそれぞれ入った。

(3)能登

【末森城・七尾城】

天正五年（一五七七）九月、七尾城陥落直後に手に入れた末森城には、村上国清（信濃の村上義清の子で上杉氏一門山浦氏の名跡を継ぐ）と重臣斎藤朝信を入れた。また七尾城には城代として鯵坂長実を置いたほか、降臣遊佐続光も同城に残ったのではないかとみられている。[44]

以上、概観したことをまとめてみると、まず単独の城代を置くところ（与力が付される場合がある）と、複数の在番衆が入るところがあるが、その区別に関しては特に理由が見当たらない。後者の場合、例えば沼田城では唐沢山城と同様に、重臣あるいは近臣と、揚北衆と呼ばれる外様の組み合わせが見られる。

この点に関し藤木久志氏は、永禄十一年（一五六八）、信濃との国境付近での武田勢への陣立を分析し、前線の諸城砦へは天正三年（一五七五）軍役帳で上位を占める有力諸将を主軸とし、国衆と旗本あるいは一門を組み合わせて動員し、さらにそこへ旗本を軍監として、あるいは軍事力増強の目的で特別に派遣している様子が窺われる、としている。[45]この指摘は、唐沢山城の場合にもおおよそあてはまるとみてよい。謙信としては、越後から遠く離れ、しかも軍事的に困難な状況にある城郭をおさえるためには、離反の心配というリスクを抱えながらも、揚北衆のもつ強大な軍事力に頼らざるをえなかったのであろう。そしてこのリスクを少しでも減らすため、信頼の厚い重臣や近臣を併せて配置したのは、謙信なりの配慮であったと推測される。

次に、大貫氏のように本来の城主の重臣が在番衆の一員に加わる事例は、唐沢山城以外では確認できなかった。もちろん本来の城主やその家中が、上杉方による接収後もその城に留まり続けるかどうかは、それ以前からの上杉氏との政治的関係に規定されていたと考えられ、例えば桐生城の場合は城主である桐生佐野氏が上杉方であったため、謙信が遣わした長尾源五とともに同城に留まっていた。

唐沢山城の場合、城主佐野昌綱が謙信に対し「侘言半」のような態度であり、[46]しかも上杉氏の関東経営における位置づけ（この点、後述）からも、在城勢力である佐野氏家中の人々を取り込むことが必要と判断されたため、こうした措置がとられたのではあるまいか。

3　虎房丸をめぐって

虎房丸の出自については、長尾一族中の人物で、謙信がこれを養子とした上で佐野昌綱の継嗣として遣わしたとする説と、もともと昌綱の子で、いったん上杉方の証人となった後、あらためて謙信の養子とした上で佐野に送り返したとする説とに分かれている(47)。

『下野国誌』所収「佐野系図」には、昌綱の子の一人に虎松丸がおり、「上杉輝虎入道謙信ノ猶子、天正七年己卯二月二十四日病死、十四歳」との註記が付されている。逆算すると永禄十年当時は二歳ということになり、全くありえない話とは言えまいが、実際にはかなり考えにくい。そもそも史料の性質上、この記載のみから虎松丸が虎房丸と同一人と判断することは無理であろう。

（永禄十年ヵ）八月七日付の輝虎書状案(48)に「佐息《佐野》虎房丸儀、先年為証人出及、度々雖捨置候、輝虎慈悲之以余情、不及沙汰」とあることから、虎房丸はもともと佐野氏側の人物と考えられる。「先年」証人として出されたが、その後佐野氏が度々北条氏と通じた状況をみてか、虎房丸を処罰しようとしたが、謙信の慈悲心からそれには及ばなかった、というふうに文脈上は読める。この「先年」について黒田基樹氏は、永禄三年（一五六〇）八月末、謙信一回目の関東出兵の直後とし、その根拠として（永禄六年）四月十五日付輝虎書状案(49)に「爰佐野小太郎《昌綱》、其身若輩候、家中有侫人、色節《ママ》成表裏候間、向小太郎在城、寄馬候、彼人も先年一子為証人出置」とあることをあげている(50)。ここで述べている唐沢山城攻めは、永禄六年二月から四月の間のこととみられ、それに続けて「先年」としているから、素直に読めばこの戦い以前に既に証人として預かっていた、と解釈してよいであろう。

そして永禄十年五月頃、謙信は虎房丸を自らの養子とした上で佐野に戻し、あらためて昌綱の継嗣としたことは、謙信が複数の佐野氏家臣へ宛てて出した書状の内容からも明らかである[51]。

では、この措置にはどのような意味があるのか。謙信が長尾氏一族中の人物を越後国外の城主の養子に入れた事例は知られているが[52]、国外城主の子を証人にとり、それを自らの養子としてあらためてもとの城主の継嗣としたのは、管見の限りこの佐野氏の場合以外にはない。昌綱からみれば、いったん証人として差し出したとはいえ、自らの子が佐野家の相続人として戻ってきたのだから、あまり実害はなく、むしろ歓迎すべきことかもしれない。反対に謙信とすれば、養子としたことで形式上は上杉氏側の人物になったものの、預かった証人を実家に返したわけで、上杉氏による佐野氏の統制という意味では効果的とはいいがたい。「名」をとって「実」は佐野氏の方に与えた、とみるべきであろう[53]。

おわりに

前節でみてきたような上杉氏による佐野支配のあり方には、元来、佐野という地がもつ特性が大きく関わっているように思われる。簗瀬大輔氏は、佐野の地が、「国中」（上杉氏による比較的安定した支配がなされた上野中央部）と、北条氏と対抗する上で重要な鍵を握る「東北」の地（佐竹氏や宇都宮氏・那須氏などの勢力圏）との境界上、あるいは「国中」の最周縁部に位置すること、また唐沢山城付近でその東西軸と、北条氏との激しいせめぎあいが続く南北軸とが揺れ動いていたこと、などを論じている。そしてその上で、厩橋城が利根川を障壁として西上野をおさえ、同時に東関東経略への第一拠点であったとすれば、唐沢山城は第二の拠点に位置づけられる、としている[54]。

確かに佐野の地が上杉氏にとって関東における軍事・政治上の重要拠点の一つであったことは、次の三つの事例からも明らかであろう。

①永禄九年（一五六六）十一月十九日、新田攻略準備のため佐野へ陣を移した。

②同十三年二月、越相同盟締結にともなう岩付城明け渡し交渉が「佐陣」において行われた[55]（ただし結局は実現せず）。なおこの時の謙信の佐野出陣には、羽生城の広田直繁も参加している[56]。

③既にふれたように天正二年十一月末、佐野に近い沼尻（越名沼）に着陣した謙信は、ここに小山秀綱と簗田晴助を招いて協議し、那須資胤や佐竹義重に参陣を呼びかけた[57]。

ところで、永禄十年と推測されている八月七日付の上杉輝虎書状（太田資正宛て）に、「所詮於自今以後者、自佐野地東之事、一円に彼両家渡進、何篇仕置等可任入候」とある[58]。「彼両家」とは、これ以前の部分でふれている佐竹氏と宇都宮氏を指すと考えられる。すなわち謙信は、自身の関東経略が不利な状況となった段階においての判断ということかもしれないが、佐野の地以東については、この両氏に任せようとしていたことがわかる。逆に言えば、佐野は自らの勢力圏としたい最東端の地であったこととなる。

しかも永禄九年末の時点で、上杉氏からみれば佐野より手前にあたる地域、すなわち館林（長尾氏）・小泉（富岡氏）・新田（由良氏）・厩橋（北条氏）などの勢力が悉く北条方となっており、このため佐野は上杉氏にとって飛び地に近いような状況に陥っていたと考えられる。先にあげた八月七日付輝虎書状案の別の部分に、「兼又、沼田与佐野之間、有直路令往還由及聞条、此間以案内為見量候処、人脚細少之以造作、可為人馬自由候間、是編《（偏カ）》附天道之所、満足此事候」とあって、上杉氏の上野における最も安定した支配地であった沼田と佐野を直接結ぶ道が、工事によって拡幅されたことを謙信が喜んでいることがわかるが、これもそうした事情が背景にあったものとみられる。

他国という点では同じだが、北条氏に匹敵するような大勢力が存在しなかった越中や能登に対する上杉氏の支配は、比較的安定したものであったとされている。(59) 関東の場合、上杉氏の影響力は越後から離れた地ほど弱く、当然ながら反対に北条氏の影響力は受けやすかった。それゆえに向背の定かでない現地勢力にも頼らざるをえなかったのであろう。証人としていた虎房丸を返すという優遇策も、何とか佐野氏を自らの陣営につなぎとめておきたい、という思いからとられた措置と言えよう。(60)

その一方で謙信が期待したのは、佐野家中の親上杉勢力であったと思われる。そうした勢力が存在した確証はないが、少なくとも謙信自身が佐野家中の人々に直接感状を与えるなど、(61) 結びつきをもとうとしていたことは事実であり、在番衆の中に重臣大貫氏を加えたのも、上杉氏による佐野家中の取り込み策の一環とみるべきではないだろうか。

註

（1）本稿では主に輝虎を名乗る時期を扱うが、煩を避け謙信で統一する（ただし文書名の場合はこの限りでない）。

（2）「上杉家文書」（『上越市史』別編1　上杉氏文書集一〈以後『上越』と略す〉五一一号）。なお筆者は二〇一三年、佐野市の依頼で杉山一弥・月井剛・石橋一展の三氏と『佐野市文化財調査報告書』第三五集の別冊として、佐野氏と唐沢山城に関する史料集を作成したが、短期間での刊行ということもあり、誤りも少なくない。本稿で関係する範囲で訂正しておきたい（以下『史料集』と略す）。

（3）池上裕子「上杉輝虎の佐野支配をめぐって」（『戦国史研究』一六、一九八八年）。

（4）黒田基樹「戦国時代の佐野氏」（同『古河公方と北条氏』岩田書院、二〇一二年、初出二〇〇五年）。なお黒田氏はここで主に「佐野城」としているが、慶長七年佐野信吉が入った城（栃木県佐野市若松町、ＪＲ佐野駅のすぐ北）を佐野城と呼ぶ場合が多いため、本稿では「唐沢山城」で統一する。

（5）研究者により在城衆とする場合もあるが、本稿では在番衆で統一する。

（6）栗原修氏は「上杉氏の沼田城支配と在城衆」（同『戦国期上杉・武田氏の上野支配』岩田書院、二〇一〇年、初出一九九三年）の最後の部分で、「上杉謙信は（中略）上野国沼田城の他、下野国佐野城、越中国魚津城、能登国七尾城など各地の主要な城に家中を置いて領国支配の要としている。今後これらの個別事例を比較検討し、その結果として上杉氏の領国支配体制を考察していく必要がある」と述べている。本稿では、不十分ながらこの課題にも取り組んでみたい。

（7）以下に記す事実関係の中で、特に典拠史料を示さない場合は、全て池享・矢田俊文編『増補改訂版 上杉氏年表』、黒田基樹編『北条氏年表』（いずれも高志書院、二〇一三年）によった。

（8）「高崎市所蔵文書」永禄四年十二月七日付上杉政虎感状（『上越』二九六号）。

（9）「渋江文書」（永禄七年）二月十八日菟角斎（小山秀綱）書状写（『小山市史』史料編中世五九三号）に「越衆佐《（佐野）》之筋へ去十二出長《〔張〕》以来」とある。

（10）矢田俊文『上杉謙信』（ミネルヴァ書房、二〇〇五年）。

（11）「小野寺文書」（永禄七年カ）二月二十八日付佐野昌綱書状（『栃木県史』史料編中世一、同文書二二号）・「謙信公御書」三、永禄七年八月四日付上杉輝虎書状（『上越』四二九号）。

（12）「小山氏文書」坤（永禄八年カ）極月二十六日付足利藤氏書状（『上越』四七九号）。

（13）「上杉家文書」（永禄九年）仲陽吉日付大仲寺良慶書状（『上越』四八九号）。

（14）「伊佐早謙氏所蔵文書」（『上越』五四七号）。

（15）「反町英作氏所蔵文書」（『上越』五六〇号）。なお黒田基樹氏は「上杉謙信の関東侵攻と国衆」（同『戦国期東国の大名と国衆』岩田書院、二〇〇一年、初出二〇〇〇年）の中で「その（筆者註：永禄十年）五月には五十公野氏が在番衆から後退、かわって同じ奥郡国衆の色部勝長が新たに在番衆に加えられている」と述べ、矢田俊文氏も前掲書において同様の見方を示している。しかしこの文書を受け取った時点で既に色部勝長は佐野に派遣されており、五十公野の退散がそれ以前だったのか、それとも勝長の派遣後だったのか、即断はできないように思われる。

(16)　①「小曽戸武氏所蔵文書」（『上越』五六二号）、②「岡田紅陽氏所蔵文書」（同五六三号）、③「山崎文書」（同五六四号）、④「京都大学総合博物館所蔵文書」（同五六五号）、⑤「島津家所蔵文書」（同五六六号）、⑥「高瀬家文書」（鈴木紀三雄「下野国唐沢山城主佐野家家臣高瀬家文書について」『行田市郷土博物館研究報告』六、二〇〇八年、所掲）、⑦「小曽戸文書」（『栃木県史』史料編中世一、同文書一二号、これのみ七月五日付）。

(17)　「豊前氏古文書抄」足利義氏書状写（『戦国遺文』古河公方編九〇九号）。この中の傍線部a～cは、史料集により読みが異なっているので、ここで卑見を述べておきたい。まずaは「取際」「取除」のいずれかきわめて微妙で断定しがたい。ただ文意としては、昌綱が十月二十七日に藤岡へ退いた、ということは動かないであろう。次にbは、文字は「日時」に読めるが、これだと意味がやや不明となる。文意からすれば「同時」の方が理解しやすい。さらにcは「引除」「引陣」の二通りに読まれているが、文字は「引除」と読める。文意は大道寺らが岩付へ退却したということだから、どちらでも大きな問題はない。そもそもこの文書は、管見の限り原本は確認されておらず写だから、誤字の可能性も十分考えられよう。

(18)　この点に関し、黒田基樹氏は註（4）論文において、「（永禄十年）十月にはついに昌綱は離反して佐野（唐沢山）城から出城し」と記す（註（15）論文でもほぼ同様）のに対し、簗瀬大輔氏は「上野国からみた上杉謙信の佐野攻め」（佐野市郷土博物館『上杉謙信がやってきた』図録、二〇一五年、所収）の中で、「この段階で佐野氏の当主はすでに昌綱から虎房丸（一部略、後述）に譲られており、昌綱は藤岡城（栃木市）に移っていた」と述べる。「この段階」が具体的にいつの時点を指すか読みとりにくいが、簗瀬氏は少なくとも黒田氏とは異なり、挙兵する十月以前よりかなり前の段階で、昌綱が唐沢山城を出ていたと解している、とみてよいであろう。史料から読みとれる情報が乏しく難しいが、上杉氏の在番衆がおり、さらには虎房丸を迎えるという状況の中で、そもそも昌綱がどこにいたのか、という問題は興味深い。あわせて家臣たちも親上杉派と親北条派に分かれていたとすれば、同床異夢の状態でともに唐沢山城に詰めていたのか、それとも既に分かれて住んでいたのか、疑問はつきない。もちろん、これにはこの時代における彼らの城下町集住が、どの程度進んでいたのか、という問題が大前提となろう。

(19)「謙信公御書」一(『上越』五八六号)。

(20)「越佐史料」四(『上越』五九一号)。

(21)黒田基樹氏も「上杉謙信の佐野攻めと武蔵」(註(18)所掲図録所収)において指摘しているように、謙信は体裁を取り繕うために極月二日付書状の中で上杉方勝利と述べた可能性もあろう。さらに推測すれば、北条方の退却は意図的なものであったかもしれない。

(22)「上杉家文書」(永禄十三年)正月十五日付遠山康光書状(『上越』八六八号)。

(23)①「謙信公御書」一(『上越』八七二号)、②「長岡市立中央図書館所蔵文書」(同八七三号)、③「謙信公諸士来書」十(同八七四号)、④同前(同八七五号)、⑤「謙信公御書」十(同八七六号)、⑥同前(同八七七号)。

(24)「栃木県立博物館所蔵文書」(天正二年)霜月二十四日付上杉謙信書状(『上越』一二三二号)に「昨日秀綱・簗中相招令談合」とある。ただし「宇都宮家所蔵文書」同日付謙信書状(同一二三三号)では「今日秀綱・簗中相招令相談」と述べ、二十四日のこととしている(いずれも傍点筆者)。

(25)なお『史料集』では文書番号二五五として(元亀三年)閏正月二十九日付上杉謙信書状(「反町英作氏所蔵文書・色部文書」)を掲げ、この時点で色部勝長が唐沢山城の在番衆をつとめていたと解した。しかしこれは失考であり、まず勝長は永禄十二年一月に死去しているから、この名充人色部弥三郎はその子顕長に比定される。また永禄十年以降、再び上杉氏が唐沢山城に在番衆を置いた徴証は他に見られないから、この書状冒頭の「其地長々在番」の「其地」が佐野を指すとは考えにくい。以上の点につき、黒田基樹氏より御教示を得た。

(26)「会津四家合考」九（永禄十年ヵ）五月十四日付北条氏政書状写（『戦国遺文』後北条氏編一〇二三号）。

(27)矢田俊文「下野佐野城と越後の戦国領主」（註(18)所掲図録所収）。

(28)天徳寺宝衍については、粟野俊之「天徳寺宝衍考」（同『織豊政権と東国大名』吉川弘文館、二〇〇一年、初出一九八八年）、及び拙稿「天徳寺宝衍の花押型の変遷をめぐって」（栃木県立文書館『研究紀要』一九、二〇一五年）を参照。

(29)以上、大貫氏については荒川善夫「戦国期下野佐野氏の権力構造の推移」（同『戦国期東国の権力と社会』岩田書院、二〇一二年、初出二〇〇三年）。

(30)以上、吉江忠景については黒田註(15)論文。

(31)「上杉家文書」（元亀三年）五月二十四日付鯵坂長実書状（『上越』一一〇一号）。

(32)「反町英作氏所蔵文書」（『上越』五六一号）。

(33)黒田註(15)論文。

(34)『上越』九七五・九八一・一一〇四・一一六六・一一七八・一四〇七・一三三六号。

(35)鍋山衆については、江田郁夫「中世下野鍋山衆の成立と終焉」（栃木県立文書館『研究紀要』三、一九九九年）。

(36)「島津文書」吉江忠景・某宅広連署充行状写（『栃木県史』史料編中世四、同文書一〇号）。

(37)黒田註(15)論文。

(38)以上、沼田城の在番衆については栗原註(6)論文、及び栗原修「上杉氏の隣国経略と河田長親」（栗原註(6)書所収、初出二〇〇三年）に、また沼田氏の動向については黒田註(15)論文にそれぞれよった。

(39) 栗原註(38)「上杉氏の隣国経略と河田長親」。

(40) 西澤睦郎「謙信と越後の領主」(池享・矢田俊文編『定本上杉謙信』高志書院、二〇〇〇年、所収)。

(41) 黒田基樹「桐生佐野氏の展開」(桐生文化史談会編『桐生佐野氏と戦国社会』岩田書院、二〇〇七年、所収)。

(42) 「上杉定勝古案集」(永禄十二年)十月六日付上杉輝虎書状(『上越』八一四号)。

(43) 「吉江文書」(元亀四年ヵ)七月十四日付村田秀頼書状(『上越』一一六二号)。

(44) 以上、能登・越中の城については、『富山県史』通史編Ⅱ中世、第四章第二節(久保田尚文・金龍教英氏執筆)、『上越市史』通史編2中世、第三部第四章第四・五節(西澤睦郎氏執筆)によった。

(45) 藤木久志「上杉氏家臣団の編制」(同『戦国大名の権力構造』吉川弘文館、一九八七年、初出一九六三年)。

(46) 「謙信公御書集」三(永禄六年ヵ)卯月二十八日付上杉輝虎書状(『上越』三四〇号)。

(47) 長尾氏出身説をとるものとして『佐野市史』通史編上巻、中世編第三章第二節(杉山博氏執筆)、池上註(3)論文、簗瀬註(18)論文が、佐野氏出身説をとるものとして黒田註(15)論文がそれぞれある。

(48) 「謙信公御書集」十四(『上越』五七九号)。

(49) 「伊藤本文書」(『上越』三三九号)。

(50) 黒田註(4)論文。

(51) 前註(16)所掲史料のうち、⑦を除く六点。このうち例えば④と⑤には、「然者先書如申遣、虎房丸為養子其元差越、彼家相続之事申合候」(⑤は傍点部分が「義」)とある。

(52) 越中では松倉城主椎名氏が上杉氏と通じており、長尾一族の景直が当主椎名康胤の養子に入った(前註(44)『上越市史』通史編2中世、第三部第四章第四節)。

(53) その点、永禄十年十月末(ないしは十一月初め)に謙信が唐沢山城から撤退した際、越後からの在番衆とともに佐野氏家中の証人たちを連れ帰ったことは、実質的な支配を断念したものの、佐野氏に対するせめてもの制裁を加えるという意味合いが込められていたのではあるまいか。

(54)　簗瀬註(18)論文。

(55)　いずれも「上杉家文書」で(永禄十三年)二月十二日付藤田氏邦書状(『上越』八八二号)・(同年)二月十八日付北条氏康・氏政連署起請文(同八八三号)。

(56)　「謙信公御書」二、永禄十三年二月二十八日付上杉輝虎判物(『上越』八八五号)。

(57)　いずれも(天正二年)十一月二十四日付上杉謙信書状で、「栃木県立博物館所蔵文書」(『上越』一二三二号)と「宇都宮家所蔵文書」(同一二三三号)。

(58)　「謙信公御書集」十四(『上越』五七九号)。なおこの文書の年代については、ほかに永禄七年説(『史料集』ではこれを採用)・同十一年説もあるが、後述のように別の部分で沼田と佐野の直通道路についてふれており、これは永禄九年に新田由良氏や厩橋北条氏が北条方についたことと関連するとみられるから、少なくとも永禄七年説は誤りであろう。

(59)　前註(44)。

(60)　黒田註(15)論文。なお黒田氏はこの中で、註(15)所掲史料を根拠として虎房丸の唐沢山城派遣を指摘するとともに、「またその家中から差し出されていた証人三十余人もあわせて派遣している」と述べている。もしこれが正しいとすれば、上杉氏は佐野氏に対しさらに大きく譲歩したということになろう。

(61)　前註(16)。

越相同盟崩壊後の房総里見氏

――対甲斐武田氏「外交」の検討を通じて――

細田大樹

はじめに

越相同盟とは、永禄十二年（一五六九）に越後上杉・北条氏間で締結された同盟のことである。(1) 越相同盟により、関東における［越後上杉氏（以下、上杉氏）対北条氏］の構図は大きく変化した。北条氏と対立する関東諸氏は、北条氏との抗争継続にあたり、上杉氏との関係性を見直す必要性が生じたのである。そして、それは房総里見氏も例外ではなかった。この越相同盟締結を契機として、同盟の対象を上杉氏から甲斐武田氏（以下、武田氏）へ変更。反北条氏の軍事行動を継続したのであった。(2) そして、元亀二年（一五七一）まで領国を拡大し、下総方面にまで侵攻の手を広げていった。この時期を里見氏にとっての「全盛の時期」(3) とする評価もあるほど、大きく飛躍を遂げた時期といってよいだろう。

その一方で、天正五年（一五七七）になると、里見氏は北条氏の房総侵攻に屈服、領国を後退させ和睦締結に至る。この和睦を、研究史上「房相一和」と呼ぶが、それは元亀二年からわずか六年後のことであった。その意味で、里見氏がこの元亀三年から天正五年にかけての六年間（以下、当該期）をいかなる形で経過したかという問題は、重要である。しかし、当該期における里見氏の政治・軍事的動向の検討は、未だ課題として残されているのである。領国拡大により「全盛の時期」にありながら、なぜ六年間でその領国を大きく後退させるに至ったのか。当該期の検討を通じ、里見氏が領国を縮小させた要因を探る必要性があろう。

当該期の里見氏の政治情勢を扱った研究としては、黒田基樹氏(4)の研究が存在する。黒田基樹氏は、里見氏と千葉・北条氏との抗争関係をまとめる中で、当該期の基礎的動向も整理された。また、元亀三年について「北条氏と武田氏が、武田氏と里見氏が同盟関係にあるほかは、それぞれが自立的に存在するという情勢」とされている(5)。本稿も、事実関係については黒田氏の研究に拠るところが大きい。しかし、「外交(6)」情勢を踏まえた詳細な検討は行われておらず、里見氏側から情勢を追究する余地が残されているといえよう。

当該期、里見氏の主たる「外交」相手は武田氏であった。これまでの里見氏研究で、武田氏との「外交」関係を検討したものはほとんどない(7)。里見氏が「外交」対象を上杉氏から武田氏に変更していく時期と、元亀年間の領国拡大期は一致している。このことから、武田氏「外交」はその後の里見氏情勢を見ていく上で欠かせない出来事だといえる。里見氏が優勢から劣勢に追い込まれていく要因の一端を見ていくことができると推定するのである。

では、検討に移る前に本稿の構成を述べておきたい。本稿は、第一節で元亀三年までを、第二節で天正年間を扱う構成を取っている。特に第一節では、里見氏の「全盛の時期」と武田氏の「外交」関係を、第二節では天正三年以降、里見氏が度重なる北条氏の侵攻を受けるに至った要因を検討する。当時の政治情勢と絡む形で展開された武田氏「外交」が里見氏にとってどのような意味を持つものであったのか検討したい。

また、次のページの表は、里見・武田氏間での「外交」関係文書をまとめたものである。随時ご参照いただきたい。

表1　里見・武田氏「外交」関係文書目録

No.	年	月日	文書名	文書群	所収
1	永禄12年	4月7日	武田信玄条目	山県徹氏所蔵文書	『戦房』一三二七
2	永禄12年	6月9日	武田信玄書状写	神保誠家文書	『戦房』一三四二
3	永禄12年	6月12日	武田信玄書状	専宗寺文書	『戦房』一三四三
4	永禄12年	6月27日	武田信玄書状写	太田文書	『戦房』一三四四
5	永禄12年	8月19日	武田信玄判物	武田文書	『戦房』一三四七
6	永禄12年	9月20日	上杉輝虎覚書写	歴代古案十二	『戦房』一三四八
7	元亀元年	12月7日	武田信玄起請文	簗田家文書	『戦房』一三八〇
8	元亀2年ヵ	3月27日	武田信玄書状写	水月古鑑四	『戦房』一三八六
9	元亀3年	2月8日	武田信玄書状写	安房妙本寺文書	『戦房』一四二五
10	元亀3年	2月8日	土屋昌続書状写	安房妙本寺文書	『戦房』一四二六
11	元亀3年	4月27日	武田信玄書状写	内閣文庫所蔵久遠寺文書	『戦房』一四二八
12	元亀3年	4月晦日	日長申状	安房妙本寺文書	『戦房』一四二九
13	元亀3年	5月14日	土屋昌続書状	安房妙本寺文書	『戦房』一四三〇
14	元亀3年	7月	日侃書状案	安房妙本寺文書	『戦房』一四三二
15	元亀3年	極月26日	里見義弘書状	田中稔氏所蔵文書	『戦房』一四五〇
16	天正2年	2月21日	松田憲秀書状	西山本門寺文書	『戦房』一四六五

『戦房』は『戦国遺文 房総編』

一　房甲同盟締結と北条氏領国侵攻

1　元亀二年末までの動向

里見氏は永禄三年(一五六〇)以降、一貫して上杉氏との同盟関係にあった。その関係は、北条氏の久留里城攻撃により始まる。久留里城は当主里見義堯の居城であり、当主の居城が攻撃される危機的状況にあったのである。その際、里見氏は重臣正木時茂を通じて、上杉氏に救援要請を行い、局面の打開を図った(8)。そして、同年九月、要請に応じた上杉謙信(当時は長尾景虎)が関東出兵を開始(9)。上杉軍の侵攻により、久留里城を包囲していた北条軍は撤退。里見氏は危機的状況を脱したのである。上杉氏の関東出兵により、情勢は一変。関東における北条氏優位の状況も大きく変化したのである。以後、里見氏は上杉氏との連携を維持しつつ、北条氏との抗争を継続した。つまり、北条氏との抗争関係を継続する上で、上杉氏との連携が重要な意味を持ったのである。

しかし、里見・上杉間の関係性に変化をきたす出来事が起こる。永禄十一年末、越相同盟交渉の開始である。同盟交渉開始の背景には、武田氏と今川氏の同盟が決裂、そして武田信玄の駿河侵攻開始が存在した(10)。それに伴い、武田・北条氏間も決裂し、北条・今川氏と武田氏とが敵対関係に至ったのである。つまり、それまでの［武田―今川―北条］の同盟関係が崩壊したことで、北条・今川氏対武田氏という構図となったのであり、このことにより北条氏は上杉氏との和睦(越相同盟)を模索したのであった。

また、同時期に北条氏は里見氏とも和睦交渉を行っていた。越相同盟を図るにあたり、上杉方勢力の里見氏とも和睦を図ったのであった。交渉開始は、永禄十二年正月以前のことであったから(11)、越相同盟交渉開始とほぼ同時期であったと想定される。北条氏は領国の東西（東に里見・上杉、西に武田氏）に敵を抱える形を避け、里見氏にも和睦を要請したのであった。しかし、里見氏は永禄十一年末に下総西部に侵攻。[12]永禄十二年二月にも下総市川・松戸方面に侵攻する。[13]むしろこの状況を好機と見て、積極的な軍事行動を展開したのであった。里見氏は和睦に応じる気がなかったといえよう。

それ故、里見氏は北条氏の和睦要請を利用し、上杉氏と連携した軍事行動を図ったのである。里見氏は上杉氏に使者を派遣し、北条氏による申入れを伝えるとともに、これを好機として上杉氏の関東出兵を要請した。[14]これまでの［里見―上杉同盟］維持の姿勢を取ったのである。ところが、里見氏の誤算は越相同盟交渉であった。里見氏は同年二月末、上杉氏からその事実を知らされた。[15]反北条氏という目的の下で連携してきた上杉氏は、最早目的を異にしていたのである。

これを契機に［里見―上杉同盟］は変化を見せていくこととなった。里見氏側から書札礼の問題化という形を取って同盟関係は断絶したのである。[16]北条氏との抗争関係を継続する里見氏が、和睦へ突き進む上杉氏と袂を分かつのはいわば必然であったといえよう。

しかし、里見氏の対北条氏路線継続が上杉氏との連携によりなされてきたことから、単独で北条・上杉氏と敵対関係に陥ることはありえなかった。[17]上杉氏との決別が可能となった背景に武田氏との連携が存在したのである。

では、里見・武田氏間の同盟交渉は、いつ、どのように開始されたのであろうか。それを見ていくに当たり、史料1・2を掲出する。

〔史料1〕武田信玄書状写[18]

雖未述心緒候染一筆候、抑信玄・氏政不浅好事候、以此故随分令儋言候、関東中過半任氏政指揮之様候之処、

忘厚恩甲相鉾楯、無是非次第候、此上者無二義弘御父子与申合せ、可退治小田原存分之外無他候、委曲可在彼
口上候間、不能具候、恐々謹言、
（永禄十二年）六月九日　　信玄（花押影）
正木弥九郎（憲時）殿

〔史料2〕武田信玄書状(19)

先日者乍回報令啓候き、参着候哉、仍来秋向小田原無二成動候、此趣為談合義弘江以玄東斎申候、路次等指南
頼入存候、行等之模様附与、彼口上候之間、抛筆候、恐々謹言、
（永禄十二年）六月十二日　　信玄（花押）
梶原源太（政景）殿

史料1は、武田氏から里見氏重臣正木憲時に宛てた書状である。そして、この三日後に出された史料2により、里見氏の下へ使者「玄東斎（日向宗立）」(20)が派遣され、史料1が到来したことが分かる。同盟交渉は、武田氏の使者日向宗立の派遣により開始されたのである。

さらに史料2によれば里見・武田氏間を仲介したのは、梶原政景であったと分かる。梶原政景はその父太田資正とともに、上杉氏と関東諸氏との間を仲介した人物である(21)。武田信玄は、同年四月にはすでに佐竹・里見・宇都宮氏と連携する意思を持っていたが、太田資正父子の仲介によりそれが実現した(22)。この動きから、同六月の越相同盟成立により、関東諸氏は上杉氏を見限る形に向かっていたと評価できよう。関東諸氏の上杉氏に対する失望は、武田氏という新たな味方を得て、路線変更へとつながっていったのである。史料1が正木憲時に届けられたのも、太田資正父子と正木憲時の間にあった上杉氏に対する伝達経路が武田氏に利用されたためであろう。つまり、里見・武田氏間での

同盟交渉は、永禄十二年六月頃より、太田資正父子の仲介で開始されたのである。

その後、八月に武田氏が里見氏の下へ「覚円坊」を派遣する一方九月には里見氏が、上杉氏との関係を断絶する。そのことからすれば、八月頃に房甲同盟（里見・武田氏間での同盟関係）が成立。同時期に里見氏は上杉氏との同盟関係を終了させたと考えられよう。越相同盟成立により、里見氏は武田氏との同盟へと動いたのである。

そして、この同盟は、関東諸氏を巻き込み、足利藤政擁立という形を取ることとなった。足利藤政は、古河公方足利晴氏の遺児であり、藤氏・家国とともに房総に逃れていた人物である。北条・上杉氏が、公方を足利義氏・管領を上杉謙信に統一したことに対し、里見・武田氏らも公方藤政を立て、旧秩序継承の形を見せた。このような正当性を掲げ、北条領国の東西で連携した軍事行動を展開したのである。

武田氏は、永禄十二年十月に小田原城を攻囲し、撤退時に三増峠の戦いで勝利。十二月には蒲原城、翌元亀元年（一五七〇）五月に伊豆侵攻を行い、六月には武蔵御嶽城を攻略。翌元亀二年正月には深沢城攻略などの戦果を挙げた。

一方、里見氏は、元亀元年六月、武田氏の武蔵・伊豆侵攻に呼応する形で、下総小弓原氏領へ侵攻。西上総に窪田山城を取り立てて軍事行動を展開し、小弓城攻略に成功している。さらに元亀元年末から元亀二年にかけて足利藤政を擁立した武蔵侵攻作戦を画策。翌年四月には武蔵金沢郷にも軍事行動を展開するなど、積極的な軍事行動をとった。房甲同盟成立により、里見氏は元亀二年初頭まで北条氏との抗争をかなり優位に進めることとなったのである。

しかし、元亀二年途中より武田氏の軍事行動は停滞を見せる。［徳川―上杉同盟］の成立により、徳川・武田氏間が断絶したことが原因であった。武田氏は北条・上杉・徳川三氏に囲まれ、次第に北条氏領国侵攻が停滞したのである。このような情勢は、元亀二年十月の北条氏康死去により、甲相同盟の復活につながるきっかけになったと考えられる。武田氏は、織田・徳川氏との対決姿勢を取ることで、甲相同盟へと再び路線変更していくのである。

そして、武田氏の停滞は、北条氏の房総侵攻を可能にしたといえる。(30) 元亀二年九月の同氏による侵攻で、里見氏は小弓城を奪回されたとみられる。これは、武田氏の軍事行動停滞が、北条氏に房総侵攻をする余裕を与えた結果だと考えられる。情勢は密接に連動していたのであり、房甲同盟は両者の情勢を優位に進める上で重要だったといえよう。

このように武田・里見両氏は連携して北条氏領国侵攻を進めていたのである。そして、強調しておきたいことは、里見氏の領国拡大実現の背景に、武田氏の軍事行動が存在したという点である。永禄十一年末以後、里見氏は積極的な軍事行動をとり、「全盛の時期」にあった。しかし、そこには北条氏が領国西方、駿河方面に軍事力を割かねばならない事情が大きく作用していた。決して里見氏単独で北条氏に対抗し得たわけではない。それ故、武田氏の軍事行動停滞が、房総方面の情勢に悪影響を及ぼしたのであった。この点は、これまで明確に言及されていないが里見氏の領国拡大を語る上で決して無視してはならない点である。里見氏の優勢は、武田氏との「外交」関係によりもたらされたといっても過言ではないだろう。

2 元亀三年の「外交」情勢

北条氏対武田・里見氏の構図が変化した契機は、元亀二年（一五七一）末の甲相同盟復活であった。武田・北条氏の同盟関係復活により、里見氏も微妙な立場に置かれたのである。その事実が分かるのが、次の史料3～5である。

〔史料3〕武田信玄書状写(31)

今度越之輝虎、上州在陣之内、不忘旧好、甲・相和与之旨、氏政承候間、為可亡越敵、抛宿意同心無是非次第候、

此上房・相和親所希候、委曲期来信候条、不能具候、恐々謹言、

（元亀三年）二月八日　　信玄

〔史料4〕土屋昌続書状写(32)

今度従貴国、御使者被指越候処、御便札之趣、一段祝着被存候、然者依旧好甲・相一和之上者、対貴辺、不可存疎意之旨候、依之房・相御和融之儀、従当方可令媒人之由候、被抛宿意、御同心候之様、御諫言肝要至極令存候趣、可得御意候、恐惶謹言、

（元亀三年）二月八日　昌続

長南（武田豊信）

土屋右衛門尉

貴報

（武田豊信）兵部大輔殿

まず史料3・4を見ていこう。史料3は、甲斐の武田信玄が同族の長南武田豊信に宛てたものである（以下、本項ではそれぞれ甲斐武田氏・長南武田氏と表記）。豊信に里見氏への取次を依頼している。長南武田氏は、上総国長南に支配地域を持ち、永禄三年以後里見氏に従属した国衆である。里見氏への従属以後、豊信は里見義堯の娘を娶り、豊信自身の娘を正木憲時に嫁がせ、里見氏との結びつきを強めていた。そして、史料4は武田信玄の側近土屋昌続(33)による副状である。長南武田氏と甲斐武田氏は同族であることから、史料4に「対貴辺、不可存疎意之旨候」とあるように、密接な関係性を有し、それ故に里見氏からも取次として起用されたのであろう。里見氏に「御諫言」をする立場にあったのである。

史料3の内容は、まず「甲相和与（甲斐武田・北条同盟）」の復活を伝えた上で、「房・相和親所希候」とあるように、里見・北条氏間での和睦を求めるものである。［甲斐武田―北条］同盟に、これまでの［里見―甲斐武田］同盟を加

え、［里見―甲斐武田―北条］同盟への発展を意図したのであった。そして、同盟成立にあたり、甲斐武田氏が「媒人（中人の意カ）」を務めることが記されている。(34) 甲斐武田氏は、里見氏との関係を維持しつつ、自らが「中人」として、里見・北条氏間の対立をおさめることで、関東の安定、遠江・三河方面への専念を意図したのである。

そして、同盟交渉に至った前提には、史料4に「従貴国、御使者被指越候」とあるように、長南武田豊信の働きかけが存在したのである。里見氏は事前に「甲相同盟」復活の噂を聞きつけており、取次武田豊信を通じ、甲斐武田氏にその旨を問いただしたのであろう。史料3・4は、里見氏の確認に対する返信であるとともに、新たな「房甲相同盟」が提案されたものであった。

では、里見氏は武田氏の提案に対し如何なる行動を取ったのであろうか。検討に際し、史料5を掲げる。

［史料5］里見義弘書状(35)

態及一翰候、仍而二俣之地、数日被相攻、落居之由其聞候、雖不始儀候、御取別奇特候、此上遠州悉御本意不可有程候、①房・相無事、于今未落居候、御意見之間、下総へ動先々相延候、②雖然千葉介方原追廻、夜討以下節々出之候間、従当方も下総へ成動度候、委回章可承候、諸毎来春以使可申延候条、不能具候、恐々謹言、

極月（元亀三年）廿六日　　義弘（里見）（花押）

土屋右衛門尉（昌続）殿

③追啓、下総半務数ケ所、引切候間、彼郷村をハ可破候、以上、

この史料5も元亀三年に比定される。佐貫城に在城する当主里見義弘から甲斐武田氏側近土屋昌続に宛てられた書状である。傍線部①を見ると、「房相無事（里見・北条の和睦交渉）」が未だに締結されない状況に触れた上で、甲斐武田氏の「御意見」により、里見氏が下総への軍事行動を延期していたことが分かる。この「御意見」とは、先の史料

3・4と同時期に長南武田豊信を通じて、里見氏に伝えられたものと推測されるが、ここで重要なことは、武田信玄の要請で里見氏が軍事行動を停止している点である。

里見氏はなぜ軍事行動を停止する必要性があったのか。それは、交渉を仲介する甲斐武田氏との関係決裂を懸念したからにほかならない。房甲同盟なしに、里見氏が侵攻を継続することは困難であったのである。

事実、それまで里見氏の侵攻を受け続けてきた千葉氏が、「夜討以下節々出之候」とあるように、反撃に出ている。また、「下総半務数カ所、引切候」とあるように、下総において「半務（半手カ）」となっていた郷村が、里見氏との関係を打ち切り、千葉氏方を表明したのである(36)。これは、武田・北条氏間での同盟復活が、房総方面の情勢を変化させつつあったことを示しているといえよう。領国西方で武田氏の脅威を取り除いた北条氏が、房総の構図をも変化させたのである。それ故、里見氏は甲斐武田氏に「下総へ成動度候」とあるほどに慎重な姿勢を以て、関係性を維持する必要性に迫られていたのである。里見氏が武田氏と友好的な関係を維持していたことは、小泉久遠寺と富士久遠寺の訴訟が両氏を介して行われたことにも見える通りである(37)。

従来、史料5は、里見氏の優勢を示すものとして利用されてきた(38)。しかし、里見氏が優位にあるのならば、千葉氏の反撃に対して躊躇なく反撃をするはずである。しかし、里見氏は武田氏の要請で軍事行動を停止した。その点、史料5は、里見氏の優勢を示すものではなく、むしろ劣勢を示すものといえる。元亀三年の越相同盟崩壊後、里見氏が武田氏との関係維持を貫いたのは、関東における孤立化を避けるとともに、北条氏への牽制として武田氏「外交」が重要であった事実を示すものだと考える(39)。

そして、武田氏との「外交」を継続した理由として、関東における上杉氏の影響力低下が存在することも忘れてはならない(40)。この当時里見・上杉氏間でも接触が図られているが(41)、結局同盟復活に至らなかったのは、そのためであろう。一方、武田氏は史料5で「二俣之地」攻略が祝され、三方原の戦いで大勝するなど領国拡大を順調に進めていた。武田氏の優勢・影響力の大きさが、里見氏に上杉氏との関係再考をとどまらせたのだと考えられよう。

以上、本節では房甲同盟の開始が上杉氏からの路線変更によって行われたこと、そして、里見氏の優勢は武田氏「外交」による部分が大きかったこと、などを確認した。確かに里見氏は領国拡大を遂げた「全盛の時期」にあったが、「外交」での身の振り方次第では危機的状況に陥るという岐路にあったのである。

二　天正年間における房甲同盟

天正元年(一五七三)、北条氏は関宿城・羽生城への攻撃を開始した(42)。双方ともに関東における上杉方の拠点であり、特に前者は簗田氏が二度にわたる北条氏の攻撃から守り抜いた城であり、流通経済上の重要拠点であった。北条氏は、武田氏と和睦したことで、越相同盟以前のように関東での軍事行動を再開したのであった。

では、里見氏はこの合戦をめぐり、どのような動きを見せたのであろうか。まずは史料を掲げる。

〔史料6〕足利藤政書状(43)

急度申遣候、然者、①今般義弘父子へ相稼申候一儀、無余儀被思食候、於爰元者、涯分可被加上意之間、心易可存
候、将亦関宿・水海追日手詰、無是非次第候、②依之簗田父子事も去歳以使合力之儀相稼之間、義弘方へも再三被
仰出候、然間聊助成可有之分候、定而肝要可存候、仍而氏政近日者、関宿へ手繋雖相動候、義重以稼于今無恙儀、
誠無比類被思召候、弥関宿相続候様ニ義重ニ意見肝要候、父子事も別而晴助親子方へ申談候由、節々簗田言上申
候、偏感被思食候、旧冬も簗田使ニ被成御書候、漸可披見候、梶原源太忠信逼塞之由、感被思食候、畢竟御威光

之儀者、父子前ニ相極候、輝虎至于越山者、一途馳走可致之事、肝心候、委細重而可被仰出候、謹言、
（天正二年）正月十六日　（足利藤政）（花押）
太田美濃守殿（資正）

〔史料7〕松田憲秀書状[44]

以御飛脚御直札遂披露、御返書進之候、委細御紙面ニ候条、不能重説候、①大坪之地正左再興申候歟、無是非存候、
②太途をも可抱地ニ候哉、如蒙仰甲州御扱之内如此之儀、不及是非候、彼使衆ニ御理在之様可遂披露候、然者輝虎
厩橋近所へ越山之由注進候、因茲被催諸勢火急ニ御出馬候、彼表之様子追而可申候、時分柄如何ニ候間、為指儀
不可有之候歟、③随而甲州・房へ之使近日当地迄帰路候、義堯御父子御返答一途無之、毎度之分ニ候、先甲陣へ御
透候帰路之砌、勝頼御同意ニ可有御返答分ニ候、其上其表之儀落着可申候、只今者越衆之行被合御覧儀迄ニ候、
麦秋以前ニ北口之儀者可相澄候歟、追而可遂御内談候、珍儀可申入候、又可蒙仰候、恐々謹言、
（天正二年）二月廿一日　憲秀（花押）
原式（原胤栄）
参御報

史料6は、関宿合戦の状況などから天正二年に比定される。まず史料6の傍線部①②をご覧いただきたい。太田資正から里見義弘に対し「合力之儀」が要請されていたことが分かる。この「稼（関宿救援を求める要請）」は「去歳（天正元年）」から行われていた。太田資正は、当時佐竹氏の客将として常陸片野城に居た人物である。先に述べたが、資正はかつて上杉氏と関東諸氏とを取り結ぶ役割を担っていた[45]。そして、「輝虎至于越山者」とあるように、すでに上杉方との連携を意図して動いていた。また、その動きを受けて足利藤政からも里見義弘に向けて「再三被仰出」て

いる。足利氏と太田氏のつながりにより、足利藤政からも里見氏への関宿救援要請が行われたのである。[46]足利藤政・太田資正は、すでに武田氏ではなく上杉方に付く動きを見せていたのである。

このような太田資正・足利藤政の要請の結果、「聊助成可有之分候」とあるように、里見義弘は関宿救援の軍事行動を受諾した。しかし、裏を返せば、この時期まで里見氏は軍事行動を行っていなかったということである。つまり、上杉方を表明する関宿城の簗田氏救援に向かわなかったのである。そして、この後も軍事行動に加わった様子は見られない。言い換えれば、元亀三年末の千葉氏に対する軍事行動以降、決してそれを拡大させることはなく、武田氏の要請通り軍事行動停止を維持していたということである。里見氏はあくまで静観していたといえよう。

この時期は、里見氏にとって、上杉氏とともに軍事行動を起こす好機であった。上杉謙信は、二月に沼田着陣を果たすと、三月下旬には館林領で利根川を挟んで北条氏と対陣している。[47]このような好機であったにもかかわらず、里見氏は軍事行動を取らなかった。[48]つまり、この時点で里見氏は未だに武田・北条方であり、上杉氏との連携は回復していなかったのである。里見氏は上杉氏との連携に慎重な姿勢を見せたといえよう。

そして、その点から注目されるのが史料7である。北条氏家臣松田憲秀と、[49]千葉氏重臣原胤栄の間で交わされた書状である。傍線部①からは、里見氏家臣正木時忠が馬野郡大坪に対する軍事行動を取ったことが見える。[50]小弓城を奪取することを狙った行動の一環であろう。そして、史料7は原胤栄から北条氏側にこの行動への抗議がなされたことで、出された返書であると考えられる。このような抗議がなされること自体、北条・千葉氏間でも停戦の合意があったのだと想定される。当然、それは里見氏との和睦交渉継続を目的としたものであろう。元亀三年末、里見氏の軍事行動後［武田→北条→千葉］といったルートで停戦が呼びかけられたものとみられる。[51]

さらに史料7の傍線部②に「如蒙仰甲州御扱之内」とあるように、武田氏を「中人」とした里見・北条間での和睦交渉は未だに継続していたことがはっきりと分かる。当時の武田氏当主は勝頼（武田信玄は天正元年に死去）であったが、代替わり後も里見氏との関係性は維持されたのであった。このことは、史料6における里見氏の慎重な姿勢と合わせて注目されよう。

そして、里見・武田・北条の三氏での交渉は、傍線部③より分かる。「甲州・房へ之使近日当地迄帰路候」とあることから、［北条→武田・里見氏］といった形で使者を派遣したことが分かる。また、「先甲陣へ御透候帰路之砌」とあることから、この使者は先に武田氏の下へ派遣され、里見・北条氏間の交渉状況を同氏から聞いた上で、里見氏の下へ派遣されたのだと考えられよう。そして、一度武田氏の下から小田原に帰還した使者によれば、「勝頼御同意ニ可有御返答分ニ候」とのことであった。この部分は「勝頼によれば（里見氏は北条氏との和睦に）ご同意の返答をなさるでしょう」と解釈できよう。その後に「其上其表之儀落着可申候」とあり、房総方面の「落着」が想定されている。里見氏は和睦に同意する旨の返答を武田勝頼に行っていたと解釈できよう。里見氏は武田氏の代替わり後も「外交」関係を継続していたのであった。

しかし、その一方で「義堯御父子御返答一途無之、毎度之分ニ候」とあるように、里見・北条氏間では交渉が難航していた。里見氏は武田氏との「外交」関係を維持する一方、北条氏との和睦には消極的であった。この一見相反する行動の真意を想像すれば、おそらく武田氏との「外交」交渉継続により、北条氏との決定的対立を避ける意図が読み取れよう。その意味で、天正二年は、武田氏との関係を維持しつつ、北条氏との休戦状態を継続する方針を取っていたと想定されよう。これ以後も里見氏は、関宿合戦に積極的な参加を見せていないことから、そのような姿勢は以後も続けられたのだと考えられる。

結局、関宿城は、天正二年十一月末に落城。この戦いを以て南関東における北条氏の優位は決定的となった。この事実は、上杉方として行動した佐竹氏が北条氏との和睦を選択していることからも明らかである。そして、この佐竹氏の和睦は、おそらく武田勝頼が仲介したものと考えられる。佐竹・北条氏間での和睦においても武田氏の存在の大きさがうかがえよう(52)。

では、関東情勢が北条氏優位に展開したにもかかわらず、なぜ北条氏と里見・佐竹氏との和睦がなされたのであろうか。その点、北条氏は武田氏との敵対関係に陥ることを懸念したと考えられよう。未だ上杉氏の関東出兵が懸念される情勢にあって、里見・佐竹氏らとの抗争関係再開により、「中人」武田勝頼の面子を潰すことを躊躇したのである。

一方、里見氏の行動を黙認した武田氏の動向も注目される。武田氏側は、関東での影響力を維持しつつ、遠江・三河侵攻に専念する状況の整備を意図したのだと想定される。つまり、武田・北条氏は、互いに同盟関係を利用し、情勢を優位に展開し得たものの、関東諸氏への対応をめぐっては、緊張関係にあったのである。里見氏は両氏の関係性の中で、親武田氏勢力として、北条氏との決定的対立を避けていたのであった。

しかし、そのような関係性は長く続かなかった。契機となったのは、天正三年五月の長篠合戦である(53)。武田勝頼は長篠合戦での敗北で、多くの重臣を戦死させる。さらに奥三河・東美濃・遠江の諸城を、織田・徳川氏に攻略され、大きく勢力を後退させることとなった。このことは、武田氏の関東情勢に関与する余裕を損ない、同氏の影響力の低下につながったであろうことは想像に難くない。そして、このことが北条氏の関東における優位をより一層際立たせるものとなったといえる。武田氏は領国支配を再編し、織田・徳川氏の攻勢に備える必要性が生じた。それ故、武田氏が関東情勢に関与する可能性は著しく低下したのである。

北条氏が天正三年六月、突如小山領侵攻を開始するのは、そのような情勢を踏まえたものだと考える。佐竹氏が、上杉氏との関係修復を図り、再び北条氏との抗争関係に至るのも武田氏を頼れなくなった状況の中で、上杉氏との関係再構築が唯一の選択肢であったことを意味していよう。

そして、同年八月下旬からは房総侵攻も開始される。一宮正木氏や万喜土岐氏といった上総東部の国衆救援のため、北条氏の侵攻が行われたのであった[54]。元亀三年初頭より、一時的な停戦状態にあった里見・北条両氏の関係はこの房総侵攻を以て「房相弓矢再来[55]」という状態に陥った。里見氏も佐竹氏同様[56]、武田氏をあてにできない状況に置かれたが故に同年十月以前には上杉氏との同盟関係を回復していくこととなる。関東において武田氏の影響力が低下したことで、里見氏は上杉氏との関係を修復をするほかなかったのである。

以上、里見氏は元亀年間から天正三年初頭まで武田氏との「外交」を重視。長篠合戦を契機として、武田氏が関東情勢に関与し得なくなるまでその関係は継続していたことを見た。里見氏と上杉氏との関係再構築が天正三年半ば頃であるのは、房甲同盟が継続したことで、北条氏との休戦状態も継続していたことを示すものと考えられる。

おわりに

以上、ここまで里見氏の「外交」路線の変更を中心に検討してきた。最後に本稿の内容をまとめておきたい。

①房甲同盟は、永禄十二年（一五六九）六月の越相同盟締結を受けて、それに対抗する形で交渉が開始されたこと。そして、同年八月頃には同盟が成立。里見氏は上杉氏との関係を断絶し、「外交」路線の変更を図ったこと。

②里見氏の永禄十一年末から元亀二年（一五七一）にかけての優勢は、武田氏と連携した軍事行動を背景としたものであること。その意味で、武田氏「外交」によりもたらされた優勢と評価できること。

③里見氏は元亀三年以降、天正三年（一五七五）六～八月頃まで武田氏との同盟関係を継続したと想定されること。その同盟関係によって北条氏との決定的対立を避け、停戦状態を継続させていたこと。
④房甲同盟は、武田氏の長篠合戦敗北により終了したと考えられること。その背景には、関東諸氏をめぐる武田氏と北条氏の緊張関係が存在。両者の関係が崩れたことを以て、北条氏の房総侵攻へとつながっていったこと。

などを見た。

房甲同盟により、里見氏は北条氏に対する軍事行動を優位に展開させた。さらに元亀三年の甲相（武田・北条）同盟復活後は、北条氏との対立を避け、休戦状態を継続させた点で有効性を持ったのである。

では、房甲同盟の意義を確認したところで、冒頭で掲げた里見氏が劣勢に追い込まれ「房相一和」に至る要因について若干考察したい。端的に言えば、その要因とは、武田・上杉氏が畿内周辺の情勢に巻き込まれ、里見氏の遠交近攻「外交」が上手く機能しなくなったことといえる。天正三年五月、長篠合戦で武田氏が織田・徳川氏に敗北し、大きく勢力を後退させたことが北条氏の房総侵攻へとつながったことは本稿で確認した。ただ、その後、天正四年五月には上杉氏も足利義昭・本願寺・毛利輝元らとの同盟を締結し、織田氏との抗争を開始する(57)。上杉氏も関東情勢から遠ざかっていくのである。つまり、天正三～五年にかけて北条氏の度重なる房総侵攻を受ける背景には、武田・上杉氏がともに織田氏との抗争を繰り広げていくことで北条氏にとっては後顧の憂いをなくすことのできる状況が存在したのであった。

このような情勢を踏まえれば、房甲同盟が里見氏にとって非常に重要な意味を持ったことは明白である。北条氏は天正二～三年夏までの段階において、この房甲同盟が存在したが故に、房総侵攻を容易に開始し得なかったのである。しかし、一方で里見氏の房甲同盟を重視する姿勢は、その後急速な後退を遂げる要因にもなった。天正二年の上杉氏による関宿救援が失敗したことで、里見氏が再び手を結んだ時、上杉氏は関東での勢力を大きく後退させていたからである。里見氏は上杉氏との連携、関宿城救援ではなく、房甲同盟の有効性に自らの命運を委ねたのである。上杉氏か武田氏かという選択肢に対し、上杉氏の勢力後退を招いても、武田氏との関係を重視することを選択したのである。それだけに、長篠合戦で武田氏が勢力を後退させたことは非常に大きな影響を及ぼした。天正三～五年にかけて北条氏の圧倒的に優位な状況が現出した背景には、房甲同盟が思った以上に早くその効力を失ってしまうという里見氏の誤算があったのである。

註

（1）越相同盟に関する研究として、①藤木久志「戦国大名の和与と国分」（同『豊臣平和令と戦国社会』東京大学出版会、一九八五年）、②岩沢愿彦「越相一和について―『手筋』の意義をめぐって―」（『郷土神奈川』一四、一九八四年）、③市村高男「越相同盟の成立とその歴史的意義」（戦国史研究会編『戦国期東国社会論』吉川弘文館、一九九〇年）、④栗原修「戦国大名上杉氏の上野沼田城支配―沼田在番衆を中心に―」（同『戦国期上杉氏・武田氏の上野支配』岩田書院、二〇一〇年、初出一九九三年）、⑤柴辻俊六「越相同盟と武田氏の武蔵侵攻」（同『戦国期武田氏領の展開』岩田書院、二〇〇一年）、⑥丸島和洋「大名間外交と「手筋」」（同『戦国大名武田氏の権力構造』思文閣出版、二〇一一年、初出二〇〇四年）、⑦儘田めぐみ「越相同盟交渉における北条氏照の役割の再検討―第二次関宿合戦との関係から―」（『戦国史研究』六五、二〇一三年）、⑧鉢形城歴史館編『関東三国志―越相同盟と北条氏邦―』（鉢形城歴史館開館十周年記念特別展図録、二〇一四年）などがある。

（2）本稿で扱う房総里見氏の基礎的事実は、特に断らない限り『千葉県の歴史』通史編中世（二〇〇七年）を参照。

（3）千野原靖方『新編 房総戦国史』（崙書房出版、二〇〇〇年）。
（4）黒田基樹「北条氏と両総国衆」（同『戦国の房総と北条氏』岩田書院、二〇〇八年）。
（5）黒田基樹『戦国関東の覇権戦争』（洋泉社、二〇一一年）一九九頁。
（6）「外交」という言葉は、戦国大名領国を地域国家と見る研究の進展に基づいて使用されるようになった用語である（丸島註（1）⑥著書参照）。「通交」といった用語では表現が難しい、戦略性をも含み込んだ用語として、ほかに適当なものがないことから、本稿でも「外交」の語を使用するものとする。
（7）武田氏側からの研究としては、丸島和洋「武田氏の外交取次とその構成」（丸島註（1）⑥著書所収、初出二〇〇二・二〇〇八年）。
（8）正木氏は、里見氏にとって「目下の同盟者」（川名登『房総里見一族』新人物往来社、二〇〇八年）、「家宰的立場」（滝川恒昭「三浦氏と房総正木氏」『三浦一族研究』一六、二〇一二年）などと表現される里見家中の筆頭的存在である。特に小田喜城を中心に支配地域を持つ小田喜正木氏はその代表的存在といえる。滝川恒昭「正木時茂に関する一考察」（『勝浦市史研究』二、一九九六年）などを参照。
（9）黒田基樹「上杉謙信の関東侵攻と国衆」（同『戦国期東国の大名と国衆』岩田書院、二〇〇一年、初出二〇〇〇年）。
（10）長谷川弘道「永禄末年における駿・甲同盟決裂の前提―」（『武田氏研究』一〇、一九九三年）。
（11）「安房妙本寺文書」（『戦国遺文 房総編』一三〇五～七号。以下、『戦房』と省略）。
（12）「早稲田大学図書館所蔵遠山文書」（『戦房』一三〇二号）。
（13）「弘法寺文書」（『戦房』一三一二号）など。
（14）「上杉家文書」（『戦房』一三一〇号）。
（15）「中村文書」（『戦房』一三一九号）。

(16)　永禄十二年九月二十日上杉輝虎覚書写「歴代古案十二」（『戦房』一三四八号）。表1No.6。この点、市村高男「越相同盟と書札礼」（『中央学院大学教養論叢』四―一、一九九一年）に詳しい。
(17)　上杉謙信も里見氏の書札礼問題化を「専者事お寄左右、信玄へ同心と見聞之事」（前掲註(16)史料）と見ている。
(18)　「神保誠家文書」（『戦房』一三四二号）。表1No.2。なお、同内容は佐竹氏にも伝えられた（「太田文書」『戦房』一三四四号）。
(19)　「専宗寺文書」（『戦房』一三四三号）。表1No.3。同文書は、新井浩文「岩付太田氏関係文書とその伝来関係」（同『関東の戦国期領主と流通―岩付・幸手・関宿―』岩田書院、二〇一二年、初出二〇〇三年）で紹介された。
(20)　秋山敬「日向大和守の系譜」（同『甲斐武田氏と国人』高志書院、二〇〇三年、初出二〇〇二年）。
(21)　杉山博「上杉輝虎(謙信)と太田資正(道誉)―三戸文書の再検討―」（黒田基樹編『岩付太田氏』岩田書院、二〇一三年、初出一九七八年）、新井浩文「太田資正と北関東の諸勢力」（同『関東の戦国期領主と流通―岩付・幸手・関宿―』岩田書院、二〇一二年、初出一九八八年）・「梶原政景と足利義氏」（同書、初出二〇〇〇年）参照。
(22)　「山県徹氏所蔵文書」（『戦房』一三三七号）。表1No.1。
(23)　「武田文書」（『戦房』一三四七号）。表1No.5。
(24)　佐藤博信「足利藤政についての覚書」（同『中世東国政治史論』塙書房、二〇〇六年、初出二〇〇三年）。
(25)　柴辻註(1)⑤論文、宮前功「武田信玄の秩父侵入」（『駒澤大学史学論集』三四、二〇〇四年）など参照。
(26)　「井田家文書」（『戦房』一三六四号）。
(27)　「簗田家文書」（『戦房』一三八〇号）。表1No.7。「秋田藩家蔵文書」（『戦房』一三八九～一三九二号）。
(28)　「郊遊漫録」（『戦房』一三八七号）。
(29)　当時の「外交」情勢は、栗原修「上杉氏の外交と奏者―対徳川氏交渉を中心として―」（『戦国史研究』三二、一九九九六年）参照。
（30）「千葉市立郷土博物館所蔵原文書」（『戦房』一三九八・九九号）・「延命寺文書」（『戦房』一四〇三・四号）。
（31）「安房妙本寺文書」（『戦房』一四二五号）。表1No.9。
（32）「安房妙本寺文書」（『戦房』一四二六号）。表1No.10。
（33）黒田基樹「上総武田氏の基礎的検討」（同『戦国の房総と北条氏』岩田書院、二〇〇八年、初出一九九八年）参照。長南武田氏は享徳の乱初期に上総に入部した一族である。
（34）中人制については、勝俣鎮夫「戦国法」（同『戦国法成立史論』東京大学出版会、一九七九年）参照。
（35）「田中稔氏所蔵文書」（『戦房』一四五〇号）。表1No.15。
（36）黒田基樹「戦国期「半手」村々の実態」（同『戦国期領域権力と地域社会』岩田書院、二〇〇九年、初出二〇〇六年）参照。半手契約の解消は、ただちに敵対を意味するものであったことが述べられている。
（37）「内閣文庫所蔵久遠寺文書」（『戦房』一四二八号）など。表1No.11～14。
（38）例えば、川名登『房総里見一族』（新人物往来社、二〇〇八年）では、「武田信玄の威信をもってしても、里見氏の基本方針を変えることはできなかった」（一四四頁）としている。
（39）武田氏側からすれば、関東出兵で得た影響力の保持に狙いがあったと想定される。上杉氏の関東出兵を考えても、また、北条氏と再び決裂した場合を想定しても、影響力を保持しておくことは重要であったと考えられる。
（40）註（21）参照。
（41）元亀三年四月十六日付上杉謙信書状「妙満寺文書」（『上越市史』別編上杉氏文書集一〈以下、『上越』〉、一〇九四号）で接触が図られているが、それ以後は天正三年まで見えない。その後の天正二年段階の軍事行動において、上杉謙信は佐竹氏のことのみ問題にしていることからしても、里見氏を武田・北条氏に近い存在と見ていた可能性が高い（「上杉家文書」『戦房』一五〇〇号）。
(42)今泉徹「関宿合戦の諸段階―佐竹・宇都宮氏の動向を中心に―」（『野田市史研究』二〇、二〇〇九年）。
(43)「潮田文書」（『戦房』一四六二号）。従来足利輝氏のものと比定がされていたが、近年田中宏志氏により足利藤政の書状とされた（田中宏志「足利藤政再考」佐藤博信編『関東足利氏と東国社会』岩田書院、二〇一二年）。
(44)「西山本門寺文書」（『戦房』一四六五号）。表1№16。
(45)註(21)のほか、黒田基樹「総論岩付太田氏の系譜と動向」（同編『岩付太田氏』岩田書院、二〇一三年）に詳しい。
(46)足利藤政は当時まだ安房に居たと想定される。天正二年初頭までに里見氏が軍事行動を起こしていないことは、史料6・7に見える通りであるから、この時点で足利藤政の帰座（関宿城カ）が完了していたとは到底考えられない。
(47)黒田註(9)論文参照。
(48)天正元年から二年までの間、里見氏が大規模な軍事行動を起こした形跡はない。唯一天正元年のものと推定される足利藤政書状（『戦房』一四五八号）の「今般義弘以稼、不思儀（議）ニも其地（関宿城ヵ）江引移候事」という記述は注目される。ただ、この動きは北条氏の関宿城攻撃により実現しなかったとみられる（黒田註(44)論文参照）。
(49)松田憲秀の役割は、黒田基樹「松田憲秀に関する一考察―「指南」の具体例として―」（同『戦国大名領国の支配構造』岩田書院、一九九七年、初出一九九二年）参照。房総方面への取次を務めていた。
(50)史料7に見える正木時忠の「大坪再興」は、里見氏が武田氏との関係維持路線をとったことに反し、若干不可解である。ただ、①上杉氏の関東出兵が開始された情勢、②足利藤政・太田資正父子が上杉謙信をあてにしていること（史料6）、③上杉氏と連携した佐竹氏家中でも謙信への「疑心」が存在したこと（「上杉家文書」『戦房』一五〇〇号）からすれば、里見氏内でも対立が生じていた可能性は高い。上杉氏につくか、武田氏につくかといった対立である。その意味で、正木時忠の「大坪再興」は、里見義弘の「外交」方針に対する領国内の不満が現出したといえるのではないか。天正三年正月・四月、正木憲時の矢作城への軍事行動（「大虫岑和尚語集」『千葉県の歴史』資料編中世五、一〇一一～三頁）も、同様と考えられようか。この点は、今後の課題としたい。

(51) 里見氏の軍事行動は、「妙興寺文書」（『戦房』一四四九号）参照。天正初年頃まで里見・北条間の和睦交渉が行われていたことは、史料7より明らかである。そのことから、里見・北条氏間の抗争は一旦中断されたと考えられる。その背景には、北条氏から千葉氏への働きかけが存在したであろうことは想像に難くない。

(52) 天正二年十一月四日付武田勝頼書状（「滝口家所蔵文書」『戦国遺文 武田氏編』二三七四号）には、「相佐和親之儀、小田原へ申遣、回答相待候哉」とあり、勝頼が北条・佐竹間の和睦を仲介している様子が見える。そして、同年閏十一月二十五日付足利義氏書状（「由良文書」『群馬県史』二八〇八号）には「佐竹・宇都宮令懇望」とあり、佐竹・北条間での和睦へと向かっている。そのことからすれば、武田勝頼がその仲介を果たした可能性は十分に想定できよう。

(53) 柴裕之「長篠合戦再考―その政治背景と展開―」（同『戦国・織豊期大名徳川氏の領国支配』岩田書院、二〇一四年、初出二〇一〇年）、平山優『長篠合戦と武田勝頼』（吉川弘文館、二〇一四年）。

(54) 「清水文書」（『戦房』一五四六号）、「由良文書」（『戦房』一五四八号）など。

(55) 天正三年十一月九日付北条家朱印状（「紀伊国古文書在田郡古文書二」『戦房』一五六六号）。

(56) 「高橋文書」（『戦房』一五四九号）。

(57) 広澤康「謙信の越中・能登侵攻」（池享・矢田俊文編『定本上杉謙信』高志書院、二〇〇〇年）。

【付記】本稿執筆に当たり、滝川恒昭氏から種々ご教示いただいた。謝意を表する次第である。

天正十三年・十四年の下野国の政治情勢
──関連史料の再検討を通じて──

竹井英文

はじめに

戦国・織豊期東国の政治史に関する研究は、近年も止むことなく、多くの研究者により精力的に行われ、大きく進展している。そうした無数の個別研究の成果をまとめた著書も、近年数多く刊行されている。通史的なものだけでも、齋藤慎一『戦国時代の終焉』(1)、市村高男『戦争の日本史一〇　東国の戦国合戦』(2)、平山優『天正壬午の乱』(3)、同『武田遺領をめぐる動乱と秀吉の野望』(4)、池享『動乱の東国史七　東国の戦国争乱と織豊権力』(5)、黒田基樹『敗者の日本史一〇　小田原合戦と北条氏』(6)などがあり、さらに詳細な年表という形で、武田氏研究会編『武田氏年表』(7)、黒田基樹編『北条氏年表』(8)が刊行された。当該期の政治史・政治過程については、もはやつけ入るすき間もないようにみえる。

しかし、そのような状況のなかでも、さらに深めるべき余地はまだ残されているようである。黒田基樹氏は「研究成果がやや不十分と感じられたのが、北関東・南東北の政治史である。この分野での研究にさらなる進展がみられると、小田原合戦にいたる政治過程理解も変化してくるのではないかと予感している」(9)と述べている。筆者も、わずかながら当該期東国の政治史を考察してきたが、そこでも北関東・南奥羽については、十分検討できず、課題として残されたままであった[10]。本稿は、この点について、若干の検討を行うことにしたい。

本稿で検討したいのは、天正十三・十四年(一五八五・八六)という二年間における下野の政治情勢である。戦国・織豊期下野の政治史については、言うまでもなく重厚な研究史が存在しており[11]、良質な関連自治体史も数多く刊行されていることは、周知の通りである。ただ、どの地域もそうであるが、当該期下野関係史料は無年号文書が数多く、その年代比定という点で、なお検討の余地があるように思われるのである。年代が異なれば、当然ながら描かれる歴史像も異なってくるため、可能なところから確実な年代比定を進めていき、議論の基礎を築くことが求められよう。

そこで本稿では、なるべく多くの史料を掲出して、一点一点ていねいに検討していくことにしたい。なお、煩雑になるため、以下「天正」の年号を省いて叙述する。

一　天正十三年前半の北条氏と反北条東国諸領主の動向

まずは、確実な史料から、十三年前半の情勢を確認していきたい。

前年の沼尻合戦が終了後、北条氏は上野の新田・館林を攻め、十三年正月早々に両城を接収することに成功した[12]。これにより、北条氏は下野方面への攻勢を強めることになった。

十三年正月・二月の北条氏は、主として接収したばかりの金山城・館林城の改修を行っていたようである。二月五日付けの白川義親宛て宇都宮国綱書状[13]によると、由良・長尾両氏が居城を北条氏へ明け渡したことをうけて、北条氏は両城を改修したうえで、数日中には帰陣するとの情報を伝えている。これに対して、佐竹義重は代官として佐竹義斯・義久を宇都宮に派遣し、対策を練っている。

その一週間後にあたる二月十二日付けの西方太郎左衛門尉宛て宇都宮国綱書状(14)には、北条軍は金山城を改修しており、一両日中に皆川表へ出陣するとの情報が記されている。ここから、少なくとも二月中旬までは、北条軍は表だって軍事行動はせず、接収したばかりの金山城・館林城の改修に力を入れていた様子がうかがわれる。

この時、国綱は、近日中の北条軍の出陣を予測していたが、実際にはすぐに行われなかったようである。一方、このころ下野北部では、宇都宮の北部に位置する塩谷領をめぐって、宇都宮国綱・川崎塩谷弥六郎と那須資晴・喜連川塩谷弥七郎が対立していたが、それが深刻化し、三月二十五日に両者は激突している(15)。著名な薄葉原の戦いであるが、結果的には資晴方が勝利したようである。これに関連する史料として、以下のものがある。

〔史料1(16)〕

依無題目、遥々不申達候、本意之外令存候、然者塩谷境目兎角付而、向彼地御出馬之由及承候、就之自宇都宮も被及御防戦之間、一昨日者互ニ被打向之段及承候、乍恐無御心元奉存候間、使者以申上候、此段可然御披露任入候、恐々謹言、

多賀谷

三月廿八日　重経（花押）

烏山

御宿□□

〔史料2(17)〕

急度啓候、仍向川﨑従那事切付而、国綱塩弥御成助之上、去廿五資晴陣所近辺へ被及調儀候由、其听候、様体無御心元候、関奥之覚不可然候歟、被属平和候様可為肝要候、定義重・晴朝可被申届候歟、可然様被取成専用、万

吉猶期後音畢、恐々謹言、
卯月朔日　　　不説判
今泉但馬守殿

史料1は、那須資晴宛て多賀谷重経書状である。「塩谷境目」をめぐって宇都宮氏と那須氏が激突していることから、薄葉原合戦時の状況を指すものと考えられる。そのため、宛所の「烏山」は資晴を指すことになる。両軍が激突した日を「一昨日」＝三月二十六日としており、一日ズレてしまうが、誤差の範囲であろう。

史料2は、宇都宮氏家臣今泉但馬守宛て白河義親書状写である。「去廿五」日に国綱と資晴が激突していることから、これも薄葉原合戦のことを指すと考えて間違いない。これによると、喜連川塩谷弥七郎・那須資晴側が川崎塩谷弥六郎を攻撃したことにより、国綱が助勢のため出陣し、資晴の陣所へ攻撃を仕掛けたことがわかる。史料1でも、宇都宮方が「防戦」に及んだとあることから、事実経過としてはそのようなことだったのだろう。両者の激突は北関東・南奥の領主たちにとって由々しき事態であり、重経は「無御心元」と、義親は「被属平和候様」と述べ、佐竹義重や結城晴朝の仲介も求められるようになっていたこともわかる。

宇都宮・那須両氏の対立が続くなか、四月になると北条氏の進出が始まることになる。

〔史料3〕(18)

誠其已降良久不能音問条、内々可令啓述由、逼塞之砌、預親封候、一段本望候、然者、万邦弥被任御所存之由、肝要至極候、就中、去歳至于越中新山地御出勢、即時被入掌握之由、心地好次第候、殊秀吉追日御入魂候哉、猶以深重被相談、都鄙平均之可被廻御調略事、尤候、当表之儀、一味中無二申合、諸口仕置等堅固候、可御心安候、余事自是可申述候間、期其節閣筆端候、恐々謹言、

五月二日　　国綱（花押）

山内殿　御報

〔史料4〕(19)

三月七日、同十六日之御一簡、去廿八日当着、具令披見候、抑其以往依無題目不申通、覚之外至候、仍越中表号新山地被入手裏、其外彼表悉皆被属御存分之由、乍不始儀心地好令存候、就中、秀吉江弥非申合由肝要至極候、

随而、義重事秀吉江無二申通候、於時宜者可御心安候、将又、北条氏直不虞越河、皆川表居陣、好箇之節候条、為可付興亡、去廿七日出勢之処、敵当表退散無是非次第候、此上乗押付調儀令逼塞候、幾廻乍申事、関東御越山所希候、幾許謙信御悶之儀候得者、此度御発向諸家中相談、涯分可令馳走候条、八州静謐不可有疑候、万々追而可申達候之条、不能具候、恐々謹言、

四月朔日　　義重

山内殿

史料3は宇都宮国綱書状、史料4は佐竹義重書状写で、いずれも上杉景勝宛てである。まずは、その年代を考えてみたい。

各種史料集・論文では、十一年に比定していることが多いが、『藤岡』は史料4を十三年に比定している。『藤岡』は、北条氏の皆川領出陣という事実に注目し、それは十一年では確認できず、十三年に確認されるものとしているのである。筆者も、この年代比定を支持するが、なかでも傍線部の「越中新山」に注目したい。史料3・4を収録しているこれまでの史料集では、これを富山県氷見市の荒山城(新山城)に比定している。荒山城は、加賀と越中の境目に位置する城で、十二年時点では佐々成政方の城であったが、同年十月までに前田利家らの攻撃を受け落城しているこ

とが知られる。

しかし、ここで「新山」を攻撃し手にしたのは、上杉景勝のはずである。加賀との境目にある氷見市の荒山城に上杉軍が攻め入ることは、考えられない。よって、別の城であることは明らかである。では、その城はどこであろうか。十二年九月、景勝は秀吉と連携して成政を攻撃するため、越後から越中へ出陣した。その際に攻撃し、十月二十六日に落城させ、以後秀吉との「越中国切」が完成するまで越中進出のための橋頭堡、境目の城とした城が、越中境にある宮崎城であった。宮崎城は、当時「堺之地」「堺之城」「堺之要害」あるいは「堺之荒城」とも呼ばれていたことがわかっている[20]。また、宮崎城の別名は「荒山城」「新山城」であるとされる[21]。残念ながら、他の史料で宮崎城が「新山」(荒山)と表記されているものを見つけることができなかったが、状況的には間違いない。よって、史料3・4に登場する「新山」は、越中境の宮崎城のことを指し、ともに十三年に比定して間違いないことになる。

なお、史料4の日付が四月朔日となっているが、内容からして史料3と同時期の日付がふさわしく、写し間違いだろう[22]。

これにより、当時の北条軍の動きが明確となる。十三年四月半ばごろに、北条軍は利根川を越えて皆川領へ在陣し、それに対応して二十七日に義重が出陣したところ、戦うことなく「当表」から退散した、という流れになる。ところが、義重自身が皆川領にまで出陣したことはうかがわれない。では、「当表」とはどこなのだろうか。

〔史料5[23]〕

急度令啓候、仍南衆不日ニ出張、壬生領へ調儀之由其聞候、彼是時分柄与云、資晴・其元之間、万事被抛不足、御和融可肝要候、委細敵陣之模様、方々到来透御返答尤候、事々令期後音之辰候、恐惶謹言、

卯月廿八日　清幹判

宇都宮殿

宇都宮国綱宛て大掾清幹書状写である。無年号だが、資晴と国綱が対立しており、その融和を図っている状況は、史料2と合致する。また、詳しくは後述するが、同月に壬生氏は北条方へ寝返っているため、北条軍が壬生領を「調儀」＝攻撃するということは、それ以前のものということになる。加えて、十二年四月はすでに沼尻合戦が始まっている時期であり、内容にそぐわない。十年四月、十一年四月も、北条軍の行動と合わない。これらのことから、十三年に比定される。

この史料からは、四月二十八日以前に北条軍が壬生領を攻撃するとの情報を清幹が把握していたことがわかる。「由」とあるように、伝聞情報ではあるものの、皆川領に在陣していた北条軍の、少なくとも一部は壬生領まで攻め込んでいた可能性が出てくる。そして、次に掲げる史料6によると、義重は壬生領の隣である「宮領」＝宇都宮領にまで出陣していたことがわかる。よって、「当表」というのは、宇都宮領周辺のことを指すものと考えられる。そうだとすると、北条軍は壬生領・宇都宮領近くまで進出したものの、二十七日の義重の出陣をうけてほどなく皆川領方面へと退陣した、という流れになる。では、北条軍はその後どこへ退陣したのだろうか。

〔史料6〕(24)

五月之二日之貴札、今日八日参着、具奉披見候、抑去比者、於沢村之御勝利、其刻聊申達候キ、御悦喜之段、節々披露御書面候、且御隔心之至、且御過当之至奉存候、内々其以往御当口之御様躰、無御心元令存候処、近日南衆出張、皆川張陣、爰元手透依無之、是非不申達候、無沙汰之至、乍恐無御意見存候処ニ、結句態被仰出候、雖不始御事候、畏入奉存候、南衆去六日佐野領へ被移陣候、于今彼口被立馬候由申来候、此上可為如何候哉、太田ニも至り宮領御出馬、定可被及聞召候、於御様躰者、晴朝可申達候、然者去月十三日重而御勝利、其以後打続度々之御吉事、誠以不及是非候、御本望於都鄙不可有其隠候、万端南衆被納馬候時分、態可申達候、此上之御事者、先々千万之閣御不足、御味方中御一統奉念願候、晴朝滅亡致眼前候、不御一代御仕合、殊御当代御事歟、御好味ニ被参候上去与而者、可被御覧し放事、無之候、彼等之処、誠雖才覚申事候、御南様至于御当代、別而被加御不敏候間、有儘申達候、此等之趣、宜被得御意候、恐々謹言、

五月八日　　幡龍齋　全阿(花押)

烏山

御館

水谷政村の書状である。宛所の「烏山　御館」は、文中に「御南様」＝資胤と「御当代」＝資晴が登場することから、資晴で間違いない。そのため、年代は資晴が家督を継承したことが確認される十年四月以降となる。(25)さらに、冒頭の「沢村之御勝利」が十三年三月の薄葉原合戦での勝利を指すと考えられること、北条軍が五月八日から見て「近日」に皆川領に在陣していることなどから、十三年に比定される。

傍線部によると、皆川領あたりに在陣していた北条軍が、五月六日には佐野へ移陣し、八日現在でも未だ佐野表に在陣していること、これに対して義重が宇都宮領に出陣していることがわかる。北条軍が向かった先は、佐野領であったことが確認されよう。

もう一つ注目されるのが、傍線部の「去月十三日重而御勝利」との記述である。ここから、資晴と国綱は薄葉原合戦後の四月十三日にも激突し、再び資晴方が勝利を挙げたことがわかる。こうした状況に加え、北条氏の進出が強まっている現状から、政村は資晴に対して、国綱との争いを止め「御味方中御一統」することが望ましいと述べている。史料2・5と合わせて考えると、北関東・南奥の領主たちが三月・四月と続けて両者の和睦を働きかけていた様

子がうかがわれよう。

そして、ちょうど同時期に、那須氏と宇都宮氏の間で停戦が実現したようである。

〔史料7〕[26]

仍南衆于今佐野表張陣候哉、就之、無手透被及指引之由、無際限労煩之処、令識察候、然而当口之儀者、塩谷弥七郎有平均、喜連川江帰城之事、晴朝・義重強而預異見候上、無拠任其意令落着候、定而可為御悦候、将亦其表無何事候由、尤に心候、万々太田原山城守可申越候間、不能詳候、恐々謹言、

五月十五日　　資晴（花押影）

多賀谷下総守殿

多賀谷重経宛て那須資晴書状写である。五月十五日ごろに北条軍が佐野表に在陣している様子がうかがわれる。また、資晴方の塩谷弥七郎の優勢が続いていたが、居城である喜連川城へ帰城するよう佐竹義重・結城晴朝から強く要請されたことにより、やむをえず従ったとある。こうした状況から、十三年に比定される。資晴と国綱との和睦は、資晴自身が後掲史料18で十三年「秋中」と述べていることから、まずは停戦が実現し、その数ヶ月後に和睦が締結されたことになろう。

五月六日に佐野へ移陣した北条軍は、その後おそらく上野新田・館林方面へ退陣したものと思われる。その直後、北条軍は徳川家康から真田氏が保有する上野沼田城を受け取るために、沼田方面へ出陣している。その際、新田を拠点にしている様子がうかがわれることから、五月・六月は基本的には新田周辺にいたことがわかる[27]。結局、沼田城引き渡しは不調に終わり、北条軍は矛先を再び下野方面へ向け、七月に出陣することになる。

二　天正十三年後半の北条氏と反北条東国諸領主の動向

続いて、十三年後半の状況をみていきたい。

〔史料8〕(28)

先月廿日之御状今日到着、披閲快然之至候、抑於越中秀吉御調談、北国平均被明御隙之由、肝要此事候、然而、初秋南衆出勢、皆川領張陣、因茲、義重被打出、催諸味方可出備所存候処、佐野表へ移于不経日居陣退陣候、是又失行候、義重事者于今半途于在陣、国綱居城宇都宮無抱候間、新地被取立候、然者、北条安房守沼田表江打出候処、彼在城者防戦丈夫、剰敵陣取越切所陣取候上、進退不分明候、就之、御助勢之由、此刻不残可討果候間、上州之儀此度可為御治掌候、有御越山、関左速御取扱専要に候、到于其儀者、味方中相談、可及御手合候、将又、遠・参衆真田所江被駈候処馳向、弐千余討捕候由、誠心地好次第候、彼是好ヶ之時節候条、御出勢之儀者無申迄候、互委細者以使者可申定候間、期其節候、恐々謹言、

九月四日　　晴朝(花押)

山内殿

上杉景勝宛て結城晴朝書状写である。国綱の「新地」＝多気山城取り立てや、秀吉・北条氏・徳川氏の動向からして、十三年に比定して間違いない。

傍線部によると、「初秋」＝七月に北条軍が出陣して皆川領に陣取り、それに対応して佐竹義重が出陣した結果、北条軍は佐野領へ退陣したこと、九月四日時点で未だ義重はどこかに在陣中であることなどがわかる。この間の北条軍

の動向には不明な点が多いが、八月十二日に小山卒島に禁制が出され(29)、二十日に鷲宮に集めた小荷駄を陣中へ通すよう氏直が指示していることから(30)、八月上旬から中旬ごろは小山付近に北条軍は在陣し、さらに、皆川領へ出陣していったと思われる。

結局、北条軍は結城氏攻撃をすることはなかったようであり、翌閏八月には、皆川領の鍋山城を攻撃している(31)。これにより、佐竹軍も出陣するが、北条軍はこの時もほどなく佐野領に退陣しており、大きく激突するまでには至っていない。両者ともに、小競り合い程度はあるものの、四月・五月の時と同じような行動をとっていたようである。

こうした動きは、次の史料からも明らかとなる。

〔史料9〕(32)

急度御状奉拝見、過分至極奉存知候、抑氏直愚領張陣、雖然、防戦堅固付而、佐野表退散候、来春者義重、国綱被申合、至于上州可被致出馬候、如御兼約之、於其時節、早卒御越山奉念願候、委細直江山城守方可被達上聞候条、奉省略候、恐々謹言、

九月五日　　皆川山城守

広照(花押)

越府　御館貴報人々御中

上杉景勝宛て皆川広照書状である。広照は、十四年五月に北条氏に従属するため、それ以前のものであるうえに、先ほどの史料8と内容が合致し、九月五日から遠くないころに北条氏が皆川領を攻撃していることなどから、十三年に比定して間違いない。ここからも、北条軍が皆川領を攻撃した後、佐野領へ退陣していることがわかる。また、「来春」＝十四年一月から三月までの間には、義重や国綱と申し合わせて上野方面へ出陣するつもりであるとし、兼ね

てからの約束通り、その時には速やかな景勝の越山を待ち望んでいると述べている。この段階では、反北条連合側は北条氏の攻撃を受けつつも、上野方面へ反撃する計画を立てられるほどの状況だったことがうかがわれる。

その後、北条軍は十月十九日まで佐野に在陣し、同日に上野新田へ退陣していったことが確認される(33)。しかし、北条軍の下野進出はこれで終わらず、これ以降一気に本格化していく。

〔史料10(34)〕

如承意、南者向宇都宮出張、田気山新地之間、深窮屈候処、贄木表ニ五・三日雖在陣候、両地共無指行、去十九敵宮表引払、多劫当上郷放火、則両境目ニ陣取候間、翌廿日ニ者当城へ参会、直々調儀逼塞之条、屋裡之人数相集、及其構候処、案之外ニ打下候条、此刻中岫へ可為一調儀之由、兼覚与云、諸口丈夫ニ申付候処、是又無異議打透、至逆川一陣、廿一ニ者先早打之体追散候、然者方々如同説者、信・甲為仕置、上勢三百程信国へ乱入之間、甲国・伊豆境以外動揺之由候、就之敵軍敗北歟与及校量候、殊壬生此度之手替、無是非次第候、累年別而入魂之間、以使者種々雖及諷諫候、始中終之身上、直談被相開、無合点候、此上者、義重・国綱へ及相談、相当之干戈不可有止候間、壬生於滅亡者、不可経居諸候、其上佐・皆無二ニ候間、可御心安候、先可申候、奥口無替儀候条、肝要此事候、西表之儀珍説候者、追而可申届候間、不能具候具、恐々謹言、

極月廿五日　晴朝（花押）

白川南へ

白河義親宛て結城晴朝書状である。北条軍が宇都宮氏の新本拠・多気山城を攻撃していること、「上勢」＝秀吉方の軍勢が徳川領国である信濃へ出陣したとする状況（実際は計画止まり）などからして、十三年に比定して間違いない。

北条軍は、十二月になると攻勢を強め、一気に宇都宮城や多気山城まで攻め入ることに成功し、十五日には宇都宮

の町や宇都宮明神の社殿を焼き払った[35]。その後、贄木に数日間在陣した後、十九日には退陣し、多劫、結城城、中久喜城を攻撃するも、大きく激突することはなく、そのまま退陣していったようである。佐野・皆川領を基本ラインとして激突していたこれまでの状況から、大きな変化が起きたことがわかる。

その変化の最大の要因になったのが、それまで反北条方の一員であった壬生義雄の、北条方への寝返りであった。傍線部には、その様子が詳細に記されている。晴朝は、義雄が「此度」「手替」したこと、義雄とは累年入魂の間柄であったため、使者を派遣して何とか引き留めようとしたものの、ついに義雄が合点することはなかったとしている。そして、こうなったからには、義重・国綱と相談して壬生氏攻撃を止むことなく行い、すぐにでも滅亡させるとまで述べているのである。

ここで何よりも重要なことは、壬生氏は十三年十二月に北条方へ寝返ったという事実である。つまり、それ以前は、反北条方として活動していた可能性が非常に高い。そうでなければ、傍線部のような晴朝の怒りの感情が理解できないであろう。また、北条軍が四月下旬に壬生領に攻め入る姿勢をみせていたことは、先に史料5で指摘したとおりである。壬生氏がこの時点で寝返ったからこそ、北条氏は宇都宮氏の本拠を大規模に攻撃できるようにまでなったのである。

なお、これに連動する形で、那須資晴も千本氏を粛清し、宇都宮領への侵攻を開始していることが知られる[36]。この時の資晴の行動は、北条氏と連携したものとされることもあるが、両者の連携を具体的に示す史料は今のところみられず、不明である。

この壬生氏の寝返りに関する史料は、ほかにも存在する。

〔史料11〕[37]

如簡札、壬生上総介逆心之上、南衆宮表へ出勢候間、為防戦令出馬候処、敵無程退散、然者壬生・鹿沼へ為調儀、猶進馬一途及備逼塞候、於戻者可御心安候、委細重可申届候、恐々謹言、

極月廿七日　義重

石川殿

南奥の石川昭光宛て佐竹義重書状写で、内容からして十三年に比定して間違いない。義重は、壬生義雄が「逆心」し、そのうえで北条軍が宇都宮領へ攻め込んだと述べている。また、翌日付けで同じく石川宛てに出された佐竹義久書状写にも、「南衆不慮出勢令不審候処、壬生上総介対宮中構逆意、宮領へ相動候」[38]とある。これらの史料からみても、やはり十三年十二月以前の壬生氏は、反北条連合の一員であったと理解できる。

これを踏まえたうえで、さらに次の史料にも注目したい。

〔史料12〕[39]

一昨十一日之御状、今十三申剋披見仕候、内々矢田部表江可為必然由承届之間、申上候処、壬生方依稼ニ、俄被直馬聞得候、近（今）日十三半田ニ張陣、南衆未右之陣所へ押着不申候ニ、壬生衆乗出、宇都宮・結城郷中入組之地形十郷ニ余而、挙烽火候、下者薬師寺を切而焼申候、乍若輩宮領ニ者張陣之日数者不可有之由存候、一両日中ニ宮中之御仕置御肝要ニ奉存候、彼等之段、内々注進可申由存候処、被仰出候、定晴朝巨細可被申談候条、奉略候、恐々謹言、

追而申上候、御味方中之御仕置、至只今之分者御咲止ニ候、申上度儀共雖数多候、若輩与云、万有遠慮之旨、無其儀候、乍御次申上候、此由以上、

多賀谷

極月十三日　重経（花押影）

小貫佐渡守殿

佐竹氏家臣小貫頼安宛ての多賀谷重経書状写である。『鹿沼』は十一年にひとまず比定しているが、筆者は十三年ではないかと考えている。

まず、北条氏と壬生氏が連携して宇都宮・結城氏らを攻撃し、薬師寺近辺を放火していることがわかる。九年四月から十五年正月の間に北条氏と壬生氏が協力して宇都宮氏らを攻撃するという事態は、十三年十二月の壬生氏の寝返り以降と考えざるをえない。このうち、十四年十二月ごろの北条軍の動きとは合わない。

また、重経が北条軍の宇都宮張陣は短いだろうと予測していること、佐竹氏に対して一両日中に宇都宮の仕置を要請していること、追って書きで味方中の仕置の様子を「笑止」と述べていることなども注目される。こうした状況も、十三年十二月の北条軍による宇都宮侵攻と合致し、壬生氏が寝返ってしまったことを「笑止」であると述べているものと思われる。壬生氏の「稼」が「俄」であった様子がうかがわれることも、そのことを示すだろう。以上のことから、史料12は十三年に比定するのが妥当と考える。

これが正しいとすれば、北条軍は多賀谷氏の常陸矢田部城を攻撃するように見せかけて、まず十三日に寝返った壬生氏に宇都宮・結城領を攻撃させ、北条軍本体は十五日に宇都宮・多気山城を攻撃、十九日まで在陣したことになる。

この壬生氏の寝返りについては、早くから荒川善夫氏などが指摘しており(40)、事実としては比較的知られていることではある。しかし、これを軸として当該期の史料を見直してみると、通説とは齟齬をきたす史料が多数存在することになるのである。

以上の検討結果を踏まえて、節を変えて十四年の政治情勢について検討したい。

三　佐竹・宇都宮氏らによる壬生氏攻め再考

壬生氏の寝返りに対して、佐竹・宇都宮氏らは、十三年末には早くも壬生氏攻めを開始しており、翌十四年正月に北条方の日光山の僧侶が討死していることが知られている(41)。この年は、断続的に壬生氏攻めが行われた年であった。その様子を物語るものとして、まずは次の史料に注目したい。

〔史料13(42)〕

芳簡畏悦之至候、仍而関左御越山之儀承候、啐啄此事候、義重其外一味中令相談、可及御手合候、然者、義重令調談、向鹿沼表相動、城際迄無残所墟成置候、如斯上、自落不可有程候、将亦、秀吉三州和与之由、其聞得候、但果而可為如何候哉、何趣ニも御当国江者、前代之任筋目、無二可申合外無他事候、委細彼口上ニ相雁候之間、令略候、恐々謹言、

　　四月十九日　国綱(花押)

山内殿　御報

著名な上杉景勝宛て宇都宮国綱書状である。この文書の年代については、ほとんどの史料集・論文が十三年に比定している。その根拠は、文中の「秀吉三州和与」を、小牧・長久手の戦い後の和睦と解釈したことによる。ただ、それだけではない。四月時点での佐竹氏による壬生氏攻めは、一般的には十三年と十四年に起きた出来事とされ、特に十三年四月の攻撃は大規模で、関連史料も多数残っているとされている。しかも、十三年四月の壬生氏攻

めは、佐竹義宣の初陣として一般的に知られているのである。

四月時点の佐竹・宇都宮氏らによる壬生氏攻め関連史料は多数あるが、代表的なものを掲げる。

〔史料14(43)〕

其以来者御音絶、無御心元候、二本松之地御本意候之故如何、承度存候、然者佐竹壬生表江出張付而、氏直被出馬候之処ニ、早々退散、一段無念ニ被存候、此説如何様ニも以御使者御兵談、御尤ニ候、此度者宮表長陣可被申候、涯分奥州馳走可被申候、御心得所仰候、委曲期来音之時候、恐々謹言、

近藤出羽守

四月晦日　綱秀判

片倉小十郎殿

御宿所

〔史料15(44)〕

此度於于羽生田神妙之至候、就之官途之事、尤御意得候、仍如件、

天正十四年

卯月十七日　義宣（花押影）

小宅大膳亮殿

まずは、十四年四月の壬生氏攻めを示す史料である。史料14は、伊達氏家臣片倉景綱宛ての北条氏照家臣近藤綱秀書状写である。文中に、陸奥二本松城の状況について記されていることなどから、伊達氏による二本松攻めが行われた十四年に比定して間違いない。これによると、佐竹氏が壬生氏攻めを行っており、それに対応して氏直が出陣した

ところ、早々に退散したという。この二日後には壬生義雄も同内容の書状を片倉宛てに出しており、「去月佐竹・宇都宮有相談、愚領江調儀、雖然如存遂防戦、敵数多打捕[45]」と述べている。この時の佐竹氏らによる壬生氏攻めは、他にも複数の史料で確認できるが、その一つが史料15になる。これらの史料から、十四年四月に壬生氏攻めが行われたことは、間違いない。

〔史料16[46]〕

今般鹿沼表調儀付而、御出陣、別而被入御念故、如存分候、本望不過之候、就中義宣始而出陣有之処ニ、不経数日壬・鹿・羽三ヶ城墟ニ被成置、早速被納馬、他国之覚肝要至極候、此所内々以使者雖可申届候、南軍出張、佐野表ニ在陣之間、無其儀候、余無沙汰間、先及脚力候、委細期後音之時候、恐々謹言、

卯月廿九日　国綱（花押）

平塚左近太夫殿

〔史料17[47]〕

急度申届候、仍今度西口初而令出馬候処、則有著陣、諸篇御稼、実本望之至候、因茲聊以簡札申理候、余事期来信候、恐々謹言、

五月朔日　義宣（花押）

松野上総介殿

次に、十三年四月の壬生氏攻めに関する史料とされるものである。いずれも年未詳だが、史料13＝十三年と考えたこと、および義宣の初陣について記されていること、攻撃対象が「鹿沼」であることから、いずれも十三年に比定されている。初陣の時期についての理解はさておき、史料13は、佐竹・宇都宮氏らによる壬生氏攻め関係史料を考える

際の、大きな軸となっている重要史料なのである。

これに対して異を唱えたのが、齋藤慎一氏である。[48]齋藤氏は、「秀吉・三州和与」を、両者の対立関係がいったん収まった十四年初めのことを指すと解釈した。秀吉は、十三年十二月から翌年正月にかけて、徳川領国への大規模な進出を計画していた。それが、織田信雄の仲介もあり立ち消えとなり、両者の関係はひとまず落ち着くことになった。ここでいう「和与」は、そのことを示しているというのである。加えて、文中には義宣ではなく義重の鹿沼攻めと記されていることに注目し、義宣の鹿沼攻めは一般的に十三年のこととされるから、十四年に比定したのである。

筆者も、この年代比定を支持するものである。齋藤氏と一部異なるものの、その理由・根拠は以下のとおりである。まず、何よりも、壬生氏が北条方に寝返った時期は、前掲史料10から、十三年十二月であるという事実が重要である。従来の説だと、壬生氏は北条方に寝返る前の同年四月に佐竹・宇都宮氏らによる攻撃を受けていたことになってしまう。史料10に見た晴朝の怒りぶりや史料11での義重の発言を考えるならば、十三年四月に「壚」になるほどの大規模な攻撃を仕掛けておきながら、十二月段階で北条方へ寝返ったことを問題にするだろうか。

次に、先ほどまで検討してきた、確実な史料に基づく十三年前半の北条氏、反北条東国諸領主の動きに、もう一度注目したい。そこでは、四月段階で佐竹・宇都宮氏らが壬生氏攻めを行っているようにはみえない。そのころの北条軍は、皆川・佐野領に主として出陣しており、壬生領も攻撃対象になっていた様子がうかがわれた。それに対応して佐竹軍も出陣しているものの、両者が大規模に激突した様子はうかがわれない。壬生氏攻め直後に出されたことになるはずである史料3・4でも、その様子はまったく記されていない。そもそも、宇都宮氏は三月二十五日の薄葉原合戦、その後の四月十三日の戦いなど、那須氏と交戦中であり、ほぼ同時期に大規模な壬生氏攻めを行う余裕はないだろう。

そして、決定的なこととして、史料6では十三年五月六日に北条軍が皆川領あたりから佐野領へ移陣したと記されているのに対し、史料16では某年四月二十九日以前に北条軍が佐野領へ出陣してきたというように記されていることが挙げられる。北条軍の行動とその日付が合致しないことがわかるだろう。

以上のことから、十三年四月の佐竹・宇都宮氏らによる壬生氏攻めは、歴史的事実としてなかったことになる。これが正しいとすると、義宣の初陣時期も、十三年四月ではなく十四年四月となり、史料16・17を含めた壬生氏攻め関係史料は、すべて十四年に比定される。つまり、十四年四月に義重とともに義宣も初陣として出陣し、壬生氏攻めを行ったということである。なお、齋藤氏は史料上に壬生氏を攻めた主体として義重と出てくるか義宣と出てくるかに注目していたが、その差はなかったことになる。

十四年四月の壬生氏攻めの様子を確認したうえで、当時の那須氏と宇都宮氏の関係をみてみたい。

〔史料18〕(49)

其以往依無題目絶音問、覚外之至候処、態以脚力御懇承候、欣悦不少候、抑奥郡之事、以御媒介被属惣和、二本松出城、依之政宗被遂帰馬御干心候、仍塩谷之事、預異見候、誠不一代申談首尾祝着無極候、然者去年秋中、義重・晴朝以取成国綱江令通用、彼境目之事も相静候処、旧冬南勢出張之刻、塩谷弥六、壬生上総介ニ申合、南陣江令内通、当方可打果擬明白無拠之上、去春令再乱に、如承意南方太敵与云、結城中岫為与云、味方中有一統、防戦令念願之間、及三四ヶ年、喜連川無事、佐雖令懇望、聊樫々無其取刷、事切ニ罷被成、至于只今如此候、全資晴刷不可有不覚候、将又義重可廿三向鹿沼出陣、定昨今間可為動候、又南方ニも廿二日、小田原被打出候由申来候、此上珍敷儀候者、従是可申送候、恐々謹言、

七月廿八日　資晴(花押影)

白川南江

白河義親宛て那須資晴書状写である。伊達政宗により畠山氏が「二本松出城」となったことから、十四年に比定して間違いない。これによると、資晴と国綱は十三年「秋中」に和睦したが、壬生氏の寝返りに合わせて宇都宮方の塩谷弥六郎も北条氏に内通し、資晴を討ち果たそうと企てた、そのため「去春」＝十四年正月から三月の間に「再乱」となったという。あくまで資晴の言い分であり、どこまで信用できるのか判断しがたいが、再び国綱と敵対関係になったことがわかる。

この前後、北条軍は五月に皆川広照を降し、八月二十二日に佐野城の乗っ取りに成功するなど、下野の制圧を着実に進めていた。そのようななか、国綱は、那須氏対策をしつつ、佐竹氏と連携して七月に再度大規模な壬生氏攻めを行っており、関連史料が豊富に存在している。その様子は史料18にも記されているが、七月二十三日に義重が鹿沼に向かい出陣、別の史料によると二十八日に鹿沼に着陣し、二十九日には「不例」となっていた結城晴朝の「代官」として水谷政村が援軍として出陣している[50]。翌八月四日には羽生田に陣替えし、その後壬生城攻めを行ったと思われるが[51]、両城とも落とすことはできず、ほどなく退陣したようである。

十四年の状況を以上のように理解したうえで、以下の二点の史料を再検討したい。

〔史料19[52]〕

当口模様昨自中岫申届候処、同篇之芳簡本望候、殊到其地御着陣肝要候、南衆者粟宮張陣、昨者一行逼塞与見得様ヶ間敷候間、及其構候ニ無指儀候、今日者太雨故歟不出備候、明日者可為如何候哉、当上郷へ可為調儀由手堅告来候、其上木沢之路次□作候間、可為治定候歟、爰元之儀者杭中之人数馳集候間、於備者可御心安候、真右父子・平塚左近何も自身合力之間、人数等無不足候、自資晴も中岫へ鉄放衆打着候、雖無申迄候、其口備方国綱へ

悉皆被相談尤候、敵扱見届候、追而可申届候、恐々謹言、
痒気候間、不能判形候、
八月九日　晴朝
佐中

佐竹義久宛て結城晴朝書状写である。この史料は、十四年に比定されることが多い。その理由は、追って書きの部分に「痒気」ゆえに花押が書けないとあることによる。十四年の「春」から晴朝は「不例」となり、七月・八月ごろは花押が書けないどころか、目まいを起こして乗馬さえできない状況になっていたことはよく知られている(53)。たしかに、八月二十二日に北条軍は佐野城を乗っ取っているので、八月段階に下野方面に出陣している。しかし、この時期は壬生氏攻めが焦点となっているはずであり、両者の行動が合わない。また、十四年段階では国綱と争っているはずの資晴が晴朝へ援軍を派遣し、それぞれが反北条として連携している状況も読み取れる。こうした状況に加えて、十年から十二年の状況とは合わず、前節で検討した十三年八月段階に合致することから、十三年に比定されようか。そうなると、晴朝は十三年八月段階もいまだ体調不良で、史料8の翌九月には回復していたことになろうか。

晴朝の体調不良に関連して、次の史料にも注目したい。

〔史料20(54)〕

如来意、鹿沼地落居付而、義重出馬、晴朝事も令同陣候、此上調議之模様義重江可及相談候、然者芦野進退之儀、資晴江及意見候処、堅固之挨拶之上、先ニ指置候、如何様重而企使者、可及諫言候、次ニ火事無御心元之由承候、祝着ニ候、委曲期来信候、恐々謹言、
追而、其比者条々承候間、則及御返答候キ、

三月朔日　晴朝（花押）

白川殿

白川義広宛て結城晴朝書状である。『鹿沼』では、義重の鹿沼攻めが確認できるのは十三年・十四年・十八年であり、十四年は晴朝が病気、十八年は内容にそぐわないことから、十三年に比定している。たしかに、晴朝の病気は十四年春に発症し八月には花押も書けない状態になっていた。しかし、十三年四月の鹿沼攻めは本稿で否定した。よって十四年の可能性が高い。

実は、晴朝は、十四年三月二十八日付けで膝下にある照明寺に判物を出している(55)。そこには花押が書かれ、病気についても触れていない。十四年春に発症したのはたしかなのだろうが、まだ三月段階では花押が書け、出陣もできる程度の状態だった可能性が高い。よって、史料20も十四年のものと考えたい。そうすると、「鹿沼落居」というのは、壬生氏の寝返りを指すと考えられる。先述したように、佐竹氏らは正月段階ですでに壬生氏と戦っている。おそらく三月段階でも出陣は続いており(56)、翌四月に大規模な壬生氏攻めを行ったという流れになろう。

おわりに

本稿では、天正十三年・十四年の下野の政治情勢、特に北条氏と反北条東国諸領主壬生氏をめぐる情勢について検討した。異論もあるかもしれないが、従来あいまいだった当該期の多くの史料の年代比定をある程度進めることができたと考えている。とくに、十三年四月の壬生氏攻めの存在を否定したことは、今後の政治史像を考えるうえで重要なポイントになるだろう。

しかし、作業はこれで終わらない。これらを踏まえて、さらに再検討が必要な史料がまだ数多く存在している。今後も検討を積み重ね、当該期の東国政治史像の再構築を少しずつ進めていきたい。

註

(1) 齋藤慎一『戦国時代の終焉』(中公新書、二〇〇五年)。
(2) 市村高男『戦争の日本史一〇 東国の戦国合戦』(吉川弘文館、二〇〇九年)。
(3) 平山優『天正壬午の乱』(学研、二〇一一年。増補改訂版が戎光祥出版から二〇一五年に刊行されている)。
(4) 平山優『武田遺領をめぐる動乱と秀吉の野望』(戎光祥出版、二〇一一年)。
(5) 池享『動乱の東国史七 東国の戦国争乱と織豊権力』(吉川弘文館、二〇一二年)。
(6) 黒田基樹『敗者の日本史一〇 小田原合戦と北条氏』(吉川弘文館、二〇一三年)。
(7) 武田氏研究会編『武田氏年表』(高志書院、二〇一〇年)。
(8) 黒田基樹編『北条氏年表』(高志書院、二〇一三年)。このうち、天正十年~十八年を筆者が担当した。本稿も、これをベースの一つとしている。
(9) 黒田註(6)著書二三五~二三六頁。
(10) 拙著『織豊政権と東国社会』(吉川弘文館、二〇一二年)。
(11) 近年刊行された著書・論集だけでも、荒川善夫①『戦国期北関東の地域権力』(岩田書院、一九九七年)、同②『戦国期東国の権力構造』(岩田書院、二〇〇二年)、同③『戦国期東国の権力と社会』(岩田書院、二〇一二年)、江田郁夫『戦国大名宇都宮氏と家中』(岩田書院、二〇一四年)、荒川善夫・佐藤博信・松本一夫編『中世下野の権力と社会』(岩田書院、二〇〇九年)、栃木県立文書館『戦国期下野の地域権力』(岩田書院、二〇一〇年)など、多数ある。このうち、本稿は特に荒川著書①②をベースの一つにしている。

(12) 黒田基樹「北条氏の上野館林領支配」（同『戦国期東国の大名と国衆』岩田書院、二〇〇一年、初出一九九五年）。

(13) 「宇都宮国綱書状」（『藤岡町史』資料編古代・中世〈以下『藤岡』と略す〉二一八号、佐竹文書）。

(14) 「宇都宮国綱書状」（『栃木県立文書館開館二十五周年記念企画展　宇都宮国綱とその時代』三〇号、関一恵家文書）。

(15) 「那須資晴宛行状」（『栃木県史』史料編中世三、三二五頁、平沼伊兵衛氏所蔵文書）、「那須資晴宛行状」（『栃木県史』史料編中世一、四頁、澤瀬貫一氏所蔵文書）。

(16) 「多賀谷重経書状」（『栃木県史』史料編中世一、二九六頁、烏山町所蔵文書）。

(17) 「白河義親書状写」（『喜連川町史』第二巻資料編二古代中世、一五一号、小田部好伸氏所蔵文書）。

(18) 「宇都宮国綱書状」（『大日本古文書　上杉家文書』七七五号）。

(19) 「佐竹義重書状写」（『藤岡』二二五号、歴代古案）。

(20) 拙稿「「越中国切」をめぐる政治過程―信濃情勢との関わりから―」（『信濃』六六―一二、二〇一四年）。

(21) 「宮崎城」（『日本城郭大系』第七巻、新人物往来社、一九八〇年）、「宮崎城」（佐伯哲也『越中中世城郭図面集』Ⅱ、桂書房、二〇一二年）。

(22) 史料4は複数の写しが知られ、文言の一部と月日が異なる。『藤岡』は月日欠の「歴代古案」を採録しつつ、内容から して五月初旬が妥当とする。「覚上公御書集」の写しでは五月十二日となっている。

(23) 「大掾清幹書状写」（『鹿沼市史』資料編古代中世〈以下『鹿沼』と略す〉四三三号、小田部好伸文書）。

(24) 「水谷政村書状」（『藤岡』二二四号、立石知満氏所蔵文書）。

(25) 荒川善夫「那須氏の動向と存在形態」（荒川註(11)著書①）。

(26) 「那須資晴書状写」（『喜連川町史』第二巻資料編二古代中世、一五二号、那須与一氏旧蔵文書（栃木県庁採集文書））。

(27)「皆川広照書状写」(『群馬県史』資料編七中世三、三一二八号、小田部庄右衛門氏所蔵文書)。前掲註(10)拙著では、天正十一年と考えていたが、註(6)黒田著書などにより、現在では十三年と考えている。
(28)「結城晴朝書状写」(『上越市史』別編二、三〇五四号、景勝公御書集巻十一)。
(29)「北条家禁制」(『戦国遺文 後北条氏編』二八四三号、穴八幡神社所蔵文書)。
(30)「北条家朱印状」(『戦国遺文 後北条氏編』二八四五号、井上義氏所蔵鷲宮神社文書)。
(31)「皆川広照書状写」(『藤岡』二二八号、島津文書)。
(32)「皆川広照書状」(『大日本古文書 上杉家文書』七九五号)。
(33)「佐野宗綱書状写」(『藤岡』二三三号、小田部好伸氏所蔵文書)。
(34)「結城晴朝書状」(『鹿沼』四三九号、東北大学国史研究室保管白河文書)。
(35)「三十講表白」(『鹿沼』四三六号)、「今宮祭祀録」(『真岡市史』第二巻 古代中世史料編、七三三頁)。
(36)荒川註(25)論文。「那須資晴書状」(『栃木県史』史料編中世三、三一七頁、平沼伊兵衛氏所蔵文書)。
(37)「佐竹義重書状写」(『鹿沼市史』通史編 原始・古代・中世補遺三七号、楓軒文書纂所収石川文書)。
(38)「佐竹義久書状写」(『鹿沼市史』通史編 原始・古代・中世補遺三八号、楓軒文書纂所収石川文書)。
(39)「多賀谷重経書状写」(『鹿沼』四一八号、秋田藩家蔵文書一七)。
(40)荒川善夫「壬生氏の基礎的考察」(前掲註(11)荒川著書①所収)。
(41)「三十講表白」(『鹿沼』四四二号)。
(42)「宇都宮国綱書状」(『大日本古文書 上杉家文書』七九三号)。
(43)「近藤綱秀書状写」(『鹿沼』四五二号、片倉代々記譜録)。
(44)「佐竹義宣官途状写」(『鹿沼』四五一号、秋田藩家蔵文書四三)。

(45)「壬生義雄書状写」(『鹿沼』四五三号、片倉代々記譜録)。
(46)「宇都宮国綱書状」(『藤岡』二二三号、阿保文書)。
(47)「佐竹義宣書状」(『茨城県史料』中世編Ⅴ、三三九頁、松野文書)。
(48)齋藤註(1)著書二二〇頁。
(49)「那須資晴書状写」(『鹿沼』四六一号、新編会津風土記所収文書)。
(50)「水谷政村書状写」「結城晴朝書状写」(『鹿沼』四五九・六二号、新編会津風土記所収文書)。
(51)「水谷政村書状写」(『鹿沼』四七一号、新編会津風土記所収文書)。
(52)「結城晴朝書状写」(北区史編纂調査会古代・中世部会「未刊の東国関係文書」一七号文書『北区史研究』一、一九九二年)。
(53)註(50)。
(54)「結城晴朝書状」(『鹿沼』四二六号、瀬谷文書)。
(55)「結城晴朝判物」(『藤岡』二四三号、称名寺文書)。
(56)三月には壬生領藤井で合戦があったようである(「宇都宮国綱受領状写」『鹿沼』四四四号、秋田藩家蔵文書四八など)。

上総井田氏支配領域の構造に関する一考察
――「柴崎領」「新村領」を中心に――

遠山成一

はじめに

天正年間（一五七三～九二）には、上総大台（芝山町）の本領から坂田城（横芝光町）へ本拠を移し、隣接する下総国東南域まで領域支配を拡げた上総井田氏（以下、井田氏という）は、家伝文書の江戸期の写本「神保文書」[1]の存在により、地元研究者の伊藤一男氏を中心とした研究の蓄積がみられる。[2]また、所在が不明とされた「井田文書」が、近年子孫により寄託されたことで一層研究も進んだ。[3]

井田氏の領域支配構造に関しては、「神保文書」の分析をした伊藤氏による精力的な研究により、詳細な解明がなされている。しかし、構造解明の手がかりの一つとされる「天正十五年極月九日付井田因幡守宛北条氏政軍役割付状」[4]の同氏の解釈は、藤本正行氏の指摘により軍役負担者と軍装とが一人分ずつずれを生じていることが判明した。[5]このため、人員構成、高数にも大きく齟齬が生じており、再度検討し直す余地があるのではないかと考える。

伊藤氏によれば井田氏の所領は、仮称と断るが「坂田領」「山中領」「柴崎領」「新村領」の四つに分けることができるという。とりわけ旧光町（現横芝光町）および旧八日市場市（現匝瑳市）西域に存在する「柴崎領」ならびに「新村領」[6]には、数多くの城郭・居屋敷跡が存在し、これらと「割付状」に登場する諸氏との関係の有無は興味がもたれるところである。

すでに湯浅治久氏は、井田領における村落構造の解明にあたっての次のような論点を掲げている。[7]それは、まず「井田氏と同心衆の関係」、とくに同心衆の知行村名の「分布や性格」を把握すること、次に「井田領が北条氏を頂点としたタテの関係に序列化しているのか、『同名中』の構造を残す『同族団的』『一揆的』構造を色濃く残しているのかを検討する」ことである。この重要な指摘を念頭におきつつ、小稿では主として「井田文書」の柴崎領と新村領の椎名氏・三谷氏を考察し、さらに中世城郭の分布の観点も含め論じてみたい。

なお、以下文中において○号文書という場合は、茨城県立歴史館シンポジウム報告書『中世常陸・両総地域の諸相—発見された井田文書—』(二〇一〇年)所収の図版に掲載された文書の順(一から四三まで)による。また、単に「報告書」という場合はこれを指す。

一　井田氏所領について

行論の必要上、井田氏領域に関するこれまでの研究の到達点をまとめ、さらに問題点を指摘しておきたい。井田氏の領域は、前述のごとく四つに分けられており、そのほかの研究者もこれに従っている。井田氏の直轄領である「坂田領」、和田氏の支配領域である「山中領」、同じく椎名氏の「柴崎領」、そして三谷氏の「新村領」である。これらは、伊藤氏は仮称と断りながら、それぞれ衆の「筆頭者の居領地(推定)」の名称をとっている。ここでは、坂田領と山中領について言及したい。

井田氏の直轄領坂田領については「割付状」に着到百四五人と武装明細は載るものの、具体的な配下の人名はいっさい登場しない。また、直轄領を考えるうえで注意が必要なのは、天正年間（一五七三～九二）に坂田城に本拠を移す以前の大台城周辺にも、少なくない所領があったであろうことである。この点、大台の南支谷奥に位置する田向城近辺は、井田氏の初期の所領があったとされる。ただし、和田氏の本拠山中城とも近接しているため、井田氏の直臣団と和田氏の家臣（山中衆）との所領の領有関係が今一つ明確ではない。このことについては、次に検討する三号文書が示唆的である。

「七郎（椎崎勝住《かつむら》か）宛千葉勝胤書状」（三号文書）を見てみよう。「報告書」解説は井田氏と三谷大膳兄弟との所領領有問題について、千葉勝胤が椎崎勝住と思われる人物に意見を求めているとする。同文書は年欠で、同じく「永正後期から大永・享禄あたりの間」（一五一〇年代後期から一五三〇年頃―筆者）と推定している。この中で興味を惹くのは、後の天正年間には井田氏の本城となる坂田城のある坂田郷について、三谷大膳にも「いくつかの領地を安堵することを決め」て、その場所は「十郎殿」（椎崎勝住かとする）に任せるとしていることである（同解説による）。『山室譜伝記』[8]では、弘治元年（一五五五）閏十月に坂田城主三谷大膳信慈が山田村金光寺（芝山町山田、現消失）を参詣したところを、井田因幡守によって襲われ討ち取られたとされ、これにより坂田城には井田氏が入部することになったとする。ちなみに「報告書」解説によると、三谷氏は「笹本郷の領主で井田氏の寄騎」とされる。この篠本郷の領主という点は、後に検討したい。

坂田の地を三谷氏が井田氏よりも先に領有していたことは、この勝胤書状によっても裏付けられる。そして、後に三谷氏が井田氏の配下に入ったことは、すでに指摘されているように五号文書から明らかになる。すなわち、椎名右衛門大夫と三谷小四郎と「其外両人之同名中」が井田氏の「馬寄ニ被渡下」ることを、「末代」まで千葉胤富が保証したものである。報告書では、年代を上杉謙信に呼応した里見氏が下総に進攻してきた永禄四年(一五六一)に比定している。「報告書」解説によると、椎名右衛門大夫を「篠本郷の領主」とし、三谷小四郎は三号文書に登場する「三谷大膳亮の一族(息子か)」とする。

山中城の和田氏と井田氏との両者の所領について、三号文書の文中に「□谷之事ハ堀内と申、和田大蔵あつか井候間、不及申候」とあることに注目したい。解説ではこの判読不能な□を「三」と読んで、三谷は「堀内(本拠地)なので和田大蔵丞が支配するように決めている」とする。しかし、これでは意味が通らないと思われる。三谷を地名と捉えると、千田庄原郷(多古町染井)の三谷堂近辺を指すとするのが通説であり、和田氏の堀内とは到底いえない。「□谷」とは、山中城と高谷川をはさんで向かいあう「高谷」ととるべきである。報告書の文書写真版をよくみると、判読不能な□の上部に「なべぶた」(高の部首は正しくは「高」であるが)に該当する部分が読み取れる。「高谷」と読むことが可能であろう。和田氏の本城山中城の前面に位置する高谷は、まさに堀の内とするにふさわしい場所である。これで正しいとすれば、井田氏と山中氏との間にも所領をめぐる問題が発生していたことになろう。

以上のように、勝胤がかように判断を下したことは、先に指摘したように、井田氏の大台城と和田氏の山中城とが高谷川右岸の近接した場所にあるため、両者の所領が錯綜していた事実を表すものではないだろうか。こうした関係は、おそらく「割付状」の出された天正十五年まで、続いていたものと思われる。「割付状」には記載されない井田氏旗下の武士は、少なからず大台城近隣に所領を有する者がいたとみて間違いない。

次に指摘したいのが、坂田領・山中領ともに城郭の分布が疎であり、少ないことである。これはある意味中世城郭に一般的なあり方であり、柴崎領・新村領の城郭分布密度が密に過ぎるともいえる。井田氏が長らく本拠としていた大台城周辺では、戦国末期の縄張をもつ田向城跡くらいである。高谷川沿いには、下流からいずれも右岸に山中城跡・大台城跡・飯櫃城跡と並ぶ。これらは、和田氏・井田氏・山室氏のそれぞれ本城である。このほかでは、飯櫃の上流の字白枡に笹山城跡（消滅）、高谷川左岸の上吹入城跡・宮崎龍替城跡・田向城跡、および右岸の舌状台地に存在した下在郷城跡などである。

飯櫃城は、戦国時代後期、山室氏が本拠とした城郭であり、笹山城跡と岩山城跡は支城とみてよい。和田氏の拠った山中城は、明確な支城をもっておらず、井田氏のいた大台城にも、これといった支城クラスの城跡は見当たらない。この点、城郭分布が密である柴崎領・新村領とは、明らかに権力構造が異なると考えられる。

すなわち、飯櫃・大台・山中の三城とも宿地名（山中は宿谷）[9]をもち、高谷川右岸に沿って延びる街道沿いに立地している。飯櫃・大台はネゴヤ地名もあり、前者は外宿、後者は新《にい》井宿地名をもつ。このことは、以下のように言えるのではなかろうか。これらの城は、街道に沿った宿が初めにあり、この宿を取り込んで築かれネゴヤが形成される。そして町場が発展し、あらたに外縁部に新宿が立てられる、というものである。[10]つまり、山室氏の飯櫃城・坂田城移転前の井田氏の大台城、和田氏の山中城は、それぞれ領域としては小さな範囲ではあるが、ネゴヤの形成がなされ、街道沿いには領域経済を支える宿もあり、ある程度自己完結した空間ではなかったろうか。この点において、後ほど検討する柴崎領・新村領とは、明らかに異質といえよう。

二　三谷氏について

『山室譜伝記』によれば、もともと坂田城を領有していたとされる三谷氏について、若干の考察を加えておこう。三谷氏は「みや」氏とよぶべきである。「千葉胤富黒印状」[11]には、胤富が日にちを指定し本佐倉城への登城を命じた初番衆の中に、八十内藤六郎の寄子として「府馬右衛門尉」と「ミや弥次郎」の両名が載る（史料1）。

〔史料1〕「千葉胤富黒印状」

初番衆

原《こはた》大炊助代

八《こはた》十内藤六郎　府馬右衛門尉　ミや弥次郎

石《こはた》毛新五郎　かふら木はやと　あハの四郎兵衛

（中略）

右此七騎、きたる廿五日に、いつものことく半途まて罷立、廿六日ニ当地へうちつき申へく候、をの〳〵代くわんの事、能々申付へく候、もし見くるしき代くわんニ候者、これにて、御手もとより、仰付けられへく候、（後略）

同書では、この「ミや」を三谷と比定しているが賛成したい。同文書の初番衆の寄親としてあがる八十内・石毛・野平・上代・押田ら[12]は、いずれも東総地区の武士であり、筆頭の森山城将（旧小見川町岡飯田）原大炊助の代官に率いられる。この押田の寄子として「久方次郎ゑもん」と「同ひやうこ助」の両名が記されるが、「久方」とは小稿で論ずる新村領にある吉田郷久方に因む苗字であろう。寄親である押田権四郎は、八日市場城主押田氏の一族と考えられ、両者の結びつきは地域的にも合理的である。なお、三谷氏と並び記される寄子の府馬氏は、府馬城主（旧山田町府馬）と同族と考えられる。両名を率いる八十内藤六郎は、「千葉家印判状」[13]に記載される「参百五十文」を海上八幡宮の「御神事銭」として寄進した人物でもある。同状は永禄五年（一五六二）に比定されているが、「壱貫文」で寄進者筆頭の山室兵部丞に続き二番目に記される。東総地域のいずれかの城持クラスの武士と推測できる。

ちなみに拙稿「両総国境に分布する城館跡について」[14]で、この「千葉家印判状」に載る武士は、千葉氏支配領域に広く分布していることを検討した。前掲「千葉胤富黒印状」に載る八十内氏寄子の三谷氏についても、府馬氏とともに記されることから東総地域のいずれかに居住すると思われる。また、「原文書」（前掲）の一九号文書「千葉胤富書状」には「三谷とのもの助・あひる甚五郎・長澤源六郎」と併記される三谷氏も載る。

〔史料2〕千葉胤富書状

来調儀、火急に付て、氏政より之使、一昨日夜に入、来りつき候、様体者、明後日十九小田原を可被打出分ニ候、市川之船橋をハ、高城請取、はや〳〵最中かけ候、如此之上、少も無油断、支度専一候、日限之事者、両日まへに、可被仰出候、其故者、氏政中山辺江着陣之上ニ、此方出馬之日限、不時に被申越候間、前長ニ其地へも被仰出かたく候、爰元分別尤候、た丶〳〵夜を継日、一三昧支度之儀、此時候、将亦、先日かき残し候、衆之書立、のほせ被申候、此内は丶かり者、去夏之陣において、乗馬を失候、石毛孫次郎者、於野牧あやまちを仕由候、石毛五郎三郎・神保帯刀・岡野惣右衛門をハ、御留守ニ被指置候、此外之者共、如此被為組候、

一　林紀八郎　一騎

一　三谷とのもの助
　　あひる甚五郎
　　長澤源六郎　一騎

一　布瀬藤ゑもん
　　向後七郎左衛門
　　はたの源二郎
　　鈴木与三郎　一騎

神保帯刀ハ、野馬をみせられへきため、岡野惣右衛門ハ、御用をたさせられへきために、さしをかれ候、雖然、

御長陣ニも候ハヽ、此両人をも、其外のこさせられ候仁をも、□□□□せられへく候間、たヽいまよる、此こヽろ肝要たるへく候、以上、

七月十七日 (千葉胤冨)(花押)

海上蔵人殿

石毛大和入道殿

これは森山城将海上・石毛宛に出された書状であるので、「原文書」一一号文書に載る「ミや弥次郎」とともに井田氏に属さず、森山城将に属する三谷氏一族と考えられ、井田領に限らない広範囲な族的分布がうかがわれる。三谷とのもの助(主殿助)とともに組を為す「あひる甚五郎」とは畔蒜と書き、旧横芝町周辺で現在も見られる姓である。ちなみに三谷・畔蒜・長澤でまとめて一騎と記すのは、三谷・畔蒜・長澤それぞれ一騎ずつと読むのであろう。さすれば、この三谷主殿助は騎馬武者級の武士と考えられる。

また、史料中、神保帯刀とあるのは、坂田城支城である小堤城の城主(もしくは城番)の神保氏[15]一族ではあるまいか。であるならば、井田氏に属する神保氏と、森山衆の一員であり、胤富に属する神保氏とがいることになる。こうした関係は、三谷氏や椎名氏にもあてはまることであり、一族が広く各地へ分派していくなかで起きる現象と捉えられよう。

以上のように、三谷の読みには、「みたに」と読むことや、「さんがや」と読んで茂原市三ヶ谷を苗字の地とする千葉氏一族とみる考えもあるが、少なくとも井田氏の寄騎である三谷氏は「みや」と読むのが正しい[16]。そして、井田氏寄騎以外にも文書中にその姿を見ることができ、族的分布は東下総広範囲に広がると考えられた。

三　柴崎領について

次に「柴崎領」について述べたい。芝崎に存在する芝崎城跡(17)は現地を踏査した限りでは小規模であり、むしろネゴヤ地名をもち構造的にも戦国後期と考えられる田中砦跡（横芝光町虫生）の方が本拠にふさわしいと、筆者はかつて指摘した(18)。

柴崎（芝崎）城の存在は、実は具体的にはどこに所在するのかは長い間不明であって、伊藤氏も柴崎城という城郭を坂田城の支城として捉えてはいるが、場所を特定して述べてはいない。そして「筆頭者（椎名勢兵衛）の居領地」として芝崎をあげているが、その根拠は明らかにされていない。たしかに芝崎の地は九十九里平野に面しており、発掘の結果古道が検出されているほか、砂堆上に位置する中島遺跡は平安時代の政所跡、中世前期の屋敷跡とみられている。このように芝崎の地は、古来より地理的に重要な位置を占めていたことがわかる。この中島遺跡を見下ろすような位置にあるのが古《ふるん》城跡である。

柴崎領について特徴的なことは、割付状に記載される人名はすべて椎名姓であることである。そしてもう一つは、中世城郭の密なる分布である。前者に関しては、椎名姓は新村領にも三人見受けられる。

椎名氏は、千葉常胤の弟胤光が千葉庄椎名郷（千葉市緑区椎名崎町）を領して椎名氏を称したのが始まりとされる。その後、上総広常の誅殺により上総氏一族の匝瑳助常が領有した匝瑳南条庄の地頭職を得て、一族は旧光町域から匝瑳市にかけて繁栄した（「神代本千葉系図」）。胤光の三男とされる福岡胤業からは、岩室《いわむろ》・富下・台・泉川・柴崎（小田《こた》部《べ》）などの地名を苗字とする一族を輩出している。この系統こそが柴崎衆の椎名氏（芝崎椎名氏）の祖にあたると考えられる。そして新村衆にみられる椎名氏は、胤光二男の胤高から出る飯倉椎名氏の末裔と考えられよう。

井田領の他の三つの領では、一つの姓だけから衆に編成されている事例はない。新村領において、三谷氏と椎名氏の二つの姓により衆に編成されることがこれに近い。このことをいかに考えるかである。椎名氏といえば、すでに湯浅治久氏も前掲論文で、天文八年(一五三九)に西光院に判物を出した椎名伊勢入道勝定や、天正年間(一五七三~九二)の椎名伊勢守の妻の存在を指摘している。さらに前掲「千葉氏印判状」には、海上八幡社の神事銭の負担者に「五十文　椎名四郎右兵衛尉」と記載されている。

天正八年に千葉邦胤より徳政免除の証状を受けている「椎名伊勢守妻」は、幡谷越中守の息女とされる。椎名伊勢守(実名を胤長とする)は米倉城主とされ(19)、さすれば飯倉椎名氏系の一族となる。天文年間に西光院に判物を出している椎名伊勢入道勝定は同じ受領名を名のっていること、さらに西光院は現在の西光寺(米倉城跡の所在地)のことであると思われることから、米倉城主とみられる。勝定の勝は、おそらく千葉勝胤の偏諱であろう。

ところで『千学集抜粋』には、戦国時代初期の椎名氏や三谷氏・和田氏、そして井田氏の記載があり、その関係が注目される。大永三年(一五二三)十一月の記事に「一　椎名伊勢殿ハ、神領久方・大林・平木潟といへる所々を押領せられしを、調伏なされけれハ、御罰にて惨毒に逢われし」と記されている。この「椎名伊勢殿」は、年代的にみて伊勢入道勝定と同一人物とみることができる。神領とは千葉妙見社の所領を意味する。

久方とは、著名な天正十七年の「北条氏政書状写」で、北条氏が久方をめぐり所領争いをした三谷氏と千葉妙見社尊光院に対し、三谷氏勝訴の裁定を下した、まさにその地である。三谷氏は、天文十五年に千葉利胤より所領を拝領した証拠となる証文を提出し、それが認められている。この年は利胤の父昌胤の死去した年であり、利胤より代替わりの安堵状を受けたものであろう。

神領大林は多古町大林に比定され、平木潟とは現在の匝瑳市平木周辺にあったと思われる海跡湖であろう。九十九里平野には、かつて椿海という広大な海跡湖が存在していたが、江戸時代初めの干拓によって姿を消してしまっている。中世には、「平木潟」のような多くの海跡湖が存在したはずである。現在は県立八日市場特別支援学校となる平木遺跡は、古代東北に進出した物部匝瑳氏の拠点（平木潟）と想定されている[20]。また、籾内字大六天には匝瑳郡衙の出先施設があったとされる。同遺跡出土の墨書土器に「大道上」の文字が書かれているものがあり、古代の湊を結ぶ官道が通っていたと考えられている。かように平木は、古代から水陸交通の要衝であったことがうかがえる[21]。平木字御門は星宮神社（妙見社）が祀られており、中世の土豪屋敷と目されている。

以上のことから、この地を椎名氏が押領したのも、新田開発という観点のみならず、交通の要衝地としての理由もあったためと考えられる。

平木は、『金澤文庫古文書』の「文永九年十二月廿七日付関東下知状案[22]」でよく知られた熊野社領匝瑳南条東方にあたるとされる。そして横芝光町芝崎周辺が同西方と推定されている[23]。西方の荘園領主は、文書の伝来から判断して称名寺領と考えられているが、こちらも地頭からの押領を受けており、その主体は芝崎椎名氏であろう。こうしてみると、匝瑳南条に勢力を拡大した椎名氏一族は、すでに鎌倉時代より確実に支配を強めていることが確認された。こうした中で、千田庄中村を苗字の地とする三谷氏が、いかにして新村領の筆頭となっていくかである。先に述べた神領久方の押領主体である椎名伊勢から、天文十五年には千葉利胤によって三谷氏が領有を認められるようになった事実は、象徴的な出来事といえる。

ところで、柴崎領と新村領との境界をいかに捉えるかである。小田部（横芝光町）と接する貝塚（匝瑳市）は新村領として間違いない。問題は篠本・市野原・新井地区が、柴崎領・新村領のどちらに属するかである。地形的には、新・

亀崎と隣接する篠本は新村領と見なせよう。この篠本にある寒風城に興味深い伝承があることを、湯浅治久氏は報告書の論考で紹介している。それは、篠本城の篠本氏が没落した後、権力の空白をついて匝瑳椎名党米倉椎名氏の椎名神九郎が進出し、寒風城を築いたというものである。

このように三谷氏の新村領に含まれると思われていた飯倉・米倉には、戦国後期まで飯倉椎名氏が活発な活動をしていることが確認される。三谷蔵人佐配下の椎名帯刀左衛門尉らは、もとは飯倉椎名氏の一党であったはずであるが、いつからか三谷氏に、すなわち井田氏の配下に属することになったのであろう。五号文書でいう「両人之同名中」にあたるのであろうか。

市野原・新井は、篠本から西方に伸びる台地沿いにあり、距離的には柴崎領に含めて考えたいところである。しかし、芝崎と新井・市野原の間には、往時は後背湿地である沼沢地をともなったはずの栗山川支流が二本あって台地を開析しており、陸路を使っての連絡は容易ではなかったものと思われる。かように考えると、栗山川に接する宝米《ほうめ》地区までは、新井・市野原・篠本と同様、新村領に属していたといえよう。この点で、次節で検討する一〇号文書「領地目録」は、新村領に属する所領の書上げとみなすことができる。柴崎領の範囲を考える時に、沖積平野に位置する宮川地区(旧光町の中心街)[24]と、平木地区のような新田開発の拠点となるような領域にも注意を払う必要があろう。

四　新村領について

「新村領」は、匝瑳市新《しむら》所在の新城跡に拠ったと思われる三谷蔵人佐胤重を筆頭とする家臣団の所領である。三谷氏については、『千学集抄』の永正二年(一五〇五)の千葉昌胤元服の記事に、馬を奉納した「三谷孫四郎」、太刀を奉納した「三谷蔵人佐」と「三谷大膳之亮」が登場する。大膳亮系は坂田周辺を領有していたとされる系統で、『山室譜伝記』によれば弘治元年（一五五五）、井田因幡と戦って敗れ、坂田城に井田氏が入部することになったとされる。馬を奉納した「孫四郎」は三谷氏本流と思われるが、この頃の居所が明らかでない。

「蔵人佐」は、当時から後に「新村領」となる一帯を領有していたのではないか。問題は、大膳亮系の三谷氏のその後である。先に検討した三号文書からは、三谷氏も坂田郷にいくつかの所領をもつことを認められている。しかし、五号文書で、椎名右衛門大夫とともに「三谷小四郎」および両人の「同名中」を井田氏の寄騎とすることを胤富が認めたことについて、解説は小四郎を「三谷大膳亮の一族（息子か）」としている。つまり、最終的には、大膳亮系は割付状でいう「巳上百四拾五人」のうちの「廿六騎　馬上」に吸収されてしまったと考えられる。そして「孫四郎」系については、先に検討した「原文書」に登場する「ミや弥次郎」や「三谷とのもの助」といった一族が末裔とも考えられるが、明確ではない。

『千学集抄』でも、天文十九年（一五五〇）の千葉妙見社の遷宮式に関する記事中、千葉氏一門である神嶋（鹿島）の御馬を曳く三谷右馬助が登場し、「其外大須賀・助崎・小見川・海上殿・相馬殿・府馬・鏑木・米井・井田・山室・三谷・椎名の苗字中・粟飯原の苗字中（後略）」とあるだけである。つまり、御馬を曳いた三谷右馬助とは、孫四郎につながる系統で、新村周辺を領有していた三谷蔵人佐は、同記事中の「其外大須賀・助崎」以下に登場する三谷であろう。これは、天正十七年（一五八九）の北条氏政書状写で、三谷氏が一貫して妙見社に馬や米・銭を奉納してきたと主張していることをみてもあきらかであろう。これに対し、三谷氏本流である孫四郎の系統は、その後、何らかの理由で没落したのであろうか、あるいは大膳亮系と同様に、井田氏の寄騎として吸収されてしまったのであろう。

報告書では「新村衆の知行貫高の書上」とされる一〇号文書は、折紙上段に「十二貫　木つみ《木積》」以下の八か所の貫高の書かれた地名（村名）が、折紙下段には八人の同心衆の貫高が載る。この数字をどう解釈するかについては、定説をみていない。坂田城跡報告書で伊藤一男氏は「同心領における井田氏の「御蔵納」である」とする。つまり「ひとつの郷村の中に被官領と蔵入地を入り込ませ、そこの給人（被官層）に蔵入地の代官を兼ねさせた」としている。これに対し、『御北条氏家臣団人名事典』では扶持給の書立かとする。報告書は「（成立）年代をふくめて詳細は未定」とする。

ここでは、この「領地目録」の性格を把握するためにも、地名の分布等を検討してみたい。貫高の多い順に地名を並べかえると、木積（一二貫）、久方（八貫）、山桑（同）、谷中（同）、貝塚・市野原（六貫）、富下（一貫）、新井（同）、中沢（同）となる。これを地図に落としてみると、ある傾向が浮かびあがる。それは、九十九里浜の栢田《かやた》海岸から堀川・谷中を経て飯倉—新《しむら》—亀崎—篠本—吉田、そして借当川を渡り、多古の南中へ至る古道である（図1）。

この沿線に谷中・貝塚・木積・久方が存在している。新は新村衆筆頭の三谷蔵人佐の居城であり、道は城跡を巻くように北へ向かう。城跡では飯倉城跡・新城跡・亀崎城跡・寒風城跡・吉田城跡が道に沿って分布している。また、飯倉城跡のある台地麓には、この道に沿って宿が展開しており、吉田城跡を上った先には宿がやはり存在する。宿地名は前稿で検討した結果、中世に遡る地名であり、房総ではほとんどが街道にともなう宿として存在したことが明らかになった(25)。これらの点からも、この古道は新村領および新村衆にとって重要な働きをしていたと考えられる。

また、逆にいえば目録に載る地名でも、富下・一原（現市野原）・あら井・山桑は、この古道からは遠く離れている。このうち山桑（匝瑳市）は八貫文であるが、富下・新井はそれぞれ一貫文、貝塚一原は合わせて六貫文と、両者はいずれも少額であり、また、地理的にも富下は柴崎領虫生に北方三〇〇メートルほどの近さで、市野原・新井も栗山川左岸の台地に位置し、虫生から約二キロメートルの位置にあり、柴崎領とした方が妥当とも思える立地である。しかし、

【凡例】
①芝崎城跡　②田中城跡　③傍示戸城跡　④中城跡　⑤古城跡　⑥駒形城跡　⑦小田部城跡
⑧台城跡　⑨岩室城跡　⑩飯倉城跡　⑪新城跡　⑫亀崎城跡　⑬篠本城跡　⑭要害台城跡
⑮善光寺館跡　⑯寒風城跡　⑰久方城跡　⑱吉田城跡

図１　柴崎領・新村領周辺図
陸地測量部 明治23年作成「八日市場村」使用　一部加筆追加

前節で検討したように、両者とも新村領とすべきである。

一二貫の木積、八貫の久方は、新村衆筆頭である三谷蔵人佐の本拠である新城《しむら》に近接している。これに反し、本拠から遠く離れた富下・市野原・新井に貫高の小さな所領が記載されている。これを素直に解釈すれば、「領地目録」は新村衆の所領の一部が記載されたものと捉えられよう。

五　柴崎領・新村領に密に分布する中世城郭について

次に柴崎領に特に多く分布する中世城郭について、考えてみたい。周辺地域を踏査した限りで戦国末期まで使われていたと考えられる城跡には、芝崎城跡・田中城跡・古《ふるん》城跡・傍示戸《ぼうじと》城跡・小田部城跡・台城跡・岩室城跡・小川台館跡があり、遺構が破壊され不明なものに駒形城跡・中《なかん》城跡があげられる(図1)。現在の行政区でいえば横芝光町のうちの旧光町にあたる芝崎・虫生《むしょう》・傍示戸・富下・小川台・小田部の大字区約二キロメートル強四方の中に、これだけの城郭が分布しており、房総において他ではあまり類例をみない。

もちろん、これらが同時期に使用されていたか否かは、これらの城郭をもとに論を進めていくうえで重大な前提となる。しかし、芝崎城跡以下八つの城跡について踏査した結果、「割付状」の出された天正末期に使用されていたであろうことは、土塁・空堀の規模など縄張から判断して問題ないものと考える。

であるとすると、それに記載された人名とどのように関わるのか、関わらないのか。例えば、同じく馬上一騎、旗二本、鉄砲一人、鑓二本を負担する柴崎衆椎名摂津守は、果たしてこれらの城郭の城主あるいは城番格とみてよいのかである。五～六人の軍役を負担する者は全部で九人記載される(26)。表1にあるように、山中衆・柴崎衆・新村衆各三

表１　井田氏軍役割付一覧

	衆	氏　名	旗	弓	鉄砲	鑓	持鑓	馬上	歩兵	小計	貫高
	坂田	井田因幡守	11	20	20	40	10	27	17	145	—
城主	山中	和田左衛門尉	3	2	2	10	2	7	4	30	117
	柴崎	椎名勢兵衛尉	3	2	2	10	2	7	4	30	115.45
	新村	三谷蔵人佐	2	2	2	5	2	4	3	20	88.35
A	山中	堀内右衛門尉	2	0	1	2	0	1	0	6	—
	山中	村山伊賀守	2	0	1	2	0	1	0	6	—
	山中	井田志摩守	2	0	1	2	0	1	0	6	—
	柴崎	椎名摂津守	2	0	1	2	0	1	0	6	24.51
	柴崎	椎名佐渡守	2	0	1	2	0	1	0	6	24
	柴崎	椎名将左衛門尉	2	0	0	2	0	1	0	5	15
	新村	三谷民部少輔	2	0	0	2	0	1	0	5	17.28
	新村	椎名帯刀左衛門尉	2	0	1	2	0	1	0	6	19.5
	新村	椎名図書助	2	0	1	2	0	1	0	6	19.3
B	柴崎	椎名孫兵衛	1	0	0	1	0	1	0	3	13
	新村	椎名弾正	1	0	0	1	0	1	0	3	13.1
	新村	三谷右馬助	1	0	0	1	0	1	0	3	12.05
	新村	三谷源次左衛門尉	1	0	0	1	0	1	0	3	11.1
	柴崎	椎名刑部丞	1	0	0	0	0	1	0	2	7
	柴崎	椎名織部丞	0	0	0	1	0	1	0	2	6.15
C	山中	井田治衛門尉	0	0	0	1	0	0	0	1	—
	山中	伊藤八郎左衛門尉	0	0	0	1	0	0	0	1	—
	山中	桜井六郎右衛門尉	0	0	0	1	0	0	0	1	—
	山中	新行寺助九郎	0	0	0	1	0	0	0	1	—
	山中	寺田右京亮	0	0	0	1	0	0	0	1	—
	新村	三谷主税介	0	0	0	1	0	0	0	1	5.85
	新村	三谷刑部左衛門尉	0	0	0	1	0	0	0	1	4.13
		合　計	42	26	33	95	16	60	28	300	—

表の右端の「貫高」欄の数字は、報告書11号文書「領地目録」の各人の持高の数値である

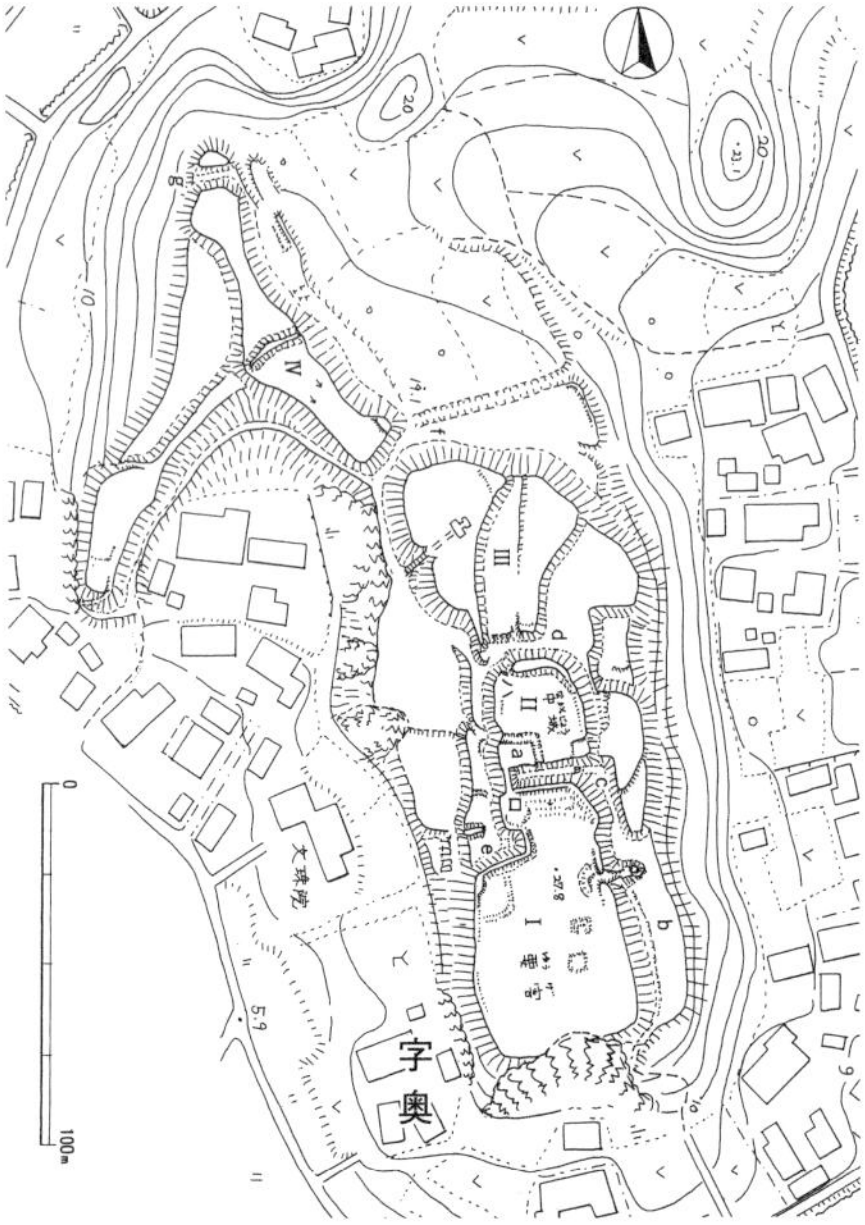

図２　新城跡概念図

原図　八巻孝夫氏作図（『千葉県所在中近世城館跡詳細分布調査報告書Ⅰ　旧下総国地域』より）

人ずつである。この下の三人を負担するクラスの武士は、まず城持とは考えにくいので、はずして考えてよい。これを考えるにあたっては、新村衆の筆頭三谷蔵人佐の居城と目される新《しむら》城を検討する。

新城は小規模ではあるが、馬出をもち戦国末期にふさわしい技巧的な城郭である。西麓文殊院の南、字奥には屋号「ねごや」の作佐部家[27]がある。文殊院の北側には居住空間があり、城主の屋敷が想定される。城のある比高一五メートルほどの台地回りには、ネゴヤ状に屋敷地が取り巻くが、さほどの空間もなく、往時に多くの軒数があったとは思えない。城主三谷蔵人佐の軍役は、馬上四騎も含め二〇人である。三谷蔵人佐を含めた馬上四騎には、作佐部氏などの重臣級がそれに該当しよう。新城のネゴヤ地区とその周囲に集住していた者たちこそが、この二〇人にあたるのではないか。新村衆で自身の馬上一騎を含め五～六人の軍役を負担する、三谷民部少輔・椎名帯刀左衛門尉・椎名図書助らは、このネゴヤに居住していたとは思えない。新城のネゴヤ空間には、この人数は収まりきれないのである。

であるならば、彼らは、新城とは別の本拠地を持っていたと考えるべきであろう。それが、亀崎城・久方城・吉田城など比較的小規模な城郭ではなかったか。もちろん、三谷蔵人佐配下の諸将が、すべてこの地域の城主だったとはいえないであろう。例えば、飯倉椎名氏の居城である飯倉城・米倉城などは、前述の椎名伊勢守が拠っていたことがわかっている。比較的小規模な城郭に、これら五～六人の軍役を負担する諸氏が入部していた可能性は高いのではないか。

つまり、新村領に分布する多くの中世城郭は、すべてが筆頭者三谷氏の一円支配下には入っておらず、彼らに属さない氏族（例えば椎名伊勢守など）が居城とするものもあったということである。この点、柴崎領は「割付状」には椎名氏一族のみが記載されており、多数の城郭の存在と椎名一族との関係が大きな問題点として上がってくる。しかし、紙幅の都合もあり、後考に俟ちたい。

まとめにかえて

以上、些末かつ推論を重ねた考証に終始したが、井田氏領域の中でも、当初からではなく後に井田氏領に加わった柴崎領・新村領を中心に、氏族構成や城郭分布を中心に、検討した。その結果、匝瑳南条に勢力を扶植した飯倉椎名氏と芝崎椎名氏が、両地域に広く分布していることがうかがえた。しかし、「同名集団」としてのまとまりは、飯倉椎名氏系統ではあまり強くなく、飯倉椎名本宗家の伊勢守のように、三谷氏配下には見られない一族もいた。これに反し、柴崎領は椎名「同名」中で占められ、また、数多くの中世城郭の分布もあり、古くから芝崎椎名氏の一族が支配してきたことがうかがえた。

三谷氏については、新村領への進出過程は明確にはできなかったが、孫四郎・大膳亮・蔵人佐と三系統あるなかで、最後まで井田氏配下とはいえ独立性を保っていた蔵人佐系の存在を明確にできた。そして、他の文書に散見される三谷氏は、孫四郎系の子孫の可能性を指摘した。

こうして井田氏領の特質を検討してみると、湯浅氏の指摘である「北条氏を頂点としたタテの関係の序列」的集団か、あるいは「『同族団的』『一揆的』構造を色濃く残す」集団かという問題については、柴崎領のような椎名氏同名中による一揆的結合とみなせる領もあれば、山中領のように前者とみなせるものもあり、複合的な存在形態といわざるをえなかった。このことは、中世城郭の分布形態にも関わりがあると考えられる。今後は、中世城郭との関連を中心にさらに考察を加えていきたい。

註

（1）『千葉縣史料 中世篇 諸家文書』（千葉県、一九六二年）。
（2）横芝町教育委員会『坂田城跡総合調査報告書 上総井田文書 史料調査』（一九九六年）、伊藤一男執筆分。
（3）茨城県立歴史館シンポジウム報告書『中世常陸・両総地域の諸相―発見された井田文書―』（茨城県立歴史館、二〇一〇年）所収の諸論文を参照のこと。とくに湯浅治久「戦国領主上総井田氏成立の前提」に多くの教示を得た。
（4）註（3）報告書号所収文書。以下、「割付状」と略す。
（5）藤本正行「戦国期武装要語解―後北条氏の着到書出を中心に―」（中世東国史研究会編『中世東国史の研究』東京大学出版会、一九八八年）。
（6）「新村」は現在の住居表示では「新」一字で「しむら」と読ませている。この呼称は伊藤註（2）論文に従う。なお、両領域範囲については再度検討を加えるものとする。
（7）湯浅註（3）「戦国領主上総井田氏の成立の前提」。

（8）『芝山町史　資料集　別編　山室譜伝記』（芝山町、二〇〇〇年）は東京大学史料編纂所の写本を底本とし、ほかに九種の写本を使い校訂しており、現在最も信頼がおけるものとなっている。

（9）山中城の構造は、東方の高谷川に向かい延びる南北の舌状台地に、それぞれ山中北城と同南城とがあって、両者で一つの城郭とみなすことができる。この間に宿谷《しゅくやつ》が形成されている。この宿谷は、街道沿いに形成された宿場ではなく、城郭にともなう宿（伊藤毅氏の説く「武家地系宿」）と考えられる。すなわち大台城・飯櫃城のネゴヤにあたるものとすることができよう。

（10）これについては、拙稿「中世における宿地名に関する一考察」（『中世房総と東国社会』岩田書院、二〇一二年）において、検討したところである。

（11）「原文書」一一号文書（『千葉縣史料　中世篇　諸家文書　補遺』千葉県、一九九一年）。なお、同文書の解釈については、拙稿「戦国後期下総における陸上交通について」（『千葉史学』二四、一九九四年）で詳説した。参照されたい。

（12）野平掃部允の野平氏は、多古町南玉造の南玉造城の城主であったとされ、現在も野平《やへい》姓は城跡近くにある。「原文書」一三号「千葉胤富書状」には、おそらく森山城（香取市岡飯田）と思われる「新繰輪」へ、木村大膳亮とともに移るよう指示されている「野平外記」なる人物が記されている。上代与七郎の上代姓は、おそらく上代郷（現東庄町の西南域）を苗字の地とする武士であろう。「原文書」一二号「千葉胤富判物」には、「かしろの弓衆」とあり、精鋭の弓衆を束ねていたか、もしくはその一員の可能性がある。押田権四郎の押田氏は八日市場城主とされる。

（13）「千葉家印判状」（「松本昌之家文書」『千葉県の歴史　資料編　中世3（県内文書2）』）。

（14）拙稿「両総国境に分布する城館跡について」（『千葉城郭研究』三、一九九四年）。

（15）神保氏は、臼井庄に隣接する神保御厨から出た一族であろう。

（16）『千学集抜粋』天文十九年十一月二十三日の記事に登場する三谷氏は、「ミヤ」のふりがなふられている。

(17) 芝崎遺跡群の発掘調査にあたり、担当者の道澤明氏が踏査の結果発見したものであり、筆者は氏のご教示により実地踏査に及んだものである(『芝崎遺跡群 資料編3』東総文化財センター、二〇〇六年)。なお、以下の芝崎に関する所見は、同報告書を参考にした。
(18) 拙稿「井田文書における『北条氏政軍役割付状』についての覚書」(『戦国遺文 房総編 第三巻 月報3』東京堂出版、二〇一二年)。しかし、虫生の地は台地に囲まれ防衛には適した地であっても発展性に乏しく、むしろ、台地下に芝崎館跡(註(17)報告書)のある芝崎城の方が可能性は高いと考えを改めたい。
(19) 『八日市場市史 上巻』(八日市場市史編さん委員会、一九七七年)。
(20) 『広報そうさ「匝瑳探訪78」』(匝瑳市、二〇一二年)。以下の記述の多くは同紙を参考にした。
(21) 拙稿註(10)にて、この点につき関説した。
(22) 『千葉県の歴史 資料編 中世4(県外文書1)』六三二頁。
(23) 註(19)市史による。
(24) 同地区は昔から銚子へ向かう道が通る町場的な存在であり、字城の内が沖積平野に存在する。
(25) 拙稿註(10)論文。
(26) 軍役五~六人の負担が、すなわち五~六人の配下を意味するものではない。実際はこの数字よりも多くの家臣を有していたと思われる。
(27) 作佐部家の分家にあたる作佐部博昭氏よりご教示いただいたところでは、木積に三谷氏の子孫と目される家があり、「みたに」と名乗っていたとのことである。最後のご当主が女性の方であったため、近隣に嫁がれ、三谷家は断絶されたそうである。

十六世紀末期関東の貨幣と知行

――「永楽銭」の再検討のために――

川戸貴史

はじめに

本稿は、徳川家康が関東へ転封した天正十八年（一五九〇）以後において行われた検地のうち、銭建て（貫高）で高が記載された検地帳が存在する点について、その背景と意義について再検討を試みるものである。

従来、このような銭建ての高は「永高」と呼ばれてきた。その理由は周知の通り、銭建ての検地帳の多くには、「永楽銭」という名称が基準表記として記載されているからである。関東における「永高」制検地の対象地域や手順は、すでに多くが明らかにされている。例えば武蔵国秩父郡内での検地では、検地帳に高が「永高」で表記された後に一定の換算比率を乗じて石高に計算されたような事例がある。

先行研究によれば、この「永高」は、かつて支配していた小田原北条氏（以後「北条氏」とのみ記す）の知行制度をそのまま継承したものではなく、徳川氏がかつて領国としていた五か国（三河・遠江・駿河・甲斐・信濃）惣検地、とりわけ東海地域の三河・遠江・駿河の山間地域において採用されたとみられる制度を関東へ持ち込んだものとする評価がされている。(1)一方、かつて筆者が明らかにしたように、天正十八年八月に行われた奥羽仕置によって、会津領では

「永楽銭」を基準とした知行制が導入されていた。[2] すなわち「永楽銭」基準は豊臣政権における検地政策にも採用されたのであり、徳川家康による独自政策とは限らず、また関東の北条氏領国時代の知行制と必ずしも無縁であったとはいえないのではないだろうか。

また、なぜ関東や奥羽で「永楽銭」という基準が採用される地域がみられたのであろうか。そこで当該期の貨幣流通との関連を鑑みれば、当時の通貨は中世以来の渡来銭がいまだ流通を続ける一方、一五七〇年代になると関東でも金・銀が貨幣として流通するようになっていった(関東では主に金が流通する)。ただし、おそらく他地域と同様に金・銀はその価値が高すぎるために、税制の基準として採用することは不適格であったということは想定される。それゆえ知行制では引き続き銭貨を選好する傾向が鞏固であったとみられるものの、依然として雑多な銭種からなる銭貨が同時に流通していながら、なぜ「永楽銭」という基準が策定されたのであろうか。検地研究には厖大な蓄積があり、石高制の例外としての「永高」制について注目した研究も少なくないが、なぜ「永楽銭」なのかという点に注目した研究は一部を除いてほとんどない。そこで本稿では、これまでの貨幣流通史研究の成果を踏まえつつ、「永楽銭」という基準表記が生み出された背景について検討したい。

本稿では上総国の事例を取り上げるが、当地では天正十九年に続けて文禄三年(一五九四)に検地が行われている。そのうち文禄三年の検地では、夷隅郡内の一部地域において貫高で記載された検地帳の一群がある。この検地は「永高」による検地とされ、いくつか先行研究も存在する。[3] これらの事例について再検討を行いたい。そして、関東における「永高」と呼ばれる制度の成立過程と貨幣流通との関係について見通すこととする。

一　十六世紀後半関東における貨幣流通の具体像

近年、十六世紀を中心とした中近世移行期の貨幣流通史研究が活発に行われてきており、その結果多くの新たな事実が明らかにされている。本節では、「永楽銭」という基準が登場する背景を明らかにするために、これまでの研究成果を踏まえつつ、徳川氏の関東転封前後における貨幣流通の実態について検討する。

1　北条氏領国の貨幣と知行

十六世紀関東における貨幣流通秩序の形成と変容には、北条氏が形成した領国とその収取制度が大きく関わっていたことがすでに明らかにされている。かつて筆者はその具体像について検討したことがあるものの(4)、行論において踏まえておくべき問題であるので、本項で再論したい。

北条氏による貨幣政策の初見は、天文十九年(一五五〇)の税制改革に伴って「御法度之四文之悪銭」を懸銭から排除させようとしたものである(5)。後に「三文悪銭」(大かけ・大ひゝき・打ひらめの三種と考えられる)に規定が変化し(6)、永禄元年(一五五八)には通用銭を「精銭」「地悪銭」の二種と定めた(7)。また両者に区別することが困難な中間の銭貨を「中銭」と規定している。これらの分類規定は、はじめは北条氏による収取対象に限定していたが、永禄三年には一般の諸売買にも適用しようとしている(8)。この年は翌年にかけて北条氏が徳政を行ったことが知られており(9)、これらの政策は、その一環となるものであったと考えられる。そしておそらくは地下の要求に従って、銭納と米納の半々ずつの収納を認めることになった。

ただし如上の改定を行った一方で、北条氏側にも一定度の精銭獲得を果たそうという意向を維持していた。これは当然ながら領外諸商人らとの交易（主に伊勢の商人か）によって多様な物資（陶磁器はもとより、武器・弾薬や兵粮も含まれよう）を調達することが必要なのであり、そのため領外においても通用する隔地間決済手段としての「精銭」をストックする意図が、常に働いていたためであったと考えられる[10]。

しかし北条氏の精銭獲得志向が結果として銭納の安定性を損ねる結果となり、「精銭手詰」という事態に陥った。とりわけ永禄十年以降は年貢収取において銭貨を徴収することがほぼ不可能な事態に陥ったようであり、実際には銭貨に代わって金や米での代納を認めるようになり、実際には主に米を収取する情況となっている[11]。

かかる事態を経て「永楽銭」という呼称の銭貨が出現したのであるが、かつて筆者はその初見を永禄十二年としていた[12]。しかし近年、それを遡る史料が発見され、黒田基樹氏らによって検討されている。それが次の史料である。

〔史料1〕[13]

蓬莱村去年卯歳御検見之辻四百九□□晦日を切而、黄金・永楽銭・兵糧此三様何成共、調次第可納□□
至于相違者、代官職可被改者也、仍如件、
戊辰（永禄十一年）　（「禄寿応穏」朱印）　奉
十月七日　笠原藤左衛門尉（康明）
松野彦七郎殿

黒田氏によると、北条氏直轄領である武蔵国内の蓬莱村における前年の検見による年貢高に基づく収納について、黄金・永楽銭・兵粮の三種のいずれの形でも納入するよう北条氏が求めたものである。奉者の笠原康明は岩付領を担当する人物で、代官職を有する松野彦七郎が発給を依頼したものと評価している。これにより、北条氏領国において

「永楽銭」というカテゴリの呼称が用いられたのは、早くとも永禄十一年に遡ることが明らかとなった。先に触れた通り、「精銭手詰」によって北条氏は同年に金・米（兵粮）での収取を容認していたことを指摘していたが、実は同時に「永楽銭」をもその対象としていたのである。

関東において「永楽」あるいは「永楽銭」と呼ばれる銭種が史料上に表記される早い事例として、永禄七年に那須資胤が興野氏に「永楽」五〇〇疋の地を安堵した事例[14]や、翌八年に北条高広が上野国勢多郡内の善勝寺に「永楽銭」二〇貫文の地を安堵した事例[15]などが知られている。これらに注目した中島圭一氏は、「永楽銭」の精銭化が京都との流通上の接点が稀薄な北関東で自律的に形成されたと指摘している[16]。史料上、北条氏領国ではその登場がやや遅れるものの、一五六〇年代の関東で突如として「永楽」あるいは「永楽銭」と呼ばれる銭のカテゴリが登場し、それが北条氏の貨幣政策に大きな影響を及ぼした。

また、この「永楽」あるいは「永楽銭」は、はじめから空位化した概念上のカテゴリ（計数単位）ではなく、少なくとも当初は実体を伴ったものであったと考えられる。千枝大志氏によると[17]、伊勢では「永楽銭」と表記される事例が永禄年間に頻出したことが明らかになっているが、この時期のものはすべて「永楽銭」が実体を伴った銭貨であったとしている。これに関して関東はどうであったか。次の史料をみてみよう。

〔史料2[18]〕

一、於御洞中被撰銭事、非法之至、言語道断也、夫銭者円相方穴、蒙天地四字、一穴表五形故、万物円備一切自然也、能弁日用以各料脚、世界之重宝無過之、然今用永楽嫌万銭候間、日々欠所用、人々懈能化、吾臣謀叛従之始、内外之不足起従之、

これは永禄年間の北条氏領国の事情について語ったものと推定され、撰銭行為に対する激しい非難が表明されてい

るが、とりわけ傍線部によると、今は「永楽」を重視して他の銭種を嫌っているため、日々の貨幣需要を満たさなくなったことを嘆いていることが注目される。これが事実であるならば、「永楽」は実体を持った銭種であり、「万銭」とは区別されて授受されていたと推察される。

しかし伊勢では、この「永楽銭」あるいは「永楽」は、すぐにその実体を失って空位化していったとされる。千枝氏によると、一五七〇年代に入ると、伊勢では「永楽銭」が徐々に実体を失って計算上の単位(「永楽勘定」)として用いられることが多くなり、代わって「薄銭」や「ひた」と呼ばれた銭貨が通用銭として現れるようになったとしている。「ひた」と呼ばれた銭貨が一五七〇年代の京都周辺で頻出することがすでに明らかにされているが[19]、時系列をたどれば、伊勢では「永楽銭」の空位化に伴って「ひた」というカテゴリが波及したものと考えられる。

北条氏領国では一五六〇年代後半に「永楽銭」が普及していったが、同じ概念を共有する、そして関東への銭貨供給の拠点だったであろう伊勢において、一五七〇年代には空位化していったとすれば、関東でもその影響は避けられないのではないだろうか。すなわち、関東においても空位化が進行した可能性がある。しかしかつて述べたように[20]、北条氏領国では一五七〇年代後半から一五八〇年代にかけて、「永楽銭」あるいは「永楽」と呼ばれた銭貨の勘渡が行われており、それは当初は他の銭種の二倍の価値に設定され、天正十七年には三倍に変更されていた。実際に「永楽」「永楽銭」と呼ぶ銭貨の授受が行われたように史料上では読めるものが多く、カテゴリとしての「永楽」「永楽銭」は実体を持っていたとの指摘もできよう。

一見すると相反する現象をどのように理解すべきかが課題となるが、ここで問題となるのは、「永楽」あるいは「永楽銭」が果たして実際にはどんな銭貨を指すのか、という問題である。従来の研究では、これらは如上の通り精銭の価値を上回る「超精銭」と位置づけられ、その銭種はおおむね永楽通宝を指すものと推測されてきたといえよう。

しかし実際には、知行高を基準とする額面をベースに、その半額あるいは三分の一の額の「永楽銭」が勘渡された事例が多い。つまり帳簿上の基準額（空位化した精銭建て）に対して、二倍あるいは三倍の価値を持つ実体を持つ「永楽銭」が勘渡されたとするならば、「永楽銭」は必ずしも通用銭としての精銭を上回る「超精銭」であったとも言い切れない。空位化した基準高としての精銭と、通用銭としての精銭である「永楽銭」との関係で考えることも可能ではないだろうか。つまり「永楽銭」が永楽通宝そのものを指すとは限らないという仮説であるが、近世においては実際に銭そのものの異称として「永楽銭」が浸透したことを踏まえれば、必ずしも荒唐無稽な仮説とはいえないのではないだろうか。

いずれにせよ、北条氏滅亡後の豊臣・徳川政権による東国の検地による知行制度改革においても、この「永楽」「永楽銭」のカテゴリが大きな影響を及ぼしたことはすでに指摘した通りである。ただしこれが果たして関東全域に普及した秩序だったのか、あるいは北条氏領国に限られた秩序であったのかについては、いまだはっきりしていない。次にこの点について検討したい。

2　里見氏領国の貨幣と知行―北条氏領国との比較のために―

これまでの研究において、十六世紀関東の貨幣流通圏を総称して「永楽銭基準通貨圏」と呼んできた。しかし、かかる通貨圏が関東全域を覆っていたかどうかは、慎重に検討する必要があるだろう。この点について、かつて筆者は主に那須氏の事例を用いて検討したことがあるが、それのみでは関東全域の実態を明らかにする上では当然ながら不十分である。そこで本項では、新たなる比較対象の一事例を呈示すべく、十六世紀後半の房総里見氏領国における貨幣流通の実態について、具体的に史料を掲げながら検討する。

関連史料が少なく実態は不明な点も多いが、里見氏に関係する知行制度についてみると、天正二年（一五七四）に正木憲時が安房清澄寺に対して「田地九貫分」を寄進している(21)ほか、天正七年十二月二日には、里見梅王丸が上総国高柳郷一〇貫文（うち三貫文は不作）を石田新三郎に与えた事例がある(22)。また年次は不明であるが、里見義頼が江沢某（兵庫助ヵ）に安堵したとみられる上総国平蔵郷古敷屋村の知行目録(23)によると、田畠ともに銭建て（貫高）で表記されており、銭種の区別の記載はない。ほかに確認されるいくつかの事例をみても、里見氏は知行を銭建て（貫高）で表記しており、その際に何らかの特殊な銭種が採用されていた形跡はみられない。もっとも知行高においては、同時期の北条氏も特殊な銭種で表記されてはいないため、この点においては大きな違いはないといえよう。

では里見氏領国で実際に勘渡されていた銭貨はどうか。関連史料は極めて少ないが、安房妙本寺に関わる史料に、次のようなものがある。

〔史料3〕(24)

（端裏ウハ書）
「（墨引）　妙本寺　御同宿中　　蔵人□　」

就今度所用、代物借用申候処、廿結之首尾越給候、祝着候、然者、篠《笹》尾左衛門四郎田地之内、弐貫五百め、従乙酉（天正十二年）年十弐年御耕作尤候、巨細者山下小四郎可申届候、恐々敬白、

二月九日　　　（宇部）政延（花押）
（黒印、印文未詳）

これは借用状であり、宛所を欠くが、端裏より妙本寺に充てたものであることがわかる。これによると、宇部政延が銭「廿結」（二〇貫文ヵ）を借用しており、その返済は「笹尾左衛門四郎田地」から二貫五〇〇文ずつを天正十二年からの十二年紀で返済するというものである（実際の返済額は三〇貫文となる）。無年号であるが、天正十二年のものと

比定されている。このように一五八〇年代においても銭貨が貸借の対象として用いられていたことがわかり、貨幣としても使用されていたと推察されよう。なおここでは銭種に関する記載はみられないことから、少なくともこの貸借においては、銭種の区別に対する意識は存在しなかったとみられる。

さらに降って天正十六年とみられる時期には、里見義康が代替わりの際に伊勢御師龍大夫に祝儀を贈っており、それを取り次いだとみられる被官の板倉昌察が、別に最花として銭五〇疋を同様に贈っていることがわかる(25)。

では、天正十八年に豊臣政権が関東へ進出し、里見氏が安房一国に領国を削減されて以降はどうであったか。周知の通り、関東へ転封した徳川家康は翌天正十九年にかけて領内の検地を行い、大部分の地域で石高制に転換した(26)。一方里見氏領国では、天正十八年に増田長盛による検地が行われて名目上石高で知行が記されるようになるが、実態は貫高を米一石＝銭二貫文で換算したに過ぎないものであり、事実上、貫高制が引き続き維持されたことが明らかにされている(27)。これは奥羽仕置における検地の在り方とよく似ており、実際には迅速に既存の知行を米建て（石高）に換算して処理する意向が優先していたことを示すものであろう(28)。里見氏領国で実測検地を経て石高制が成立するのは慶長二年（一五九七）であった。

ただし里見氏領国の場合、天正十八年以降に知行高として示される銭については、例えば「永楽銭」等の銭種の記載はみられない。この点は、実際に「永楽銭」と記された会津とは様相を異にしている。すでにみた通り、北条氏滅亡以前においても里見氏領国では「永楽銭」の表記を確認できないことから、実際に「永楽銭」を基準とする流通秩序を形成していなかった蓋然性が高い（つまり北条氏領国と秩序を異にする）。とはいえ北条氏領国とは当然秩序の異なる通貨圏であった会津においては、奥羽仕置によって「永楽銭」を基準とする知行制が敷かれた。里見氏領国ではそうならなかった背景を明確にすることができないが、先に述べた通り、里見氏領国では換算基準が米一石＝銭二貫文となっており、会津や関東転封後の徳川氏領国の基準（「永楽銭」一貫文＝米五～七石）よりもかなり銭安米高に設定されていた。この差異が生じた原因を素直に解釈するならば、里見氏領国における知行高の基準となった銭貨は、空位化した精銭ではなく通用銭を基準に設定した可能性がある。ただし実際の収取の実態は不明瞭であるため、詳細な検証は今後の課題である(29)。

一方、銭貨以外の貨幣の普及についてはどうか。北条氏領国における金の流通については盛本昌広氏が検討しているが(30)、里見氏領国においては初見事例として次のような史料がある。

〔史料4(31)〕

追而申候、（中略）又申候、是行坊・右衛門とのへ申子細候、其分心へ頼入候、ふし《富士》のくもつ《供物》を、金二両ふん《分》、愚そう《僧》かりこしつかい申候、こなたにてとりかたく候間、そのかた申候、一両ハけんほんし《顕本寺》衆、一両ハ定善寺御合力候へと申候、こなたにてハ、仏法ことにつかい申候へとも、愚そうかかりこし候間、へんさい《返済》可申ためにふしへのほせへく候、まつ〳〵さかい《堺》まて御のほせ候へく候、なるましく候はゝ無用候、なるへく候はゝ、この事はしりめくり頼入候、無用に候はゝ、やめ申候、いかやうにもこなたにてとゝのへ可申候、

（本文略）

天正八年十一月日　　日我（花押）

この史料は安房妙本寺の日我が日向定善寺へ送った書状とされるものであるが、貸借に金二両が用いられていたことがわかる。一五八〇年頃になると関東では広く金が流通していたとみられ、里見氏領国においても同様であったとみられる。ただし北条氏とは異なり里見氏は収取対象にはなっておらず、基本的には商取引の範囲内において用いられていたか、あるいはこの史料にあるように高額の貸借あるいは贈答にもしばしば用いられていたと考えられる。

里見氏に関係するもので次にみられる金の使用事例は、やや特殊であるが、天正十三年十一月に豊臣秀吉が里見義頼へ太刀一腰と金三〇両などを贈った事例がある[32]。また天正十六年七月の豊臣秀吉朱印状（里見義康宛）によると、これより先に里見義康から秀吉に対して金一〇両などを贈っていることがわかる[33]。盛本氏も指摘する通り、東国諸勢力から豊臣秀吉やその周辺への贈答については、金を用いる事例が比較的多かった様子が窺える。ただし天正十九年三月には公家成した里見義康が禁中へ祝儀を贈っているが、その際には銀二〇枚が用いられており[34]、京都周辺における銀遣いの主流化の影響が東国大名からの贈答にも現れていたことがわかる。商取引などの事例は関連史料が乏しいが、慶長二年の領国内とみられる事例に、杉苗の代金として金二両二分が授受されている事例がある[35]。十六世紀末期の段階になると、比較的高額な取引に金が用いられることがあったと考えられる。

以上の検討の結果、北条氏領国と里見氏領国においては、貨幣の流通秩序に類似点もあるが相違点もあるといえよう。すなわち、徐々に金が貨幣として普及した点においては共通しているものの（ただし、その時期も共通しているかは明確ではない）、銭貨の流通秩序については必ずしも共通していたとは言い切れない。とりわけ里見氏領国では、知行関係も含めて、北条氏滅亡以前の段階で「永楽銭」あるいは「永楽」という呼称が確認できず、むしろ北条氏領国とは秩序を異にしている可能性が比較的高いように考えられる。

二　一五九〇年代徳川氏領国の「永高」と「永楽銭」

本節では、天正十八年（一五九〇）に北条氏が滅亡した後、徳川家康が関東へ転封となった後の貨幣流通秩序について素描する。そこで、転封後に行った検地に基づいて確立した知行制について検討したい。冒頭にも触れた通り、この際の検地は原則的に石高制に基づいて行われており、領国内の大半では米建てで知行高が設定され、多くはその高に基づいて米を徴収する収取システムが成立したものと考えられる。一方で、山間部などの一部地域では銭建てで知行高が設定された地域があり、従来の研究ではそれを一般的に「永高(制)」と呼ぶことが多い。果たしてそれが妥当であるかも含めて、銭建てによる知行の実態を再検討したい。

1 徳川氏転封後の検地と「永高」

徳川家康が関東へ転封すると、新たな領国内で天正二十年(一五九二)にかけて惣検地を実施したが、当初から基本的には石高制に基づく方針であったことが明らかにされている。そのうち天正二十年の相模国中郡上落合郷の事例では、畠は代銭納とされ、それが「永楽銭」として計上される事例もあった(36)。それによると、「永楽銭」一五貫五四〇文を「百文ニ五斗目ニ積」によって七七石五斗七升七合に換算して計上している。その換算基準は「永楽銭」一貫文＝米五石であった。先にも触れた通り、この比率は会津における「永楽銭」による検地の換算基準に近似しており、おそらくは基準を共有したものであろう。

この史料を分析した和泉清司氏は、畑作年貢の金納化原則の上にこのような検地が実施されたことを示すものと指摘している(37)。ただしこの事例では石高に読み替えていることから、「永高」の事例とはみなしていない。すなわち北条氏による「永楽銭」基準の徳川氏による継承を否定するのであるが、その理由は佐脇栄智氏の研究を引いて次のように述べている。「後北条氏の検地は貫高又は永高で行われたが主に貫高であり、又年貢収取における貨幣基準の中心は永楽銭を含まない精銭や上銭であり、永楽銭が主ではなかったという(38)」。しかしこの見解は、現在の到達点からすれば正確とはいい難い。すでに述べた通り、一五六〇年代半ば頃までは精銭というカテゴリを設定してそれを収取対象としたが、それが「手詰」を起こしたことにより、代わって「永楽銭」収取が採用されたという時系列をたどっている。すなわち北条氏滅亡時点では精銭というカテゴリに基づく収取はおそらく廃止されていたはずである。むしろ先にみた上落合郷の事例は、北条氏時代の貨幣流通秩序を踏まえた措置であったと考えられる。

また和泉氏は、天正二十年の相模国津久井領内与瀬村における「永楽銭」収取の史料を取り上げて、北条氏時代の貫高基準から「切替え」て処理した事例としている(39)。この場合は、収取対象となる「永楽銭」が貫高（知行高）の二倍の価値で換算されていることがわかる。北条氏では天正十七年に貫高に対する「永楽銭」の価値を二倍から三倍に引き上げており(40)、この点と若干齟齬のある点は問題が残るものの、ここで基準銭の二倍あるいは三倍の価値がある「永楽銭」を勘渡する、北条氏時代の遺制の影響をみる点は重要であろう。

では北条氏時代において米を収取する場合、銭貨との比価はどうだったか。精銭の代納として米を収取した時期では、精銭一貫文＝（榛原枡）米一石四斗程度に換算されていたようである(41)。一方で「永楽銭」収取がみられる事例によると、貫高に基づく収納額に対して、「永楽銭」は二倍の価値（すなわち基準額の半額の「永楽銭」）に設定されるようになった。よって、数字上では「永楽銭」一貫文＝およそ米二石八斗に設定されていたことがわかる。後に「永楽銭」の価値は貫高の基準銭の三倍の価値になるので、最終的には米四石二斗と同価値となった。すでに述べた通り、徳川氏領国時代になると「永楽銭」一貫文＝米五石に換算されるようになったことは明らかにされている。

このことから、徳川氏による「永楽銭」と米との換算基準は、北条氏領国時代の基準を参考にしたことは十分に考えられるであろう。北条氏の場合は実際の収納額である一方、徳川氏が「永楽銭」から換算した石高は基準額であるという違いも勘案すれば、現地の基準を劇的に転換させたのではなく、むしろその実情を踏まえて穏当な措置を執ったと考える方が自然ではないだろうか。なお、北条氏は榛原枡、徳川氏は京枡で計上された数値であることから、その差異も加味しなければならない。

つまり、徳川氏転封直後における関東の旧北条氏領国においては、北条氏の基準銭をベースとして、「永楽銭」に換算して銭貨の収取が行われたのである(ただし、和泉氏は実際には現物納であることも多いとする)。

また以上の検討が事実であるならば、少なくとも北条氏領国では、知行高の読み替えに際して、基準銭(もとは精銭)の価値を二倍あるいは三倍上回る「永楽銭」という「超精銭」が採用され、それが実際に勘渡されることもあった。当該期では共時的に知行高を読み替える動きがみられるが、多くは基準高の方を高価値の(空位化した)精銭として設定しており、実際の収取ではその額を数倍(多くは三倍)した通用銭を収取することが多い。

すなわち北条氏(と関東転封直後の徳川氏)は、それらとは逆の措置を講じたのである。通説では「永楽銭」(多くは永楽通宝とする)が精銭よりも高価値に設定されたためとするが、むしろ関東では「精銭手詰」となるなど全体的に慢性的な銭不足の状態にあり、通用銭の価値が他の物資(特に米)に対して比較的高かった影響によることも推測される。極端にいえば、貫高の基準銭よりも通用銭としての精銭(これが「永楽銭」ヵ)の価値が実質的に上回った可能性も考えられるが、その検証は今後の課題である。

2　初期徳川氏の検地と「永高」

前項でみたように、関東転封後の徳川氏領国では、北条氏時代の基準銭に基づいた高を設定し、それを「永楽銭」に換算して収取を行う場合があった。すなわちこの段階での高は、「永楽銭」による高ではないので、厳密には「永高」とはいえない。ではいつ「永楽銭」が貫高の基準銭になったのか。あるいは果たして実際に「永楽銭」が基準銭(つまり厳密な意味での「永高」制)になったのだろうか。そこで関東の徳川氏領国における「永高」の成立過程をみるために、現存史料のうち最も古い文禄期の検地帳について具体的に分析し、その実像を検討したい。当該期における検地帳は先行研究によっておおむね把握されているが、そのうち武蔵と上総の事例をそれぞれ取り上げたい。前者は旧北条氏領国であり、後者はそれに含まれない地域である。

まず旧北条氏領国である武蔵の事例として、秩父郡野巻村の御坪入帳を取り上げる[42]。後世の写ではあるが、元は文禄三年（一五九四）五月二十日に作成されたものとみられ、秩父郡内において現存する最も古い検地帳に属する。記載内容の一部を取り上げると、次の通りである。

〔史料5〕

（表紙略）

さゝわら　秩父分

畠　七拾八文　廿貫文　弥五郎

（中略）

みとう沢　秩父分

田　六拾文　弥五郎

（中略）

合拾三貫五百七拾八文　高辻

（中略）

午（文禄三年）五月廿日　山下弥兵衛

（他三人略）

このような形式は、秩父郡内の検地帳もほぼ同様だったようである。野巻村には慶長三年(一五九八)の地詰帳もあり、比較検討した和泉清司氏によると、両者の高は一致すると指摘し、実測検地だったと評価している[43]。すなわち当時においては、徳川氏による銭建て知行を採用する検地の典型的な様式であったといえよう。

次の上総の事例についてみてみよう。上総では山間部の夷隅郡西畑で文禄三年の銭建てに基づく検地帳が遺されている。この地域は元は里見氏領国であったが、豊臣秀吉によって没収された後、徳川家康に与えられており、その後夷隅郡に入部した本多忠勝によって支配された。その際に行われた検地の帳簿とみられる。すなわち当地は北条氏による収取が行われていなかった地域であったが、その検地帳の一例として文禄三年三月の湯倉村坪入帳(写)を挙げると、次の通りである。

〔史料6〕[44]

(表紙略)

湯倉村坪入地詰之事

山田

一、田　百九拾文　此内四十文召出　太郎左衛門

(中略)

合弐貫八百廿一文

(後略)

川名登氏らによると、他の同地域の検地帳もほぼ同様の記載形式になっているとされており[45]、召出分が記されてい

ることから実測検地を行った様子が窺える。記載形式は秩父のものと全く同一ではないが、大きな差異はないものと捉えられるであろう。

両者の検地帳を比較してまず注目すべきは、「永楽銭」あるいは「永楽」という記載がみられないことである。この点は、十七世紀の寛永期頃に「永」という表記が多くみられるようになる点とは対照的である。従来の研究では、おそらくは十七世紀に入ってから頻出する「永楽銭」「永楽」「永」の表記と文禄期の貫高がほぼ同価値で設定されたものとして、文禄期の基準銭も「永楽銭」とみなし、そして「永高」と呼称しているものと考えられる。

むろん、この高は十七世紀になるとそのままの額で「永」と呼称されることになると考えられるので、この段階の検地によって設定された基準銭と、十七世紀段階での「永」との間に価値の相違はおそらく存在せず、実際に両者は同価値の基準銭だったとする指摘に異論はない。しかし徳川氏の関東転封時点で基準銭が「永楽銭」と呼ばれるものであったことをそのまま意味するわけではない。これまで述べた通り、北条氏時代の「永楽銭」は、むしろ空位化した基準銭に応じて実際に勘渡された、実体を有する銭貨に対する呼称であった。しかし、文禄期以後の検地にみられる基準銭が実際に収取対象となる「永楽銭」と同じカテゴリであったとするならば、徳川氏の検地の段階で基準銭の転換があったことを意味する。

その意味では、やはり徳川氏の検地を経て登場した新たな貫高は、「永楽銭」を基準銭とする「永高」であることは正しい。例えば慶長二年十一月二十日付の里見義康黒印状の中に「永銭拾文」という記載もみられるが[46]、少なくとも北条氏滅亡以前に里見氏領国で「永楽銭」に関わる記載事例は確認されないことから、里見氏領国では「永楽銭」秩序が存在したと断定することは慎重であるべきであるが、徐々に徳川氏領国における「永楽銭」秩序が浸透しつつあったとも考えられる。

しかし先に触れたように、徳川氏領国における「永楽銭」は、元々北条氏領国において存在した秩序に適合させた秩序であったと考える方が妥当である。その後の検地を経て、基準銭を空位化した精銭ではなく実際に収取対象とする「永楽銭」に改めていった。こうして関東の「永高」は成立したのである。しかし銭貨の価値が全体的に低落する傾向にあったためか、この「永楽銭」基準も銭貨の実勢から乖離して空位化が進行したものと思われ、結果的には実際の収取は現物納で行ったか、あるいは後に通用銭として呼称される「鐚銭」「京銭」の収取へと転換していったものと考えられる。

おわりに

本稿は、十六世紀末期における関東の知行制を手がかりとして、「永楽銭」の持つ意味について検討を行った。本稿での検討結果を手がかりとして、今後の展望を述べてむすびとしたい。

十七世紀に入って徳川氏が全国政権化(幕府権力の形成)へ大きく転換した後、よく知られるように、慶長十三年(一六〇八)に撰銭令が発布された。そこには、「永楽壱貫文に鐚銭四貫文充之積たるへし、但、向後永楽銭ハ一切取扱ふへからす、金銀鐚銭を以可取引事」という規定がある。「永楽」が鐚銭(「ひた」)の四倍の価値を持つとする規定は、基準銭である「永楽銭」が空位化したために、実際に収取対象となる通用銭「鐚銭」との換算基準を公定したものと位置づけられる。この四倍という基準は、天正十一年(一五八三)に遠江国宇布見郷地頭領年貢勘定帳にみられるように、関東転封前の徳川氏領国において採用されていた基準が適応されたものと評価されている(47)。内容自体は確かに共通するのであるが、「永楽」と「鐚(ひた)」との関係が生じる背景が両者で必ずしも同じとは考えにくいので、それぞれの背景を踏まえて考える必要がある。

そもそもこの「永楽」とは一体どのような銭貨なのであろうか。これまでは永楽通宝のみを指すものとして理解されてきたが、果たしてそれでよいのであろうか。

事実、出土銭貨の調査結果によれば、関東の出土事例は比較的永楽通宝の比率が高いことで知られている(48)。また茨城県の村松白根遺跡で永楽通宝の枝銭が出土しており(49)、関東では永楽通宝が好んで私鋳されていた可能性が示唆される。しかし、すでに述べたように精銭収取を志向した北条氏が「手詰」に陥ったにもかかわらず、さらに永楽通宝にのみ収取対象の銭貨を絞るのは合理性に欠けるのではないだろうか。

また、これまで「永楽銭」を永楽通宝とみなしてきたため、この撰銭令の解釈が難解であるという課題を残してきた。単純に永楽通宝の通用停止とみてきたものの、ならばなぜ同時に「永楽」を鐚銭の四倍の価値にするという規定が必要だったのであろうか。この点に踏み込んだ解釈は今までほとんどされてこなかった。

本稿ではまだ素描の段階に留まっており、この課題に全面的に回答する準備はできていない。しかし展望を述べるならば、「永楽銭」というのは永楽通宝に限らない一定の基準を満たした精銭群であった可能性はないだろうか。実際に「永楽銭」の記載がある史料をみると、他のカテゴリの銭種と同時に勘渡された事例はないようにみえる。北条氏領国の事例でみても、基本的には貫高に対して二倍あるいは三倍の価値を持つ「永楽銭」が勘渡されたのであり、いわば空位化した貫高に対応する「永楽銭」が勘渡されている。一五九〇年代関東の「永楽銭」も、同様とみてよい。また遠江の事例でも、「永楽銭」の四倍の「鐚銭」が勘渡されているが、こちらは「永楽銭」基準の高に対応した「鐚銭」（＝通用銭）が勘渡されていると考えられる。

伊勢の事例も加味すると、「永楽銭」は空位化した精銭になる場合もあれば、逆に通用銭として空位化した基準銭に対置して呼称される場合もあったことがわかる。このような「永楽銭」をめぐる複雑な評価による混乱があったことは当然予想されるが、それはかつて筆者が一五九〇年代の会津においてまさに発生していたことを指摘した[50]。残された課題はまだ山積みであるが、今後さらに検討を深めていきたい。

註

（1）和泉清司「徳川領国における永高制の成立過程とその機能」（同『徳川幕府成立過程の基礎的研究』文献出版、一九九五年、初出一九七八・七九年）参照。同氏によると、文禄元年と推定される事例を一件挙げているものの、確実に年代の判明する事例の武蔵国内での「永高」の初見として、文禄三年二月二十八日付の武蔵国児玉郡下阿久原村での検地を挙げている。

（2）拙稿「奥羽仕置と会津領の知行基準―「永楽銭」基準高の特質をめぐって―」（『史学雑誌』一二三―四、二〇一四年）。

（3）主要なものは、川名登他「近世上総山村の支配と村落―大多喜地方近世史料調査報告―」（『千葉経済短期大学商経論集』一七、一九八四年）、川名登・池田宏樹「上総国における初期徳川検地」（川名『戦国近世変革期の研究』所収、岩田書院、二〇一〇年、初出一九八九年）などがある。『大多喜町史』（一九九一年）も参照。なお、「永高」に関わる主要な研究として、大舘右喜『幕藩制社会形成過程の研究』（校倉書房、一九八七年）、佐藤孝之『近世前期の幕領支配と村落』（巌南堂書店、一九九三年）、同『近世山村地域史の研究』（吉川弘文館、二〇一三年）、神立孝一『近世村落の経済構造』（吉川弘文館、二〇〇三年）などがある。

（4）拙稿「十六世紀後半関東の「永楽」と永楽銭」（拙著『戦国期の貨幣と経済』吉川弘文館、二〇〇八年、初出二〇〇七年)。

(5) 佐脇栄智「後北条氏の貨幣政策について」(同『後北条氏の基礎研究』吉川弘文館、一九七六年)。史料は『戦国遺文後北条氏編』三七三号(以後『戦北』三七三号の形で略記する)。

(6)『戦北』四一七号。

(7)『戦北』五八〇号。

(8)『戦北』六三三号。

(9) 則竹雄一「後北条領国下の徳政問題―永禄三年徳政令を中心に―」(同『戦国大名領国の権力構造』吉川弘文館、二〇〇五年、初出一九八九年)、藤木久志「永禄三年徳政の背景」(『戦国史研究』三一、一九九六年)、久保健一郎①『戦国大名と公儀』(校倉書房、二〇〇一年)、同②『戦国時代戦争経済論』(校倉書房、二〇一五年)、黒田基樹『戦国期の債務と徳政』(校倉書房、二〇〇九年)など。

(10) 北条氏の兵粮調達については、久保註(9)②著書に詳しい。伊勢との交易に関しては、永原慶二「伊勢商人と永楽銭基準通貨圏」(『永原慶二著作選集』六、吉川弘文館、二〇〇七年、初出一九九三年)、綿貫友子「戦国期東国の太平洋海運」(同『中世東国の太平洋海運』東京大学出版会、一九九八年、初出一九九七年)、千枝大志『中近世伊勢神宮地域の貨幣と商業組織』(岩田書院、二〇一一年)などを参照。また、隔地間決済通貨としての「精銭」と領国内の地域通貨との階層化については、註(4)拙著参照。

(11) 例えば永禄十一年八月十日付の相模国田名郷に充てた棟別銭配符(『戦北』一〇九〇号)によると、「精銭一様ハ手詰ニ付而、黄金・米穀相交可納之」とあり、金の場合は一両につき銭二貫五〇〇文で、米の場合は榛原枡一斗四升につき銭一〇〇文に換算している。金を代納手段として容認した背景には、地下では金の入手が比較的容易になっていたことを裏付けるものであることが注目される(盛本昌広「豊臣期における金銀遣いの浸透過程」『国立歴史民俗博物館研究報告』八三、二〇〇〇年、参照)。もっとも金の価値は極めて高いので、地下において頻繁に用いられたとまではいえず、主要な納入手段は米であったとみられる。なお、実際には確認できないが、これに伴って北条氏領国では米が貨幣として使用された可能性も考え得る。

(12)『戦北』一一七四号。

(13)黒田基樹「岩付衆「松野文書」の検討」(『埼玉地方史』七〇、二〇一四年)。同論文所収九号文書を参照。「松野文書」については、新井浩文「岩付太田氏家臣『松野文書』について」(埼玉県文書館『文書館紀要』二九、二〇一四年)でも紹介されており、『埼玉県史料叢書』一二・中世新出重要史料(埼玉県、二〇一四年)に収載されている。

(14)「興野文書」二(『栃木県史』史料編中世四所収)。

(15)『群馬県史』資料編中世・二二九七号。

(16)中島圭一「西と東の永楽銭」(石井進編『中世の村と流通』吉川弘文館、一九九二年)。ただし後に千枝大志氏によって、伊勢では永禄初年頃にはすでに「永楽銭」と呼ばれる銭種が史料上で確認された(同註(10)著書)。このことから、単純な時系列のみからすれば、北関東が最も早いとはいえなくなった。ただし、北関東で自律的に(あるいは自発的に)形成されたとする中島説そのものを否定するものではない。

(17)千枝註(10)著書。以後、千枝氏の見解はすべて同書による。

(18)『小田原市史』四八九号関連文書(傍線は筆者による。以下同じ)。この史料は小田原御近習中充ての年未詳五月五日付聴仙書状とされるものだが、久保健一郎氏によると、撰銭に関する内容を除いては永禄四年に比定される五月五日付箱根別当融山書状写と内容が酷似しており、この書状の写ではないかとしている(同註(9)②著書三四一頁)。しかし永禄四年段階の北条氏領国において、「永楽銭」が他の銭種よりも珍重されていたとはみなせない。よって仮にこの史料の内容が信用できるものであるとしても、同時代史料として扱うことには慎重を要するが、ひとまずは内容に従いたい。

(19) 最近の研究として、本多博之「織田政権期京都の貨幣流通―石高制と基準銭「びた」の成立―」(『広島大学大学院文学研究科論集』七二、二〇一二年)参照。
(20) 註(4)拙著参照。
(21) 『戦国遺文 房総編』一四六六号(以後『戦房』一四六六号の形で略記する)。
(22) 『戦房』一七一五号。
(23) 『戦房』二〇八五号。天正十七年のものである可能性が指摘されている。仮にそうであれば、この頃の北条氏は「永楽銭」建ての知行表記もみられることから、それぞれの領国で異なる秩序が存在したことが考えられる。
(24) 『戦房』一九五八号。
(25) 『戦房』二一三七号。盛本註(11)論文によると、龍大夫は房総の諸領主と長年密接な関係にあったことがわかる。
(26) 和泉註(1)著書などを参照。
(27) 川名註(3)著書参照。里見義康は天正十九年七月に領内へ貫高で改めて知行安堵を出しており、その史料がいくつか遺されている。例えば『戦房』二四六七号によると、義康は福満寺に検地前の三分の一に当たる二貫一〇〇文の地を寄進している。
(28) 註(2)拙稿参照。
(29) あるいは所領が削減されたことによる知行の削減に対応した政策であった可能性もある。つまり他領に比べると石高が実質的に水増しされたことになるが、おそらく石高は豊臣政権における軍役の賦課基準として設定されたと考えられるので、その場合には里見氏領国における軍役負担は比較的過酷なものとなった可能性がある。いずれも今後の検討課題である。ただし、天正十八年八月に豊臣秀吉は宇都宮において「永楽銭」一文＝「ひた」三文に設定しており(「小田部氏所蔵文書」一五一、『栃木県史』史料編中世二所収)、里見氏における基準銭が「ひた」(通用銭)であるとするならば、比価は比較的近似するともいえる。
(30) 盛本註(11)論文。以下、盛本氏の見解はすべて同論文による。
(31) 『戦房』一七七三号。
(32) 『戦房』二〇一七号。
(33) 『戦房』二一六四号。
(34) 「晴豊記」天正十九年三月一日条(『千葉県の歴史』資料編中世五・八二三号の活字史料を参照)。
(35) 『戦房』二五二八号。
(36) 和泉註(1)著書参照。史料は『神奈川県史』資料編近世三・一六二号。
(37) 和泉清司「徳川領国における石高制の成立過程とその機能」(同註(1)著書所収)七七〇頁。もっとも実際には「永楽銭」の額に相当する漆などの現物納で処理されていたとみられるので、「永楽銭」そのものが納入されたわけではないと考えられる。
(38) 和泉註(1)論文、七八八~九頁。佐脇註(5)論文参照。
(39) 和泉註(1)論文、八一三~四頁。史料は神崎彰利編『南関東近世初期文書集』Ⅰ(文雅堂銀行研究社、一九六五年)所収・五五号。指出によって高が決定されていたことによる。
(40) 註(4)拙稿参照。
(41) 『戦北』九七五号参照。永禄九年の事例である。
(42) 「逸見正夫家文書」(加茂下仁『秩父における文禄・慶長期の検地帳―資料編―』私家版、一九八五年、所収)。同書については伊藤拓也氏のご教示を得た。
(43) 和泉註(1)論文、八〇五~六頁。

(44)「齋藤(萬)家文書」(千葉県文書館所蔵)。
(45)川名・池田註(3)論文。
(46)『戦房』二五三三号。
(47)『静岡県史』資料編中世四・一七二二号。註(4)拙著参照。
(48)鈴木公雄『出土銭貨の研究』(東京大学出版会、一九九九年)参照。
(49)茨城県教育財団文化財調査報告集『村松白根遺跡』一・下巻(同財団、二〇〇五年)。齋藤努「村松白根遺跡出土枝銭・銅銭の化学分析」(同書所収)も参照。なお、発掘地は旧北条氏領国ではなかったことに注意を要する。
(50)註(2)拙稿。

【付記】本稿は、二〇一三〜一五年度科学研究費補助金(若手研究(B))による研究成果の一部である。

真田信之発給文書における署名と花押
――元和元年まで――

黒田基樹

はじめに

戦国期から近世初期における大名権力研究において、大名家当主の発給文書の集成、そのうえでの花押・印判などの変遷の整理による、発給文書の総編年化作業は、不可欠のものといえる。本稿で取り上げる真田信之については、すでに原田和彦氏による検討があり(1)、花押と印判の変遷について整理が行われている。ただしそこでの検討は、おおよその概要を把握したものであった。次なる課題として、花押・印判それぞれについての使用時期の確定作業があげられるであろう。

もっとも真田信之は、永禄九年（一五六六）の生まれで、天正十三年（一五八五）から発給文書がみられるようになるが、その後、万治元年（一六五八）に死去するまで、実に長期間にわたって発給文書を残している。そのため信之の発給文書すべての集成は容易ではなく、実際にも遂げられていない。そのため本稿では、ひとまず元和元年（一六一五）までを対象にして検討することにしたい。ちなみにこの年で区切るのは、後述するように、ここで花押形が変化していることによる。

なお同年までにおける信之の発給文書については、現在のところ二九六点の存在を確認している。しかしながらそれらの一覧を掲示することは、紙数の関係からできなかった。それらの一覧は、拙著『真田昌幸』[2]『「豊臣大名」真田一族』[3]『真田信之』[4]に分散して掲載してある。[5]そのため本稿では、それらの掲載文書を示す場合には、それぞれ「昌幸」文書番号、「一族」文書番号、「信之」文書番号で示すことにする。また紙数の都合から、発給文書に関する基礎的作業のうち、署名と花押の変遷についてのみ、取り上げるものとする。

一　署名の変遷

真田信之が、初名を「信幸」といったことは、すでに広く知られているところであろう。また「信幸」から「信之」への改名が、関ヶ原合戦の翌年にあたる慶長六年（一六〇一）のことであったことについても、広く認識されていることといえる。ところがその後においても、「信幸」の署名を持った発給文書が、いくつか存在しているのである。これまでもそのこと自体は知られていたことであったが、たいていの場合は右筆の誤記と認識されていたように思われる。しかしながら「信幸」署名の文書は、以下で述べるように、ある時期の範囲に収まるようにみうけられる。そうした場合、信之に改名した後に、再び「信幸」を名乗った可能性が想定されることになる。ここではその点について検討することにしたい。

信幸署名1期

信之の初見発給文書は、（天正十三年〈一五八五〉）閏八月十三日付の書状であり（「恩田文書」『信濃史料』一六巻三五四頁。以下、信一六‐三五四と略記。「昌幸」七〇）、署名は「信幸」とある。その後、確実なところでは、甲午（文禄三年〈一五九四〉）十二月五日付の判物まで署名「信幸」がみられ（「矢沢文書」信一八‐九二、「一族」二二）、次節で検討する花押形の変遷から、その後の文禄四年もしくは慶長元年に推定される年未詳十二月二十四日付の書状においても、署名「信幸」がみられている（「河原文書」信一八‐五五三、「一族」七三）。

信之署名1期

そして辛丑（慶長六年）八月五日付の判物において、署名「信之」が所見され（「小山田文書」信一九‐八五、「信之」八など）、以後はしばらく「信之」署名がみられていく。このことから、「信幸」から「信之」への改名は、文禄四年十二月から慶長六年八月の間になされたことが確認される。一般的には、慶長五年の関ヶ原合戦後におけるものととらえられているが、実際にはそのことを論証することはできない。しかしながら、署名「信之」の初見が、その翌年であることからみて、同合戦がその契機になっていた可能性は極めて高いとみることができるであろう。

信幸署名2期

ところがその後、信之は、先にも触れたように再び「信幸」の署名を用いるようになっている。関係史料を列挙すれば、次の通りになる。

①慶長十三年三月付下之郷大明神板額（「生島足島神社所蔵」信二〇‐三〇二）「真田信幸」
②慶長十三年六月十三日付工藤長七宛定書（「生島足島神社文書」信二〇‐三三三、「信之」一一二）「信幸」
③慶長十三年六月十三日付白山寺宛覚書（「白山寺文書」信二〇‐三三四、「信之」一一三）「信幸」

④慶長十五年三月三日付下之郷大明神棟札銘(「生島足島神社所蔵」信二〇-五一九)「真田伊豆守信幸」
⑤年未詳四月七日付木村土佐守ら宛書状(「原文書」信二一-五〇、「信之」二六七)「信幸」
⑥年未詳四月十三日付木村土佐守ら宛書状(「石井家共有文書」信補遺下-三七七、「信之」二六九)「信幸」
⑦慶長十七年一月五日付諸大名連署請文(「前田家所蔵文書」信二一-一二七、「信之」一三八)「真田伊豆守信幸」(なお『信濃史料』は「信之」と誤植)

このように七点の存在が確認される。それらは慶長十三年から同十七年までの間にみられる。しかもその間において、「信之」署名のもので確実なものはみられない。わずかに『信濃史料』において、慶長十四年に比定されている酉十二月十九日付安中作右衛門宛朱印判物(「鹿野文書」信二〇-五〇〇、「信之」一二〇)と、同十五年に比定されている三月六日付小笠原兵部大輔(秀政)宛書状写(「大鋒院殿御事蹟稿」信二〇-五一一、「信之」二六四)が存在しているにすぎない。

このうち前者の宛名の安中作右衛門は、後に嫡子信吉付きの家臣としてみえる人物である。信之は、元和二年(一六一六)に本拠を上野沼田城から信濃上田城に移し、上野沼田領については嫡子信吉に統治させることになるが、それ以降においても、沼田領に対して家臣への知行充行などを行っているので、同文書の年代はその時期(例えば元和七年)に比定される余地が残っている。また後者は書状であり、内容から必ずしも同年にしか比定しえないものではないから、これについても別年に比定される余地が残されている。それらの年代比定については、今後における課題となるが、ここでは、確実にその間のもので「信之」署名の文書は存在していないことを確認しておきたい。

「信幸」署名の史料についてみてみると、①は上田領下之郷大明神に奉納した板額銘、②と③はともに同社および同じく上田領白山寺に造営料を与えたもの、④は下之郷大明神の社殿を造営した棟札銘である。これらはいずれも上田領の有力寺社の維持に関わるものとなっている。従来は、信之改名後における「信幸」使用としては、これらの存在しか認識されていなかったため「信幸」への再改名という理解がなされなかった。しかし⑤⑥から、「信幸」の署名は宿老宛の書状にもみられたことが確認される。

両文書は無年号であるが、次節で詳しく述べるが、両文書にみえる花押形は同一と判断されるもので、慶長十三年から同十六年に使用されたと推定される。また内容をみても、宛名にみえる木村土佐守は、実名を綱成といったが、慶長九年六月までは官途名五兵衛でみえ（「大鋒院殿御事蹟稿」信一九-五六九、「信之」七五）、同十一年三月から受領名土佐守でみえているから（「大鋒院殿御事蹟稿」信二〇-一七九、「信之」九〇）、少なくとも慶長九年以降のものであることがわかる。ちなみに⑤について、信之の母山之手殿（寒松院殿）が紀伊九度山の昌幸のもとに飛脚を派遣することがみえていることにより、昌幸の九度山配流後で、信之改名以前のものとして慶長六年に比定されることがあるが、花押形および木村綱成の通称によって、先に述べたように、慶長十三年以降に比定されるものとなる。

では年代の下限は何時と推定されるであろうか。一つは花押形によるものとなるが、次の花押形の初見は⑦であるから、それまでのものとなる。さらに内容からみていくと、ともに宛名に宿老原半兵衛の名がみえることが指標になる。信之の上田領支配は、慶長十年頃から、木村綱成・原半兵衛・石井喜左衛門・宮下藤右衛門を上田奉行衆として展開されたが、原半兵衛については同十四年までしかみることができず、翌十五年からはそれに代わるようにして矢沢頼幸が加わるようになっている(6)。したがって原半兵衛の名がみえていることからすると、それら両文書の年代の下限は、その慶長十四年とみることが可能になる。そして年代の上限は、先に触れたように慶長十三年であったから、両文書の年代は、慶長十三年もしくは同十四年である可能性が高いと考えられる。

そして最後の⑦は、東国の「小名」五〇人による、江戸幕府の法令遵守を誓約した請文になる(7)。信之はその三十三番目に署名している。

以上のことから、信之は、慶長十三年三月から同十七年一月にかけて、実名「信幸」を使用していたことが明らかになろう。では信之から信幸への再改名は、何時のことと考えられるであろうか。「信之」署名文書の終見となるのは、確実なところでは未(慶長十二年)十二月十九日付夕庵法印宛書状写(「大鋒院殿御事蹟稿」信二三-一七四、「信之」一〇六)となるが、花押形の変遷からすると、次節で取り上げるように、同十三年に推定される三月十日付河原右京(綱家)宛書状(「河原文書」信補遺下・一二五七、「信之一〇八」)が終見になる可能性が高い。この点は、花押形の変遷についての認識に左右されることになるが、少なくとも慶長十二年までは「信之」署名であり、翌十三年から「信幸」署名に変わったことは確実であろう。

信之署名2期

信之はその後、慶長十七年閏十月二十九日付白山寺宛朱印判物(「白山寺文書」信二一-一八一、「信之」一四五)から、再び「信之」の署名を用いるようになっている。その間、十一ヶ月ほどの間隔が空いているが、少なくともその間に再度の改名が行われたと考えることができる。

以上、本節では、関ヶ原合戦後における信之の署名の変遷について整理してきた。その結果、慶長六年八月を初見とした「信之」は、確実なところで同十二年十二月、可能性として同十三年三月まで使用され、その同十三年三月から同十七年一月まで、旧名の「信幸」が使用され、次いで同閏十月からは再び「信之」が使用されたことが明らかになった。

それぞれ改名の理由については、それを明示した史料が存在していないため、あくまでも時期的状況から推測するしかない。「信之」への改名は、関ヶ原合戦による父昌幸の改易、昌幸の領国であった上田領の併合にともなう、新たな真田家の出発を期したものであったとみられる。「信幸」への改名は、それがちょうど上田領における中心的な寺社修造に際してのものであることからすると、上田領の復興への取り組みにあった可能性が高いとみられる。(8) そしてそこからさらに「信之」への改名については、さしあたっては前年における父昌幸の死去による可能性などが想定されるものの、いうまでもなく確実ではない。今後、信之発給文書の編年がさらに精確になっていくことによって、改名の背景の想定も進展していくことを期待したい。

二　花押の変遷

信之の初見発給文書は、先にも触れているように、（天正十三年〈一五八五〉）閏八月十三日付の書状であるが（「恩田文書」信一二-三五四、「昌幸」七〇）、それから元和元年（一六一五）までに、信之は九種の花押形を用いている。本節ではその変遷の状況について整理することにしたい。

花押1

初見発給文書となる（天正十三年）閏八月十三日付書状（「恩田文書」信一三-二五四、「昌幸」七〇）にみえている花押形を花押1としよう。この花押形は、一見してわかるように、越後上杉景勝のものに類似したものとなっている。この時期、真田家は上杉氏に従属する関係にあったから、信之はその上杉景勝の花押形に倣ったものを用いたと考えられ

信之　花押１

信之　花押２

信之　花押３

信之　花押４

信之　花押５

信之　花押６

信之　花押７Ａ

信之　花押７Ｂ

信之　花押７Ｃ

信之　花押８

信之　花押９

真田信之　花押一覧

る。この花押形が据えられたものは、ほかには天正十八年に推定される三月七日付で、上野榛名山に宛てた判物がある（「榛名神社文書」『群馬県史　資料編7』三五九三号。以下、群三五九三と略記。「昌幸」一〇二）。

同文書の内容は、父昌幸と同じく、同社を崇敬するとしたものであり、同年に比定される決定的な理由はないが、次にみるように、同年十二月には別形の花押が用いられているから、年代の下限はこの年になる。同年であれば、小田原合戦にともなって上野に進軍する状況にあり、かつ信之は真田勢において先陣を務めていたから、それにともなって同社から発給を求められたと考えられ、それゆえ同年に比定される可能性が高いとみられる。

花押2

次いで、天正十八年十二月三日付の矢沢三十郎（頼幸）宛判物（「矢沢文書」群三六五七、「昌幸」一一三）、同月二十一日付湯本三郎右衛門尉宛判物（「熊谷文書」群三六六七、「昌幸」一一四）には、花押2がみえる。この花押形は、一見してわかるように、羽柴秀次のものに類似したものになっている。この時期、真田家は羽柴氏に従属し、豊臣大名として存在していた。秀次は羽柴家の有力一門の立場にあったから、信之はそれに倣ったものを用いたと考えられる。

花押1の終見が、推定通りに同年三月のことであったとすれば、花押2への改判は、それから十二月までのことになる。その間、小田原合戦の結果として、信之は沼田領を領国として与えられ、豊臣大名の立場を与えられていたから、改判はそれを契機にしたものであった可能性が高い。

花押3

次いで、甲午（文禄三年〈一五九四〉）十二月五日付矢沢忠右衛門尉（頼幸）宛判物になると（「矢沢文書」信一八‐九二、「一族」一二一)、花押3がみえる。この花押形がみられる文書はこれ一点しか確認されない。この花押形は、花押2と比べると、中央部分が逆三角形であったものが円形になり、円形の左側部分に複数の横線が入る形に変化したものととらえることができる。

花押4

そして年未詳であるが、花押形の変遷状況と内容から、文禄四年もしくは慶長元年(一五九六)に推定される、十二月二十四日付河左(河原左衛門尉綱家)宛書状には(「河原文書」信一八-五五三、「一族」七三)、花押4がみえる。ただし同文書の原本は確認できておらず、花押形は、東京大学史料編纂所架蔵謄写本「河原文書」によった。同写本における花押形は、必ずしも精確なものではないが、基本的な形状は示されていると判断できる。この花押形については、花押3と比べると、中央部分の円形が極めて小さくなっているとともに、複数の線が横線の下側に記されたものとなっているから、花押3とは別型と判断してよいであろう。

また同文書は、昌幸から勘当をうけていた河原綱家に対して、昌幸への取り成しを約束したものであり、その後、綱家は、とり(慶長二年)十月に昌幸の家臣への復帰を果たし、官途名を右京亮に改めているので(「長国寺殿御事蹟稿」信補遺下-一六、「一族」四五)、その年代は、花押3の後から、綱家が昌幸家臣に復帰する間のものとなり、そのため文禄四年か慶長元年のものと推定される。

花押5

それからしばらく、花押が据えられた文書はみることができず、関ヶ原合戦後の辛丑(慶長六年)八月五日付で、上田衆に対して知行充行した一連のものになって（「小山田文書」信一九‐八五、「信之」八ほか）、花押5がみえるようになる。それらの文書は、「信之」署名の初見でもあることから、関ヶ原合戦を契機に、署名と花押形を同時に改めた可能性が高い。

この花押形は、上部と下部の横線を基調にして、それを左斜め線で結び、右側は丸く膨らんだ形状になっており、いわゆる徳川様の形状を示していると認識される。関ヶ原合戦後における改判とみられることからも、新たな「天下人」の地位を確立した、徳川家康の花押に倣って変更したものととらえられるであろう。そして以後における花押形はいずれも、この徳川様を基調にしたものとなっている。

この花押5は、その後では、確認できた範囲で示しておくと、

慶長六年八月十日付（「禰津文書」信一九‐九五、「信之」三二）

慶長六年閏十一月十二日付（「矢沢文書」信一九‐一六二、「信之」五二）

寅（慶長七年）十二月五日付（「海野文書」信一九‐四五〇、「信之」五五）

（慶長九年）閏八月二十二日付（「出浦文書」信二〇‐一五、「信之」七六）

慶長十一年三月十三日付（「小山田文書」信二〇‐一八一、「信之」九二）

（慶長十一年）三月十五日付（「伏島文書」信二〇‐一八一、「信之」九三）

にもみることができる。

終見になっているのが、三月十五日付木村土佐守（綱成）宛書状である。これについて『信濃史料』では「大鋒院殿御事蹟稿」から採録しているが、その後に原本の存在が確認されており、それによって花押形が確認できるものとなっている。(9) なお同文書は無年号であるが、内容が、肥後加藤清正の娘が上野館林榊原康政の子に嫁すことがみえて

いることから、同年に比定される。そのためこの花押5は、少なくとも、慶長六年八月から同十一年三月まで使用されたことがわかる。

花押6

これに続く花押形ととらえられるのが、慶長十一年に推定される五月二十七日付で禰津志摩守(幸直)宛書状にみえる(「岡村博文氏所蔵文書」信補遺下-七五三、「信之」九八)、花押6ととらえられる。ただし同文書の原本は確認できておらず、花押形の確認は、「大鋒院殿御事蹟稿」に掲載されている写によっており、そこにこの花押形が書写されている。同文書の内容は、「越前中納言」から巣鷹を求められたことをうけて、沼田領のうち沼田地域支配担当の宿老であった禰津幸直に対して(10)、幸直が管理している巣鷹一居を寄越すよう命じたものになる。

禰津幸直に対して、巣鷹について指示しているものは、現在のところ同文書しか確認されないので、「大鋒院殿御事蹟稿」に注記されている文書は、これにあたるとみてよいと考えられる。その年代については、文中に「越前中納言」がみえていることから、慶長十年もしくは同十一年のものになる。「越前中納言」と呼ばれた人物は松平秀康しか該当せず、秀康の中納言任官は同十年のことで、秀康は同十二年閏四月に死去するので(11)、同文書の年代は両年に絞られる。そして花押形の変遷状況を踏まえると、慶長十一年三月までは花押5が使用されていることから、同文書の年代は、必然的に同年に比定される。ただ原文書を確認できていないため、確定することは控えざるをえない。

仮にこの推定の通りだとすると、この花押6の形状は、花押5から大きく変更したものとなっている。下線の左側から左上方に二本の線が延びるが、これはこの時期の大名の花押によくみられるものといえ、また右側の膨らみは継承されつつも、上線との間に二本の横線が入るようになっている。

花押7A・7B・7C

次にみられるのが、慶長十二年十二月十日付日置一郎兵衛宛判物写におけるもので（「君山合偏」信二〇-二七六、「信之」一〇六）、花押7Aになる。なお同文書について、『信濃史料』は「大鋒院殿御事蹟稿」から採録しているが、「君山合偏」（長野県立歴史館所蔵）所収の写には花押影まで写されているので、本稿ではこちらを採用している。写本のため必ずしも花押形は正確ではないといえるが、花押5とも花押6とも、明確に異なる形状のものととらえることができる。

またここで花押7Aとしているのは、続く7B・7Cとは、基本的な形状はほぼ同一と判断していることによる。全体的には、花押5にみられた、右側の膨らみ、中央内部にみられた複雑な線、中央から左下に伸びる斜め線などの形状を引き継いでいるから、花押5に近い形に戻したものといえるが、その一方で、上部横線と中央膨らみの間に、横線が一本入り、中央膨らみから左側に横線が伸びているところは、花押5とは異なり、これはむしろ花押6からの変化とみることができるであろう。

花押7Bとしたのは、無年号三月十日付河原右京（綱家）宛書状（「河原文書」信補遺下-二五七）、無年号月付欠一日付同人宛書状（「河原文書」『新編信濃史料叢書』一七巻四三頁）にみえているものになる。これについても原本の確認をできておらず、謄写本「河原文書」に書写されている花押形からの判断になる。ただこれについては「大鋒院殿御事蹟稿」巻一にも、同様の花押形が書写されていて、その形態は一致しているから、基本的にはその形態は信用してよいと考えられる。花押7Aとの違いは、上部横線から中央膨らみにかけて、中央に縦線が入るようになっていることにある。そのためこれを、花押7Aに続く形態と判断した。

両文書の年代については、慶長十三年に比定している。それは花押7Aが、前年十二月にみえるから、それ以降と考えたこと、また両文書における署名は「信之」となっており、前節で述べたように、同十三年三月から「信幸」署名に変更されているから、その間のものとみられることから、必然的に同年に比定されるととらえたことによる。ただし花押7A・7Bともに、写本にみえる花押形からの判断であるため、今後における原本の確認などがすすめば、より精確な判断ができるようになると考えるが、現段階では以上のようにとらえておくことにしたい。

これに続く形態と判断されるのが、花押7Cとしたものである。これがみえるのは、やはり無年号文書になるが、四月七日付木村土佐守(綱成)・原半兵衛宛書状(「原文書」信二一-五〇、「信之」二六七)と、四月十三日付木村土佐守・石井喜左衛門・原半兵衛宛書状(「石井家共有文書」信補遺下-三七七、「信之」二六九)の二点である。このうち前者については原本の確認をできておらず、「君山合偏」所収の写にみえる花押形から判断している。後者については原本を確認することができているので、これをもとにすると、花押7Bと比べると、上部横線から中央下方に伸びている縦線が、中央の膨らみを貫通して下部横線まで達していること、上部横線と中央膨らみの間にギザギザ状に横線が二本入っているところに、違いを認めることができる。前者の写本に写されている花押形は、必ずしも同一とはみられない印象はあるが、その特徴は一致しているので、これは写しの具合によるものと判断して、ここでは同一のものととらえておきたい。

この花押7Cは、花押形の形状変化の観点からも、花押7Bから若干変化をみせたものととらえられ、また署名は「信幸」とあるので、「信之」署名の花押7A・7Bよりも後のものと判断してよいと考えられる。これは「信幸」署名の文書であるため、前節において触れたように、宛名に原半兵衛がみえていることから、年代の下限は慶長十四年に推定される。

このように花押7については、典拠とした文書に写が多いこと、また無年号文書が多いことから、確定的な編年をすることは難しい状態にある。しかし署名の問題、宛名にみえる人物の問題、何よりも花押形そのものの形状変化の推移、といった様々な観点をもとにすることによって、以上のような変遷をとらえることができると考える。今後さらに、同形の花押形が見出されていけば、その編年についても精確を期すことができると考える。

花押８

その後しばらく、花押が据えられた文書はみられなくなっている。年代が明確なものでいえば、花押７Ａがみえた慶長十二年十二月以降では、同十七年一月になるまで、花押が据えられた文書は残されていない。そしてその慶長十七年一月五日付の佐久間安正ら五〇人連署条書において（「前田家所蔵文書」『新訂徳川家康文書の研究　下巻之二』六八三頁、「信之」一三八）、花押８がみえている。この文書は、東国の「小名」五〇人が江戸幕府の法令を遵守する旨を誓約したものであり、署名は「真田伊豆守信幸」とあるものになる。すでに署名の問題から前節でも取り上げているように、これが「信幸」署名の終見文書になっている。同時に、花押８の初見文書となっている。

この花押８は、これまでのなかで最も徳川様が強調された形状になっている。上部横線と下部横線があり、その間を中央膨らみで繋いでいるという基本的な構成に変わりはないものの、中央に縦線が二本入り、中央膨らみの左側に、下部横線から跳ね上がる線が三本みられる。こうした形状は、この時期の大名にもよくみられるものといえるから、ここで信之はその風潮を採り入れたものとみられるであろう。また左部の形状については、花押６にみられた特徴を復活させたものといえるかもしれない。

そしてこの花押８については、確認できた範囲であげると、その後では、慶長十八年六月二十五日付（「原文書」信二一―二六一、但し花押形の確認は「君山合偏」所収の写による、「信之」一五

八）

（慶長十九年）二月十二日付（「出浦文書」信二一-三二四、「信之」一六八）

（慶長十九年ヵ）九月八日付（「出浦文書」信二一-三〇七、「信之」一八二）

（慶長十九年）十一月四日付（「矢沢文書」信二一-五〇六、「信之」一九一）

（慶長十九年ヵ）十二月二十二日付（「出浦文書」信補遺下-二三九、「信之」一九九）

（慶長二十年〈元和元年〉）一月二十一日付（「出浦文書」信二二-二、「信之」二〇三）

（慶長二十年〈元和元年〉）四月十六日付（「矢沢文書」信二二-七四、「信之」二一五）

（慶長二十年〈元和元年〉）閏六月二日付（「矢沢文書」信二二-一二二、「信之」二一九）

（慶長二十年〈元和元年〉）閏六月十一日付（「出浦文書」信二二-一二〇、「信之」二二〇）

までみることができる。

花押9

その後、（元和元年〈一六一五〉）十月七日付の出浦対馬守（昌相）・禰津志摩守（幸直）宛書状（「出浦文書」信二二-一五五、「信之」二二五）から、花押9がみえるようになっている。この花押形は、花押8からは大きく雰囲気を変えたものになっていて、下部横線右端上にハネがみられ、これは花押2・花押3にみられたものからの継承といえるであろう。また上部横線から下部横線にかけて左斜め線で結んでいるのは、花押5からの継承といえ、全体的な雰囲気としては、すでに原田氏も指摘しているように、花押3に近いものがある。

改判は、慶長二十年（元和元年）閏六月から同年十月までの間のことになるが、ちょうどこの間には、大坂夏の陣が終結して、病気であった信之に代わって出陣していた嫡子信吉と次男信政が帰陣していること、この大坂の陣終結にともなって、七月に江戸幕府は年号を元和に改元して、「元和偃武」のスローガンを掲げ、また大名統制法令としての「武家諸法度」を発令しているから、それらのことが契機になっているように思われる。

以上、本節では、信之の初見発給文書がみられた天正十三年から、元和元年までの時期を対象にして、花押形の変遷状況について検討してきた。原文書を確認できていないものがそれなりに存在しているため、精確なものとはいいえないかもしれないが、基本的な変遷の状況については明らかにすることはできたものと思う。この間、信之は大きく九種の花押形を使用しているが、関ヶ原合戦までは、花押を据えた文書の残存数はかなり少ないため、その変遷時期については、概略的な把握しかできないものの、比較的頻繁に変更している様相を読み取ることができると思われる。

関ヶ原合戦後については、それ以前の時期と比べれば、それなりの数量が残存しているといえるが、それでも花押７Ａと花押８の間が、まる四年も空いているように、時期によってほとんど残存していない時期もある。花押変遷の推定を加えても、花押７Ｃの後の慶長十四年後半から同十六年までの間には、一点も残されていないことになる。これが史料の残存状況によるものなのかどうかについても、判断は難しいが、仮にその状況が特異なものであったとすれば、その時期、信之はそもそも花押を書けない状況にあったと推測することも可能になる。信之は、慶長十六年から元和二年まで、長期にわたって病気を患っていることが知られるが[12]、具体的な病状については明確にならない。ただそうしたなかで、慶長十九年二月に、「手の痛みが散々」と述べていることからすると（「出浦文書」信二一―三二四、「信之」一六八）、あるいは手の病気で、そのため花押が書けないほどの時期があったのかもしれない。

またそれらの使用期間についてみてみると、花押5は慶長六年から同十一年前半まで五年間にわたっていたが、その後、花押6・花押7はそれぞれの所見事例もごく少数にすぎないように、使用期間も短いものであったことが推測される。したがってその時期は、信之は頻繁に花押形の変更を行っていたことになろう。その後、慶長十七年一月から使用した花押8は、同二十年(元和元年)前半まで、三年半にわたって使用して、花押9に変更している状況にある。先にも触れたように、慶長十四年後半から同十六年までの使用事例がないので、断定はできないが、花押8もそれなりの期間にわたって使用されているととらえられるであろうから、なおのことその直前の、花押6・花押7の使用期間の短さが際だっていると感じられる。もちろんその理由は明らかにならないが、その時期、花押形を頻繁に変えざるをえない、信之に何らかの事情があったと推測できる。これらの問題を考えるうえでも、今後、さらなる花押形の確認作業が必要であることはいうまでもない。

おわりに

本稿では、真田信之の発給文書に関する基礎的検討として、元和元年(一六一五)までの時期を対象にして、署名と花押形の変遷について整理してきた。

その結果、まず署名については、「信幸」(天正十三年〈一五八五〉~慶長元年〈一五九六〉頃)→「信之」(慶長六年~同十三年三月)→「信幸」(慶長十三年~同十七年一月)→「信之」(慶長十七年閏十月~)という変遷がみられたことを明らかにした。次いで花押形については、大きくは九種の存在を確認し、そのうち花押形7についてはさらに三種に分類して、その変遷状況を明らかにした。またこれにともなって、従来は年未詳とされていた文書のいくつかについて、発給年の推定、もしくは時期の限定などを行うことができた。あるいは従来における年代推定について疑問を出すこともできた。

信之の発給文書について、こうした詳細な作業はこれまで行われてこなかったため、文書の年代推定などの作業も本格的には行われてきていない。しかしながら、信之研究を本格的に行おうとすれば、それらの作業は必須である。本稿では、そうした基礎的作業のうち、署名と花押形の変遷にとどまったが、今後、その他の側面についても作業していくことが必要である。それらについては他日を期したい。

また本稿では、検討の対象を元和元年までとしたが、当然ながら、信之文書全体の検討を行おうとすれば、それ以降の時期についても、同様の作業をすすめていくことが必要になる。しかしながら、それ以降における信之文書の集成自体、例えば『信濃史料』が寛永二十年（一六四三）までしか収録されていないことなど、極めて困難な状況にあるのが現状である。そのためそれ以降については、蒐集自体が容易ではない。したがってそれについては将来における取り組みを期したい。

註

（1）原田和彦「真田信之文書の基礎的考察」（『市誌研究ながの』一八、二〇一一年）。

（2）拙著『真田昌幸　徳川、北条、上杉、羽柴と渡り合い大名にのぼりつめた戦略の全貌』（小学館、二〇一五年）。

（3）拙著『「豊臣大名」真田一族　真説関ヶ原合戦への道』（洋泉社、二〇一六年）。

（4）拙著『真田信之　真田を継いだ男の半生〈角川選書569〉』（ＫＡＤＯＫＡＷＡ、二〇一六年）。

（5）なおそれらに掲載の文書目録に未掲載のものが七点あり、以下のものになる。

①子（慶長五年カ）四月三日付正雲斎宛朱印状写（「増田文書」）
②辛丑（慶長六年）八月十二日付境決惣内苑朱印状（「常満寺文書」『犬山市史史料編三』四七七頁）
③辛丑（慶長六年）八月十二日付境決惣内苑朱印状（「常満寺文書」同前四七七頁）
④卯（慶長八年）二月二十七日付増田右京亮宛朱印状（「増田文書」）
⑤卯（慶長八年）三月二十日付堺決惣内苑朱印状（「常満寺文書」『犬山市史史料編三』四七八頁）
⑥癸丑（慶長十八年）九月四日付梅沢内蔵助宛朱印状写（「梅沢文書」）
⑦丑（慶長十八年カ）十二月二日付（宛名欠）朱印状ヵ写（「関多助氏所蔵文書」『長野県史近世史料編1（1）』九頁）

（6）註（4）拙著九一～二頁を参照。
（7）全文は、中村孝也『新訂徳川家康文書の研究　下巻之二』（日本学術振興会、一九八〇年）六八三～六頁。
（8）この時期における信之による上田領復興については、註（4）拙著一〇〇～四頁を参照。
（9）利根川淳子「伏島家文書について」（『松代』一四、二〇〇一年）。
（10）信之の領国支配の構造と、宿老の支配管轄については、註（4）拙著第三章を参照。
（11）松平秀康に関する基礎的事項については、拙稿「結城秀康文書の基礎的研究」（『駒沢史学』四八、一九九五年）を参照。
（12）その状況については、註（4）拙著第四章を参照。

堀親良文書の基礎的研究

田嶋悠佑

はじめに

黒田基樹は、かつて近世初期の大名権力研究について、この時期固有の段階的特徴が十分明らかになっていないことを指摘した(1)。黒田の指摘には、戦後、近世史研究の観点から藩制成立史の一環として近世初期の大名権力研究が行われたが、藩制成立までの一過程として当該時期を分析していたため、近世初期という段階における大名権力の独自性を明らかにできていないという批判が込められていた。

黒田の指摘が行われたころから、近世初期の大名権力固有の問題を分析しようとする研究は、例えば「御家騒動」など大名家中に特徴的といえる事象の研究で少しずつ行われ始めていた(2)。加えて、近年では戦国期との連続面を重視する研究も見られ(3)、より広い視角からの検討が行われるようになってきているが、未だ研究の蓄積は少ない。その背景には、自治体史などで織豊から江戸初期の大名関係文書が収集整理されていないことがあり、事例研究や、それを基にした大名権力研究の阻害要因となっていることが指摘できる(4)。

こうした現状を踏まえ、本稿ではより広い視野から近世初期の政治史研究を行う準備として、東国の小大名堀親良を事例に、関係文書の分析を通じて、近世初期の大名権力の実像に迫りたい。

次に堀親良の研究史について述べたい。親良については、近世初期の大名権力としての堀秀治家[5]や関ヶ原合戦の一過程の分析の中で触れられることがあるものの、親良自体を正面から取り上げた研究は少ない。[6] [7] 親良本人を取り上げた研究は、明治初期に編纂された家譜以降、[8] 飯田堀家自身の歴史研究や家史編纂事業としては行われてこなかった。また、堀親良については生涯を通じて移封が多く、自治体史[9]でも簡単に取り上げられる程度であった。

親良の古い研究としては、椎谷藩主の子孫である堀直敬の研究[10]がある。堀は同時代史料、編纂資料を問わず親良関係の資料を広く集めてそれに基づいた親良像を提示した。また、もう一つ注目すべきものとしては鈴川博の研究[11]がある。鈴川は、飯田藩堀家を戦国から幕末までの長いスパンでとらえて研究を行った。また、特に親良については、同時代史料や編纂資料を用いて徳川家や堀一族との関係性の中でその政治的位置づけを試みるなど、堀直敬のものにはなかった視角が取り入れられている。

堀らの研究は、今日における堀親良への基本的な理解を形作っているといえるが、これらの研究には課題も残されている。一つは、編纂資料に多くを拠っていることである。堀直敬の『堀家の歴史』は堀一族全体について述べた著作だが、飯田堀家に関する部分については同時代史料の収録が少なく、当時は編纂資料以外の調査が困難だったことも背景にあるかと考えられる。その後、堀が新たに史料を紹介した[12]のをはじめ、親良関係の同時代史料は格段に充実したといえるが[13]、後述するように親良の研究ではそれらが十分反映しているとはいえない。かつて飯田堀家から提示された歴史像から、同時代史料に基づいたそれへの脱却が課題といえる。

もう一つの課題は、従来の研究が使用してきた史料の偏りである。鈴川の研究や、あるいは関ヶ原合戦での親良について触れた研究は、特に「堀氏代々家伝記」[14]などに収録されている受給文書を基に叙述を行ってきた。一方で発給文書についてはほとんど取り上げられることはなかった。しかしながら、親良の発給文書については、後述するように論文などで紹介されてきており、検討は可能であったのにもかかわらず行われてこなかった面は否めない。こうした親良の発給文書は編纂資料と不整合な内容も多く、編纂資料に基づく歴史像を乗り越える具体的な手段となり得るだろう。

こうした課題を踏まえて、本稿では次のような分析を行いたい。第一節では、これまでほとんど検討が行われてこなかった堀親良の発給文書と考えられる文書を検討し、その関係性について整理を行いたい。第二節では、第一節を踏まえて親良の発給文書の花押や文書の様式、機能を検討し、堀一族との関係性を考えたい。第三節では、親良の政治動向を検討し、発給文書の様態変遷の背景を考えたい。

一　堀親良発給文書の特定

本節では全体像が明らかではない堀親良の発給文書を検討、整理し、堀親良を同時代史料から検証する基礎作業を行う。

堀親良の史料については、これまで受給文書が堀直敬の著作や『長岡市史』などで比較的多く紹介されてきたが[15]、発給文書についてはほとんど紹介されてこなかった。その要因は、後述するように町村や寺社宛の文書がほとんどなく、大名や家臣への書状などに偏っていることや、親良がたびたび改名を行っていたことにある。本稿を作成するにあたっては、従来から堀親良の発給文書とされるものを中心に、関係史料と比較しながら親良の発給文書を収集した（表1）。また、参考として管見の限り親良の受給文書も収集した（表2）。これらの表を基に親良の発給文書の特定と変遷を明らかにしたい（なお、後述するように史料上で「堀親良」の名称が使われたのは寛永年代以降だが、以下では煩雑をさけるため、史料上の用語としての呼称は鍵括弧付で「堀親良」と表記し、一般的に指す場合は鍵括弧なしの堀親良の名称を使用する）。

表1　堀親良発給文書一覧（年月日の丸括弧は推定、棒線は不詳）

No.	年月日	名称	発給→受給	文書名	形態	出典
1	文禄2・5・20	諸大名誓詞	羽柴美作守（花押A）→―	東京国立博物館所蔵文書	続紙	本文註（18）
2	（文禄2）・7・12	羽柴秀家書状写	羽柴美作守秀家（花押A）→嶋津兵庫頭様人々中	旧記雑録	―	東京大学史料編纂所DB
3	文禄3・8・21	山城伏見大光明寺再建勧進帳	はしはみまさか（花押A）	大光明寺文書	続紙	本文註（19）
4	―・12・6	羽柴秀家書状断簡	羽柴美作守秀家（花押A）→増田右衛門尉殿	古文書纂	―	原本
5	―・12・12	羽柴秀家書状	秀家（花押A）→山橋内様人々御中	塚本文書	竪紙	原本
6	慶長3・11・9	羽柴美作守判物写	堀美作守（花押B）→江陽軒木瀬甚左衛門殿	長谷川文書	―	原本、『長岡市史』資料編2
7	―・12・3	羽柴秀成書状	秀成（花押C）→（山城州様）	山中文書	竪紙	原本
8	（慶長16）・9・9	羽柴秀成書状写	羽美作守秀成（花押D）→浅但州様御報	済美録自得公巻四	―	東京大学史料編纂所写真帳

9	慶長17・1・11	諸大名誓詞案	羽柴美作守秀成（花押D）	前田育徳会所蔵文書	続紙	原本、『徳川家康文書の研究』下巻之一
10	―・―・―	羽美作守某書状	羽美作□□□→石与兵様	堀江滝三郎文書	切紙	東京大学史料編纂所影写本
参考	元和9・1・17	高橋九左衛門・小嶋清左衛門連署判物	小嶋清左衛門（花押）・高橋九左衛門（花押）→安富勘右衛門殿	飯田市美術博物館安富文書	竪紙	原本、袖付近に㊞が押印されている
11	元和9・2・24	堀良政判物写	堀美作守良政（花押E、㊞）→菊池修理亮殿	武州文書	―	東京大学史料編纂所D B
12	元和5・9・28	堀良政判物	良政（花押E）→安富勘右衛門とのへ	飯田市美術博物館安富文書	折紙	原本
13	元和9・1・17	堀良政判物	堀美作守良政（花押E）㊞→安富勘右衛門とのへ	飯田市美術博物館安富文書	折紙	原本
14	寛永4・6・10	堀親良判物	美作守親良（花押F）㊞→安富勘右衛門	飯田市美術博物館安富文書	折紙	原本
15	寛永4・9・10	堀親良判物	美作守親良（花押F）㊞→安富勘右衛門ほか	飯田市美術博物館安富文書	続紙	原本、継目に㊞
16	寛永7・1・2	堀親良判物	美作守親良（花押F）㊞→安富勘右衛門	飯田市美術博物館安富文書	折紙	原本
17	寛永7・1・2	堀親良判物	美作守親良㊞→安富勘右衛門	飯田市美術博物館安富文書	竪紙	原本
18	寛永7・8・1	堀親良判物写	美作守親良（花押F）㊞→堀新右衛門殿	豊後堀文書	―	東京大学史料編纂所D B

19	寛永7・8・1	堀親良判物写	美作守親良（花押F）㊞→堀新右衛門殿	豊後堀文書	—	東京大学史料編纂所DB
20	寛永9・12・1	堀親良判物写	美作守親良（花押F）㊞→堀新右衛門殿	豊後堀文書	—	東京大学史料編纂所DB
21	寛永9・12・1	堀親良判物	美作守親良（花押F）㊞→嶋地十右衛門とのへ	嶋地文書	折紙	飯田市歴史研究所写真帳
22	寛永10・1・5	堀親良判物	親良（花押F）㊞→天照寺	天性寺文書	折紙	栃木県立文書館写真帳
23	寛永10・1・5	堀親良判物	親良（花押F）㊞→瀧尾山慈眼寺	栃木県立文書館所蔵文書	折紙	原本
24	寛永10・1・5	堀親良判物	堀美作守親良（花押F）㊞→一乗院	栃木県立文書館所蔵文書	折紙	原本
25	寛永11・5・20	堀親良判物	美作守親良（花押F）㊞→嶋地十右衛門とのへ	嶋地文書	折紙	飯田市歴史研究所写真帳
26	（寛永11）・壬7・16	堀親良書状	美作守親良（花押F）㊞→安富勘右衛門	飯田市美術博物館安富文書	折紙	原本
27	寛永11・—・—	堀親良書状	美作守親良→安富勘右衛門	飯田市美術博物館安富文書	—	原本、（包紙のみ残存）
28	寛永13・4・23	堀親良覚書	堀美作守親良（花押F）㊞→堀又七郎殿	長姫神社所蔵文書	続紙	本文註(12)、継目に㊞
29	寛永13・4・23	堀親良覚書	堀美作守親良（花押F）㊞→堀又七郎殿	長姫神社所蔵文書	続紙	本文註(12)、継目に㊞

30	寛永13・4・23	堀親良覚書	堀美作守親良（花押F）㊞→堀又七郎殿	長姫神社所蔵文書	続紙	本文註（12）
31	寛永13・4・23	堀親良覚書	堀美作守親良（花押F）㊞→堀又七郎殿	長姫神社所蔵文書	続紙	本文註（12）、継目に㊞
32	寛永13・4・23	堀親良覚書	堀美作守親良（花押F）㊞→堀又七郎殿	長姫神社所蔵文書	続紙	本文註（12）、継目に㊞
33	寛永13・4・23	堀親良覚書	堀美作親良（花押F）㊞→堀又七郎殿	長姫神社所蔵文書	竪紙	本文註（12）
34	寛永14・4・1	堀親良覚書	美作親良（花押F）㊞→堀又七郎殿	長姫神社所蔵文書	続紙	本文註（12）、継目に㊞
35	寛永14・4・1	堀親良覚書	美作親良（花押F）㊞→安富勘右衛門殿ほか2名	長姫神社所蔵文書	—	本文註（12）
36	寛永14・4・8	堀親良覚書	堀美作守親良（花押F）㊞→堀又七郎殿・堀孫太郎殿	長姫神社所蔵文書	続紙	本文註（12）
37	寛永14・4・8	堀親良判物	堀美作守親良（花押F）㊞→一乗院	栃木県立文書館所蔵文書	折紙	原本
38	寛永14・4・8	堀親良書状	美作守親良（花押F）㊞→安富勘右衛門	飯田市美術博物館安富文書	折紙	原本
39	—・2・13	堀親良書状	美親良（花押F）→堀新右衛門殿	豊後堀文書	折紙	東京大学史料編纂所D B
40	—・9・8	堀親良書状	美作親良（花押F）→堀新右衛門殿	豊後堀文書	折紙	東京大学史料編纂所D B

41	―・9・29	堀親良書状	美作親良（花押F）→堀新右衛門殿	豊後堀文書	折紙	東京大学史料編纂所DB
42	―・―・―	堀親良覚書	―→―	長姫神社所蔵文書	竪紙	本文註（12）
43	―・―・―	堀親良覚書	―→―	長姫神社所蔵文書	続紙	本文註（12）、継目に㊞
44	―・―・―	堀親良覚書案	―→堀又七郎殿	長姫神社所蔵文書	切紙	本文註（12）
45	―・―・―	堀親良判物案	―→一乗院	長姫神社所蔵文書	切紙	本文註（12）
46	―・―・―	堀親良覚書	―→―	長姫神社所蔵文書	竪紙	本文註（12）
47	―・―・―	堀親良覚書	―→―	長姫神社所蔵文書	竪紙	本文註（12）
補1	寛永7・9・28	堀親良判物	美作守親良（花押F）㊞→千根利右衛門との	柳田文書	折紙	原本
補2	（寛永7）・9・28	堀親良判物	美作守親良㊞→千根理右衛門との	柳田文書	竪紙	原本

表2　堀親良受給文書一覧

No.	年月日	名称	発給→受給	文書名	形態	出典
1	天正18・11・4	豊臣秀吉朱印状写	御朱印→―	堀氏代々家伝記	―	本文註（14）
2	―・8・25	豊臣秀次朱印状	秀次（朱印）→羽柴美作守		折紙	思文閣古書資料目録善本特集一八三号（二〇〇三年）
3	慶長3・4・2	豊臣秀吉朱印状写	御朱印→羽柴美作守殿へ	堀氏代々家伝記	―	本文註（14）

4	（慶長5）・8・5	堀秀治書状写	久太郎秀治御判→羽美作守殿御返事	堀氏代々家伝記	―	本文註（14）
5	（慶長5）・8・9	堀直政書状写	堀監物直政判→羽作州様御返報	堀氏代々家伝記	―	本文註（14）
6	（慶長5）・8・17	徳川家康書状写	家康→羽柴美作守殿	譜牒余録	―	『長岡市史』資料編2
7	（慶長5）・8・20	徳川秀忠書状写	江戸中納言秀忠御判→羽柴美作守殿御返報	堀氏代々家伝記	―	本文註（14）
8	（慶長5）・8・20	榊原康政書状写	榊式部大輔康政判→羽美作様貴報	堀氏代々家伝記	―	本文註（14）
9	（慶長5）・8・21	結城秀康書状写	羽三河守秀康御判→羽作州様御報	堀氏代々家伝記	―	本文註（14）
10	（慶長5）・8・29	徳川家康書状写	家康→羽柴美作守殿	譜牒余録	―	『長岡市史』資料編2
11	（慶長5）・9・9	堀秀治書状写	久太郎秀治御判→羽美作守殿御返事	堀氏代々家伝記	―	本文註（14）
12	（慶長5）・9・9	堀直政書状写	直政判→羽美州様御報	堀氏代々家伝記	―	本文註（14）
13	（慶長5）・9・9	長瀬玄蕃介書状写	長瀬玄蕃介判→作州様人々御中	堀氏代々家伝記	―	本文註（14）
14	（慶長5）・9・10	堀直政書状写	直政判→羽作州様人々御中	堀氏代々家伝記	―	本文註（14）
15	（慶長5）・9・10	柴田安定書状写	柴佐渡安定判→羽作州様御報	堀氏代々家伝記	―	本文註（14）
16	（慶長5）・9・11	堀秀重書状写	太郎右衛門秀重御判→羽柴美作守殿御返報	堀氏代々家伝記	―	本文註（14）
17	（慶長5）・9・11	堀秀治書状写	久太郎秀治御判→羽美作守殿御宿所	堀氏代々家伝記	―	本文註（14）
18	（慶長5）・9・11	堀直寄書状写	堀丹後守直房（ママ）判→羽作州様人々御中	堀氏代々家伝記	―	本文註（14）

19	(慶長5)・9・11	井伊重吉書状写	井伊権兵衛重吉判→作州様人々御中	堀氏代々家伝記	—	本文註(14)
20	(慶長5)・9・14	堀秀治書状写	久太郎秀治御判→羽美作守殿御宿所	堀氏代々家伝記	—	本文註(14)
21	(慶長5)・9・14	佐治村吉書状写	佐治図書頭村吉判→作州様人々御中	堀氏代々家伝記	—	本文註(14)
22	(慶長5)・9・17	結城秀康書状写	結城宰相秀康御判→羽作州様貴報	堀氏代々家伝記	—	本文註(14)
23	(慶長5)・9・21	徳川家康書状写	家康→羽柴美作守殿	譜牒余録	—	『長岡市史』資料編2
24	(慶長5)・9・24	浅野幸長書状写	浅左京幸長判→羽作州様御返報	堀氏代々家伝記	—	本文註(14)
25	(慶長5)・9・28	徳川家康書状写	家康→羽柴美作守殿	歴代古案	—	羽下徳彦ほか編、続群書類従完成会、二〇〇二年
26	(慶長5)・10・1	徳川秀忠書状写	秀忠→羽柴美作守殿	歴代古案	—	羽下徳彦ほか編、続群書類従完成会、二〇〇二年
27	(慶長5)・10・7	塙善政書状写	塙大膳介善政判→作州様御報	堀氏代々家伝記	—	本文註(14)
28	(慶長5)・10・8	徳川秀忠書状写	秀忠→羽柴美作守殿	譜牒余録	—	『長岡市史』資料編2
29	(慶長5)・10・8	大久保忠清書状写	大久保相模守忠清判→羽柴美作守様貴様	堀氏代々家伝記	—	本文註(14)
30	(慶長6)・4・22	堀直政書状写	直政判→羽美州様貴報	堀氏代々家伝記	—	本文註(14)
31	(慶長6)・6・13	堀直政書状写	直政判→羽作州様人々御中	堀氏代々家伝記	—	本文註(14)

32	（慶長6）・7・16	堀直政書状写	直政判→羽作州様人々御中	堀氏代々家伝記	—	本文註（14）
33	（慶長19）・2・7	浅野長晟書状写	—→杉伯州様、羽作州様	済美録自得公巻七上ノ上	—	東京大学史料編纂所写真帳
34	（慶長20）・4・1	江戸幕府老中奉書写	安藤対馬守重信ほか3名→羽柴美作守殿	堀氏代々家伝記	折紙カ	本文註（14）
35	寛永4・4・5	徳川家光朱印状写	御朱印→羽柴美作守とのへ	堀氏代々家伝記	—	本文註（14）
36	寛永4・4・5	江戸幕府知行目録写	永井伊賀守尚庸判、小笠原山城守長頼判→堀美作守殿	堀氏代々家伝記	—	本文註（14）
37	（寛永8）・7・14	蜂須賀忠英書状写	（蜂須賀忠英）→堀美作守様人々中	国文学研究資料館所蔵蜂須賀文書	—	原本
38	—・5・2	徳川秀忠黒印状	（黒印）→堀美作守とのへ	矢沢文書	折紙カ	飯田市歴史研究所写真帳
補1	（元和2）・9・1	浅野長晟書状写	—→堀美作様ほか2名	済美録自得公巻九下	—	東京大学史料編纂所写真帳
補2	（元和元）・3・5	浅野長晟書状写	—→羽美作様ほか3名	済美録自得公巻八上ノ一	—	東京大学史料編纂所写真帳
補3	（元和元）・3・20	浅野長晟書状写	—→羽作州様御報	済美録自得公巻八上ノ一	—	東京大学史料編纂所写真帳
補4	（元和元）・10・10	浅野長晟書状写	—→堀美作守様	済美録自得公巻八上ノ二	—	東京大学史料編纂所写真帳
補5	（元和元）・10・10	浅野長晟書状写	—→杉伯州様、堀作州様	済美録自得公巻八上ノ二	—	東京大学史料編纂所写真帳

補6	(元和元)・11・29	浅野長晟書状写	―→堀作州様ほか2名	済美録自得公巻八中	―	東京大学史料編纂所写真帳
補7	(元和2)・3・10	浅野長晟書状写	―→堀美作様ほか3名	済美録自得公巻九上	―	東京大学史料編纂所写真帳
補8	(元和2)・6・3	浅野長晟書状写	―→堀美作様ほか2名	済美録自得公巻九上	―	東京大学史料編纂所写真帳
補9	(元和2)・6・18	浅野長晟書状写	―→堀美作様ほか3名	済美録自得公巻九上	―	東京大学史料編纂所写真帳
補10	(元和2)・6・21	浅野長晟書状写	―→堀美作様ほか2名	済美録自得公巻九上	―	東京大学史料編纂所写真帳
補11	(元和3)・8・22	浅野長晟書状写	―→杉伯耆様、堀美作様御報	済美録自得公巻九下	―	東京大学史料編纂所写真帳

1　羽柴美作守秀家

堀親良が羽柴秀家を称していた時期があることは、維新期に編纂された「飯田堀家譜」でも指摘され[16]、それを受けた論考もあるが[17]、同時代史料によってそれが確認されることは今までなかった。

この時期の発給文書は全く知られていなかったわけではなく、文禄二年(一五九三)の名護屋陣での「諸大名誓詞」(表1No.1、写真7)[18]や、文禄三年の「大光明寺再建勧進帳」(表1No.3)[19]には「羽柴美作守」の署名、花押があり、すでに堀親良への比定がなされていた。改めてこの両文書を確認すると、両方とも実名こそ記されていないが花押が一致することがわかる。この花押を仮にAとする。

それではこの花押Aと一致する文書があるかと探すと、三点の文書が存在する（表1№2・4・5）。この三点の文書には実名が書かれており、そのうち東洋文庫所蔵「塚本文書」のもの（写真1）は比較的はっきりと「秀家」と読むことができると考えられる。このことにより文禄二から三年ごろ、つまり越前時代の親良は「羽柴美作守秀家」を称していたことが確認できる。

2　羽柴美作守

慶長三年（一五九八）に堀家は越後へ移封となるが、その直後に出されたのが家臣の江陽軒、木瀬甚左衛門宛の判物（表1№6）で[20]『長岡市史』などですでに紹介されていたものである。文禄年間に次ぐのがこの文書となり、名字と受領名こそ同じだが、花押は一致しない（写真2）。そのため花押Bとして区分するが、この花押形は一点のみ確認できるもので、なお事例の蓄積を要する。また、実名も現時点では確認できない。

3　羽柴美作守秀成

堀直敬は、親良の名前の一つに「羽柴美作守秀成」があり、秀家の前に名乗った実名としている。[21]堀はその典拠を明示していないが、以下で述べるように、この実名を用いた文書が実在するので、何らかの情報を得ていた可能性がある。この「秀成」の署名と花押を持つ文書は、前田育徳会所蔵の慶長十七年「諸大名誓詞案」（表1№9）が比較的早くから知られていた。この署名および花押と一致する文書の写が「済美録」（表1№8）に収録されており、遅くとも親良が真岡に入部する慶長十六年前後にはこの名乗りであったことがわかる。これにより、堀の指摘したこととは反対に、秀家→秀成と改名したことが確かめられる。

写真１　花押Ａ

（東洋文庫所蔵塚本文書、表１No.５）

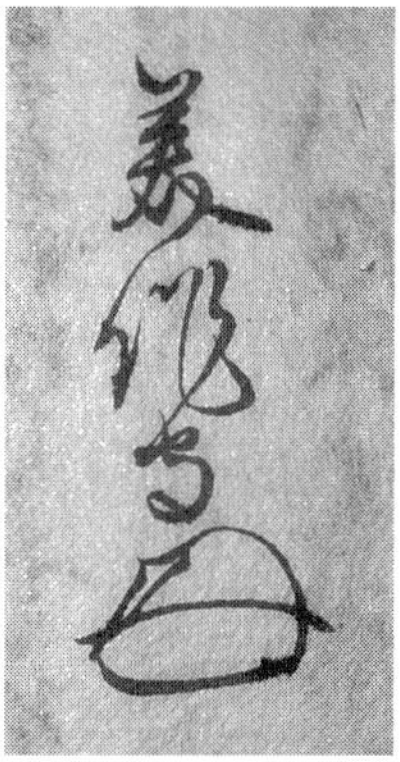

写真２　花押Ｂ

（長谷川英輔所蔵『郡中例記』、表１No.６）

写真３　花押Ｃ

（天理大学附属天理図書館所蔵山中文書、表１No.７）

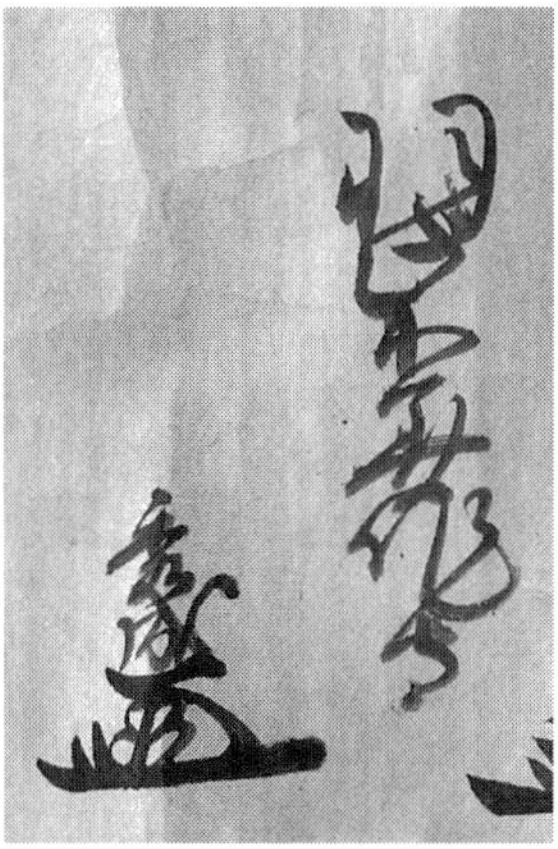

写真４　花押Ｄ

（前田育徳会所蔵文書、表１No.９）

写真５　花押Ｅ

（飯田市美術博物館所蔵安富家文書、表１No.13）

写真６　花押Ｆ

（飯田市美術博物館所蔵安富家文書、表１No.14）

写真９　浅野長吉の花押
（東京大学史料編纂所所蔵堅田文書）

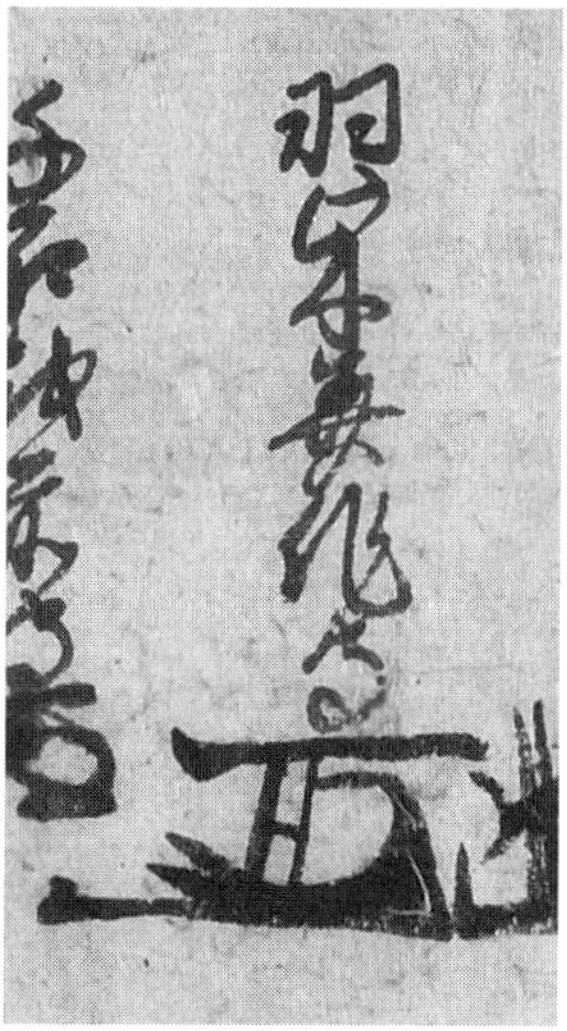

写真７　羽柴美作守の花押
（東京国立博物館所蔵文書、表１№１）

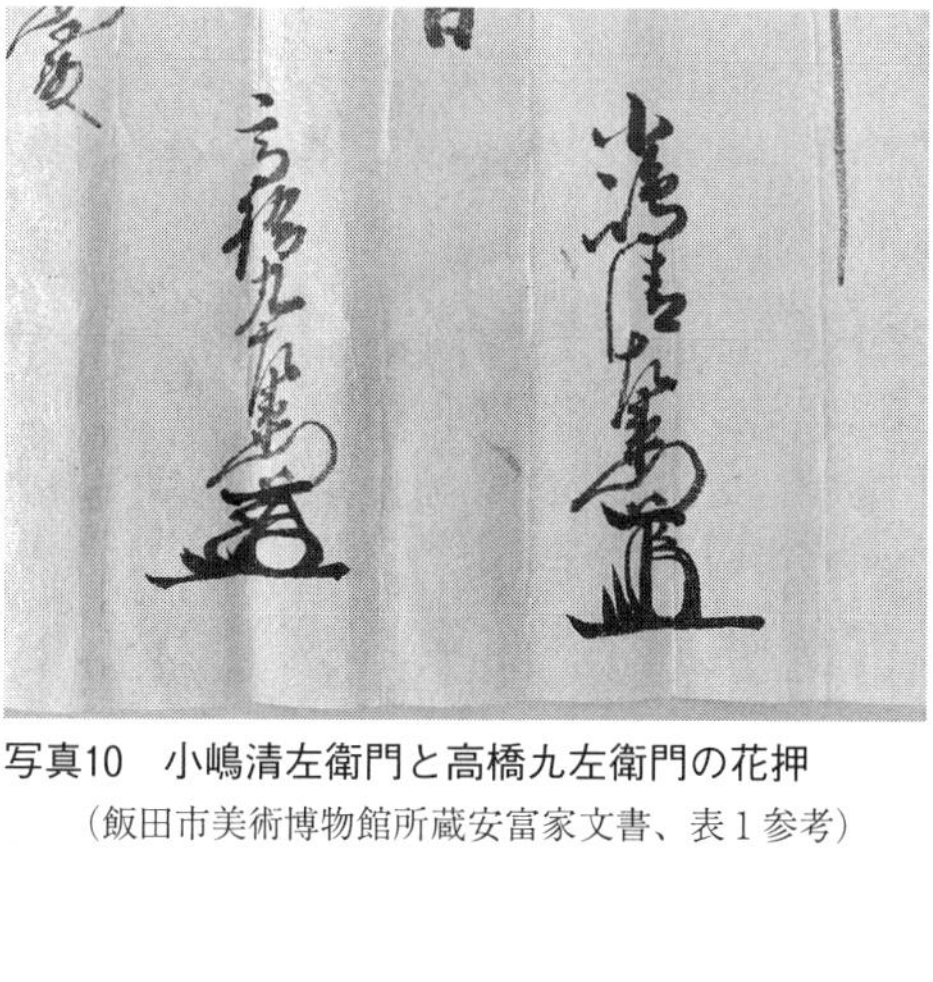

写真10　小嶋清左衛門と高橋九左衛門の花押
（飯田市美術博物館所蔵安富家文書、表１参考）

写真８　堀秀治の花押
（東京国立博物館所蔵文書）

ところで、この慶長十六から十七年ころの秀成署名文書とは別に、天理図書館所蔵「山中山城守文書」に山中山城守長俊宛の「秀成」署名文書がある(表1No.7、端裏書に「羽美作守」とある)。この文書は慶長十六から十七年ころの花押と異なる花押を持つ。そのため改判したのか、用途によって使い分けがあったのかが問題になるが、宛所の山中長俊が慶長十二年二月に没したとされていることを信ずれば(22)、月日から慶長十一年以前の書状である可能性が高い。その時期が越後時代まで遡るのか、実名「秀成」の使用開始時期と関係して注目されるところだが、現時点では確定し難い。不確定な点はあるものの、「山中山城守文書」にみえる花押を先行するとして仮に花押C、「諸大名誓詞案」などのものを花押Dとしておく(写真3・4)。

4 堀美作守良政

「飯田堀家譜」では大坂の陣後に「羽柴美作守秀家」が「堀親良」に改名したとされ、鈴川博はこれに従っている。堀親良の史料は大坂の陣後、特に元和年間(一六一五〜二四)の受給文書はあるが、発給文書についてはほとんど残っていない。しかし飯田市美術博物館には未翻刻であるが「安富家文書」にこの時期の親良発給文書が残存しており(23)、それらには「堀美作守良政」(表1No.12・13)の署名と花押がみえる。この「良政」の文書を調べると「武州文書」にも同じ署名の文書(表1No.11)が収録されており、家譜類からは削除されているが、この時期、親良が良政を名乗ったのは確実といってよい。大坂の陣後、親良は「羽柴秀成」から「堀良政」に改名したのである。この「良政」時代の花押をEとしておく(写真5)。

また、この時期、花押Eとともに印章が併用されている。これは堀直敬が「鳥ノ印」と呼んだものだが(24)、複数の史料(表1No.38・44)に布袋の印と書かれていることから、正しくは布袋尊を彫ったものである。この印は親良の晩年まで使用されており、管見の限りすべて黒印である。

5　堀美作守親良

一般に知られる「堀美作守親良」の名称が確認できるのは、寛永四年（一六二七）の烏山入封以降である。この時期の署名や花押は「長姫神社所蔵文書」（表1No.28～36）、「栃木県立文書館所蔵文書」（表1No.23・24・37）などで多く確認することができる。この「親良」の時期の花押を花押Fとする（写真6）。なお、前述したように布袋印は継続して併用されている。

今、二点のことを整理して確認しておきたい。一点目は、堀親良の名称は「飯田堀家譜」では従来、羽柴秀家→堀親良と改名するとされてきた（堀直敬はさらに秀家の前に秀成を置く）が、実際には、羽柴秀家→羽柴秀成→堀良政→堀親良と改名していたことである。(25) 二点目は、堀親良は少なくとも五回の改判を行っており、また並行して複数の花押を使用している可能性は低いことである。

以上の検討から、堀親良の文書の特定と変遷がほぼ明らかになった。ここで節を改めてその様式と機能をより詳細に検討し、その意味を明らかにしたい。

二　堀親良発給文書の様式と機能

1　堀親良の花押と印章

本節では、前節で分析することのできなかった親良の花押や印章、文書様式の位置づけを行う。

まず、堀親良の花押と印章の様式について述べたい。親良の花押は前述したように六種類存在する。そのうち、越前から越後時代、すなわち堀秀治家中にいた際のもので確かなのは花押AとBである。この二つの花押に共通するのは同時期の親良家臣の花押と似ていない点である。この時期の親良家臣の発給文書としては、頸城郡中林村の検地帳(26)に書かれた木瀬氏らの花押がある。この中の木瀬氏、そして山本氏と原氏の主家である落合氏は、天正十八年（一五九〇）の豊臣秀吉朱印状写（表2No.1）にみえる人物で、おそらく堀秀政の家臣の一部が親良の家臣として付属されたものであろう。後に親良が独立大名となった際に木瀬氏らの存在がみられないので、親良の堀秀治家退去とともに主従関係は途切れたらしく、主従関係のつながりの薄さが花押形の違いにも表れているとみられる。

親良の、特に花押Aを他の武士の花押と比較するとき、その形は、父堀秀政の足利様を残した花押形や兄堀秀治(27)の丸みを帯びたもの（写真8）と微妙に異なっていることに気付く。むしろ注目されるのは、親良の義父浅野長吉（長政）との共通点である(28)。その接点は、親良の正室（養梅院殿）が浅野長吉の娘であるところに起因するが(29)、その関係性は花押からも推測され、花押Aは左側の「日」状の部分などが、同じころの浅野長吉の花押（写真9）に似ている点が指摘できる。親良と長吉娘の婚姻の時期は不明だが、花押Aは婚姻後の長政の強い影響下で考案された花押形なのではないかと推測したい。

親良の花押Cも、以後の花押形に比べると独特な形状をしたものである。花押Cは使用した文書が一点しか残存せず、前後の花押形とも共通点が少ないため親良の花押なのか疑問も生ずるが、親良が真岡に入部した後の元和九年（一六二三）正月十七日の安富勘右衛門宛判物（表1参考）の発給者の一人である小嶋清左衛門がよく似た花押を用いており（写真10）、親良の影響を受けた花押形と評価できるのではないかと考えている。前述した木瀬氏らとは対照的で、この時代以後の家臣は親良が自ら抱え、育てている背景も考えさせられる。

そして、小嶋とともに、前述の文書に名を連ねている高橋九左衛門の花押と似るのが、親良の花押D（あるいは花押E）である。この花押DからE・Fは、花押形の反りを変えたり線を微妙に付け足したりと、「マイナーチェンジ」ともいうべき変更で終わっている。特に花押Dと花押Eの間には大坂の陣があり、親良も「羽柴秀成」から「堀良政」に改名しているが、花押形の変化の小ささは対照的である。理由は、はっきりしない(30)。

花押E・Fのもう一つの特徴としては、印章が同時に使用されている傾向がみられることである。この印章は、前節で述べたように布袋尊を彫ったものであるが、親良の兄堀秀治やその家臣の印章の事例をみても文字を彫ったものばかりであり(31)、堀一族の中で突出している。この、あえて図案を用いるという印章の様式は、第三節で述べるように、堀秀治・忠俊家から政治的独自色を強めた親良の立場を表すものと捉えることもできよう。

2　堀親良発給文書の様式と機能

次に、堀親良の発給文書について、その様式を他の堀一族と比較して論じたい。ただし、親良の文書は大名・家臣・寺社宛のものしかなく、郷村宛の文書が管見の限り確認できないため、ここでは判物と書状に大きく分けて論じることとする。

(1)判物

親良の文書のうち、判物といってよいものは一八通を数え、そのうち一通を除けば、残りはすべて大坂の陣後、すなわち良政・親良期のものになるのが特徴である。

判物は大名として独立した時期の文書が中心で、家臣宛のものが多いため、受領名＋実名（花押）でなおかつ料紙が折紙で、薄礼のものが目立つ。もっとも一乗院宛の文書のように、名字＋受領名＋実名（花押）のものもあるが、実名

（花押）だけの寺院宛文書や、反対に名字から実名まで揃ってある家臣宛文書もあり、書札にはばらつきがある。

そしてこの良政・親良期の判物のもう一つ特徴としては、花押と印章が同時に用いられていることで、宛所も武士・寺社を選ばず用いられている。こうした花押＋印章の文書様式は、堀直政の子である直寄と直之、堀忠俊家臣の堀直知の事例[32]でみられるが、四例ほどにすぎず、堀一族でこれほど多用するのは珍しい。堀一族の系譜に属するものではなく、親良が独自に取り入れた様式と考えるべきであろう。

注目されるのは、親良家臣が出した判物（表1参考）で、下野国の飯貝村を家臣の安富氏に宛行う文書であるが、この文書の袖に近い部分に親良の印章が押印されている。親良自身が何らかの理由で自分の名義で判物を発給することができないとき、家臣による文書発給でも親良の押印があれば権能を発揮できたようである。このことは、親良の印章が所領などの権利を保証する、象徴的な役割を果たしていたことを考えさせる。

⑵書状

書状は越前時代からコンスタントに出されているが、陪臣であった越前時代の書状は、名字＋受領名＋実名（花押）で出され、宛所も「殿」ではなく「様」と厚礼なものが多い。また、大坂の陣以前の書状も事例は三点と少ないものの、比較的厚礼といえる様式が続く。大坂の陣後の書状で現存するのは四点だが、すべて家臣宛であることもあり、受領名＋実名（花押）、料紙も折紙で、大坂の陣以前と比べれば薄礼といえる文書様式である。

これら書状は判物とは異なり、全時期を通じて基本的に花押のみで、印章は、単独でも花押との併用でも用いられないが、一点だけ用いているものがある（表1No.38）。その意味はどこにあるのであろうか。本書状は、家臣に堀家から借金をさせるかどうかの基準について述べている。「けにけに不成者」については、来年の扶持を前借としてすぐにでも貸すが、そうした場合を除いてむやみに貸してはならない、ただし、親良の花押を書き、印章を押した状を持ってきた者については、特別に許した者だから貸してもよい、と家臣の安富氏に述べている。この文書には明記されていないが、親良は、借金を認める際にどのような印章を用いるのか、この書状に押印することで再確認するということが押印の目的ではないかと考える。この印章の使用は、権利を保障するという機能を有する点で、親良判物での押印と似た機能を持つといえるだろう。

また、判物と書状以外に親良関係で特徴的なのは、覚書、すなわち子の堀親昌らへの遺品分けや、自身の死後の弔いの方法を指示した文書が多いことである。文書の様式という点でみると、花押と印章を併用し、遺品などが親良の意向の通り分配されるように用いられている点が、判物と類似した機能を有していると評価できる。

三　堀親良発給文書と政治的位置

第一節および第二節で、親良の花押・実名・文書様式の変遷について述べてきた。それらの中には、親良の政治動向と不可分のように思えるものもある。本節では、親良の発給文書の様態変遷が、どのような背景をもってなされたものか考察を行う。

1　堀親良と天下人、大名

まず、親良の前半生に関係の深い豊臣家との関係を考えたい。豊臣（羽柴）秀吉は、天下統一過程において家臣に羽柴氏を授与して擬制的な一族関係を構築するとともに、大名間の序列化を図っており[33]、また堀秀政の事例は、秀吉の一族以外での羽柴賜姓の初見とされる[34]。このように豊臣秀吉と堀家は秀政の代から密接な関係にあり、その関係は秀治と親良の代になっても継承された。秀治は天正十八年（一五九〇）に羽柴氏と豊臣姓を授与され[35]、親良も同年には羽柴氏を授与されていた[36]。

親良は慶長七年（一六〇二）に堀家を退去した後も、変わらず羽柴氏を称し続けており（表1№8・9、表2№33・34）、親良が羽柴氏であることに強いこだわりを持っていたことを考えさせる。実際、慶長十六年九月に親良が浅野長晟へ真岡入部の礼を述べた際には「上方御静謐之旨弥重之儀ニ御座候」（表2№7）と、同年三月に行われた豊臣秀頼と徳川家康の会談[37]に関すると考えられる一節があり、豊臣家の動向を気にかけている様子も認められる。堀忠俊は豊臣秀頼に重陽の節句の挨拶を行っており[38]、関ヶ原合戦後も堀家が豊臣家との関係を維持し続けていたことが確認できるが、退去後の親良については、具体的な接触を示す史料がなく明確でない。親良は大坂の陣の直前まで羽柴氏を称し続け、元和元年（一六一五）には堀氏を称していることが確認できるので[39]、先学が指摘するように大坂の陣が羽柴氏から改氏する契機となったと考えられる[40]。具体的な接触はわからないものの、親良は大坂の陣まで羽柴氏を称し続けており、豊臣家の存在を強く意識し続けていたのだろう。そうした背景が、親良が前半生で名乗った「羽柴秀家」「羽柴秀成」につながったとみられる。

しかしながら、豊臣家の滅亡は、親良と同家の関係に留まらず、親良を取り巻く大名間の関係をも大きく変えるものであった。親良の前半生で最も関わりが深かった大名家は浅野家であったと考えられ、その関係性は前節で述べたように花押形からも窺うことができる。親良と浅野家の関係は文禄二年（一五九三）ころ以降、しばらく史料で追えないが、親良が堀家を退去した後、慶長十五年八月に浅野長政の塩原での養生に「羽柴美作御内室」が同行しており[41]、慶長十六年に長政が没すると親良にも遺品が与えられているなど[42]、密接な関係が続いた。慶長十六年に親良は真岡へ入部し大名となったが、真岡は浅野長重の旧領であったことや[43]、親良は入部に際して浅野長晟から祝儀の品を贈られていること（表1No.8）は、親良の大名復帰において、浅野家の縁戚であることが何らかの役割を果たした可能性を推測させる。親良は真岡入部後も浅野家との密接な関係を続け、大坂の陣前には浅野長晟と杉原長房とともに行動していることが複数確認できる。(44) 杉原長房は浅野長政の娘婿とされ、(45) 後年ではあるが、寛永四年（一六二七）に親良の子親昌へ娘を嫁がせている。(46)

親良と浅野家との密接な関係は大坂の陣後も続いたが、次第に変化がみられるようになる。寛永三年に親良正室が、寛永九年に親良との蜜月関係を築いた浅野長晟が相次いで没したこともあるが、(47) 親良が譜代大名との関係を重視し始めたことが、背景にあるものと考えられる。烏山時代の寛永六年に堀親昌室（杉原長房娘）が没すると、親昌は寛永八年に譜代大名の青山幸成娘を継室に迎えている。(48) また、烏山時代の某年に親良は棚倉城主内藤信照に祝いの使者を派遣しているが（表1No.39～41）、この時までに旗本内藤信広や植村家政らへの接触が行われていた。(49) また、親良の死の直前に遺品分けが指示されているが（表1No.32）、親良は子どもたちや将軍徳川家光、幕閣の土井利勝らへの遺品分けとともに、その他の大名への遺品分けを命じている。その相手は堀利重や堀直之・堀季郷といった一族と、松平越中守や柳生宗矩ら譜代大名であった。この点については、鈴川博が秀政系堀一族を重視し、譜代大名と結びつき自家の存続を図る親良の姿勢がみられるとすでに指摘していることと符合するといえよう。(50)

このことから、親良は烏山時代に浅野家との密接な関係から軸足をずらしつつあったことが明らかとなるが、(51) その背景には豊臣家滅亡による徳川政権の確立があり、譜代大名や幕閣に接近することで、自家の安定化を図る親良のしたたかな戦略があったものと考えられる。

2 堀一族との関係

親良は長らく羽柴氏を称し続けたが、大坂の陣後堀氏に復した。また、第二節で述べたように「良政」「親良」と変名し、父の堀秀政や兄の堀秀治と一線を画すようになる。こうした改名の意味を考え、親良の政治的位置を確認するうえで、堀家、特に嫡流である堀秀治家との関係を考えなければならない。親良は慶長七年に堀家を退去し、その後、秀治の家との関係は史料的に追えなくなる。秀治が慶長十一年に没すると、子の忠俊が継いだ(52)。忠俊は徳川秀忠から松平姓が与えられ、徳川家康養女との婚姻も成立したが、慶長十五年に家中内紛によって改易となる。この際に親良が忠俊の擁護をした様子はなく、その後も堀(秀治)家再興へ協力するような動きは認められない。ましてや、堀家の本宗家の地位を忠俊に代わって親良自らが継承しようとする動きは確認することができない。

それでは親良と秀治家との関係は親良の退去を機に断絶していたのだろうか。しかし、親良が死の直前に残した自らの遺品分けの覚書(表1No.32)では、秀治の子で忠俊の弟の季郷に遺品を渡すよう指示をしており、親良と秀治家は断絶したわけではなかったことが確認できる。

そもそも堀親良と堀秀治の関係は、越前から越後時代にかけて特に目立った対立は認められず、例えば秀治は父秀政の遺品を親良に分けた記録を残しているが(53)、遺品分けは慶長七年の親良退去直前まで行っている。親良は越前・越後時代には豊臣秀吉から独自に朱印状を発給されていたが(54)、軍勢としては秀治から独立しておらず(55)、ましてや独立大名になることはなかった。だが、殊に越前時代の文書からは、親良の在国している様子がほとんど確認できない一方で、秀吉右筆の山中長俊との緊密な関係や名護屋陣での他大名への書状発給などが認められる(表1No.2・5・7)。このことから一つの仮説を立てれば、親良は越前の現地支配より上方や名護屋で秀吉の傍に仕え、その近臣や諸大名の情報を収集する役割が期待されていたのではないだろうか(56)。つまり親良と秀治は本来対立的な関係にあったとは考え難いのである。

では、「親良」の実名が堀家のそれを踏襲していないのはなぜであろうか。親良と秀治家との関係は悪くはなかったと考えられるものの、同家への支援の仕方は消極的といえる。それは親良が、父秀政以来多くの領地や松平姓などの栄誉をも与えられた堀家の栄光の継承より、徳川政権下の現状を肯定し、自らの家を堅実に存続させたいという親良としての政治的決断、徳川政権内での自家存続という志向のためではないだろうか。

その背景には、秀政の弟である堀利重の家系[57]が存在するとはいえ、親良の家が断絶すれば秀政の家系が断絶してしまうという堀家固有の問題や、豊臣家滅亡により徳川の覇権が決定的になった政治情勢の変化があると推定される。親良の政治決断は特に豊臣家滅亡後、羽柴氏から改氏したことがターニングポイントとなったのであろう。また浅野家以外の譜代大名とのつながりの強化は、政治決断により発生した事象として捉えることができるのではないだろうか。

親良の複雑な花押や文書様式の変化について、これまで述べてきたような歴史的背景からすべて説明ができるわけではないが、その背景には、こうした豊臣政権から徳川政権への流動的な政治状況の経験が反映されていることは十分考えることができる。そうした中で、親良は晩年も堀季郷へ支援を行うなど、堀家の一員としての意識は忘れていなかった。しかし、一方で政治的には従来の堀家の枠組みを越え独自の道を歩み始めており[58]、彼はかつて上方や名護屋で活躍した有力大名家の一員「羽柴秀家」ではもはやなく、徳川政権下でしたたかに生きる大名「堀親良」へと、名実ともに転換を遂げていたのである。

おわりに

最後に、本稿で述べてきたことをまとめておきたい。

第一節では、従来十分検討されてこなかった堀親良の発給文書について、実名や花押の変遷を整理した。親良の実名は、羽柴秀家→羽柴秀成→堀良政→堀親良と三度改名していることが確認できた。また花押は六種確認でき、時代ごとに使い分けていた。

第二節では、第一節で確認できた親良の基礎事項に基づき、他の堀一族などと比較を行いながら、花押や文書の様式について考察した。親良の花押には、義父浅野長吉(長政)の影響や、親良家臣の花押との共通性が認められた。また、特に大坂の陣後の「良政」改称以降に、他の堀一族と文書様式において一線を画す面が認められることを指摘した。

第三節では、第二節で認められた花押や文書様式変遷の政治的背景について検討した。堀親良は堀秀治との良好な関係の下、大名間の折衝にあたるという家中での役割を与えられるとともに、豊臣家やその縁戚である浅野家の強い影響下にあったと推測できる。しかし、堀家退去後、親良は次第に政治的独自色を強め、大坂の陣後は、徳川将軍家や譜代大名に接近するという政治決断がみられた。親良の花押や文書様式の複雑な変化の背景には、豊臣政権から徳川政権へと流動的な政治状況の中、したたかに生きた豊臣取立大名の軌跡が反映されているといえる。

本稿では、堀親良についての、特に文書学的な面と政治的な面での基礎的な検討に終始した。親良の家中との関係や、町村などに対する領主としての面には史料的制約があり、現時点では十分な検討ができなかった。(59) 江戸初期固有の問題について、大名権力のみならず多角的に明らかにするためにも、史料のさらなる発掘と検討を今後も行っていきたい。

註

（1）黒田基樹「小早川秀詮の備前・美作支配」（『戦国期領域権力と地域社会』岩田書院、二〇〇九年、初出二〇〇〇年）。

（2）福田千鶴『幕藩制的秩序と御家騒動』（校倉書房、一九九九年）。

（3）例えば、平井上総は知行制や城下集住政策などの再検討を通じ、戦国期から織豊期、江戸初期における大名権力の連続性について考察を行っている（「中近世移行期の地域権力と兵農分離」『歴史学研究』九一一、二〇一三年）。

（4）自治体史では伊達政宗の文書を収集した『仙台市史』などが刊行されているが、こうした形式の自治体史は少数である。

個人研究者が大名文書を収集し整理した研究は、一九五八年からの中村孝也による『徳川家康文書の研究』（日本学術振興会、一九五八―一九六一年）が早いといえるが、個別の大名については加藤秀幸「細川忠興花押の編年的研究附　ローマ字印章」（『東京大学史料編纂所報』一七、一九八二年）など、一九八〇年代から活発化した。現在、織豊から近世初期における大名文書の研究は個人研究者によるところが大きいが、研究手法や水準が研究者によってまちまちである点が課題といえる。先行研究では文書の一部の事例を抽出して検討するものもあるが、本稿では全体的な傾向から特徴を捉える必要があると考え、管見の限り親良の発給、受給文書を収集して検討することとした。

（5）例えば安池尋幸「慶長期堀氏領国像の再検討―政治過程を中心に―」（『地方史新潟』一二、一九七七年）、『上越市史』（通史編四、二〇〇四年）。

（6）例えば佐藤賢次「慶長五年越後一揆関係史料について」（『加茂郷土誌』三一号、二〇〇九年）、片桐昭彦「上杉景勝の勘気と越後一揆」（『関ヶ原合戦の深層』高志書院、二〇一四年）。

（7）親良を中心に取り上げたものではないが、関係する研究としては金井円「近世大名の相続に関する二、三の知見―烏山・飯田堀家の事例―」（『近世大名領の研究―信州松本藩を中心として―』名著出版、一九八一年、初出一九七〇年）、堀親郎「飯田藩主堀氏分知堀家の系譜考」（『伊那』一〇〇八、二〇一二年）などがある。

（8）「飯田堀家譜」（東京大学史料編纂所所蔵、堀直敬『堀家の歴史飯田・村松・須坂・椎谷』堀家の歴史研究会、一九六七年、に所収）。

（9）『烏山町史』（烏山町、一九七八年）や『真岡市史』第六巻（一九八七年）では、簡単な概要が述べられるのみである。また、『福井県史』では記述がない。『長岡市史』通史編上巻（一九九六年）や註（5）『上越市史』通史編四は簡単な記述ではあるものの、どちらも資料編（『長岡市史』資料編二、古代・中世・近世一、一九九三年、および『上越市史』別編五　藩制資料編一、一九九五年）で越後時代を中心に親良関係史料が掲載されている。

（10）堀註（8）論文本文参照。

（11）鈴川博『消された飯田藩と江戸幕府』（南信州新聞社出版局、二〇〇二年）。なお、鈴川は「飯田領を繁栄に導いた飯田領主堀家歴代」（『信州飯田領主堀侯―日本を動かした郷土の外様大名―』飯田市美術博物館、二〇一〇年）で前論文をまとめて再論している。

（12）堀直敬「史料紹介　烏山・飯田堀家相続関係文書」（『徳川林政史研究所研究紀要』昭和四十四年号、一九六九年）。

（13）例えば近年、飯田藩家老の安富家の文書が飯田市美術博物館に寄贈され、目録が刊行されている（『飯田市美術博物館文書目録』九、飯田市美術博物館、二〇〇四年）。また、同館では安富家文書を活字化はしていないものの、同文書群などを用いた展覧会を開催している（註（11）『信州飯田領主堀侯―日本を動かした郷土の外様大名―』）。

(14)『伊那史料叢書』第一巻（伊那史料叢書刊行会、一九一五年）。
(15) 堀註(8)論文、註(9)『長岡市史』資料編二古代・中世・近世一。
(16) 註(8)「飯田堀家譜」参照。
(17) 堀註(8)論文本文、および鈴川註(11)『消された飯田藩と江戸幕府』参照。
(18) 荒川善夫「三通の豊臣秀吉宛て誓詞の紹介―朝鮮侵略の一齣―」（『模索』四〇、一九九九年）。
(19) 徳川義宣「山城伏見大光明寺再建勧進書立について」（『金鯱叢書史学美術史論文集』二五、徳川黎明会、一九九八年）。
(20) 江陽軒や木瀬一族は親良宛の秀吉の朱印状（表2No.1）や、堀親良が検地を担当した越後国頸城郡中林村の検地帳（「頸城郡西浜早川組之内中林村検地帳」『糸魚川市史』二近世一　江戸前期、一九七七年）などにみえる。
(21) 堀註(8)論文本文参照。
(22)『大日本史料』十二編之五（東京大学、一九〇四年）慶長十二年十二月二十四日条。
(23) なお、調査に当たっては『飯田市美術博物館資料目録』Ⅸ（二〇〇四年）を参照した。
(24) 堀註(12)論文参照。
(25) 本文でも明確に述べなかった通り、羽柴秀家から秀成への改名の時期については明らかでないが、飛鳥井家百首奥書（飯田市立図書館蔵「村沢文庫文書」）の文中に「右雅家卿百首、雅縁卿法名宋雅真筆無疑者也、可為奇翫、羽柴美作守豊臣秀成依御所望、為後証、加奥書畢、慶長七年臘月朔日金吾藤（花押）」とある（日下幸男「堀親昌の文事」『国語国文』五七、一九八八年）。他称であることや豊臣氏の表記がほかにみられない点で検討の余地が残るが、改名の時期を考える上で今後参考となる史料といえる。
(26) 註(20)「頸城郡西浜早川組之内中林村検地帳」参照。

(27) 秀治は花押を二回変更しており、『国史大辞典』第十二巻(一九九一年)および註(9)『上越市史』別編五 藩制資料編一に指摘がある。
(28) 浅野長政は文禄五年から慶長二年の間に長吉から長政に改名している(相田文三「浅野長政の居所と行動」藤井讓治編『織豊期主要人物居所集成』思文閣出版、二〇一一年)。
(29) 親良の正室については戒名のみ伝わる(「御戒名帖神碑名録写」、「済美録」自得公巻十八)。なお註(8)「飯田堀家譜」では親良と養梅院の婚姻を文禄元年と記述するが、浅野家側の「済美録」を含め、同時代史料では一切記述がなく、浅野家との関係が始まる時期は現状では明確にできない。「済美録」については東京大学史料編纂所所蔵の写真帳を閲覧し、以下の引用も同様である。
(30) 花押Fの印象として、土井利勝など譜代大名の花押に形状が似ている感がある。
(31) 拙稿「堀直竒印判の研究」(『新潟市歴史博物館研究紀要』一一、二〇一五年)。
(32) (元和七年)九月二十五日堀直竒書状(新潟大学附属図書館所蔵堀家文書、『村上市史』資料編二 藩政、一九九二年)、元和二年十月九日堀直之判物(超願寺文書、『柏崎市の文化財』、二〇一二年)、慶長十四年極月九日堀直知判物(菅原神社文書、中沢肇『越後福島城史話』北越出版、一九八二年)。
(33) 黒田基樹「慶長期大名の氏姓と官位」(『日本史研究』四一四、一九九七年)。
(34) 村川浩平「羽柴氏下賜と豊臣姓下賜」(『駒澤史学』四九、一九九六年)。
(35) 天正十八年十一月日口宣案(大阪城天守閣所蔵堀家文書、堀註(8)論文所収)。
(36) 表2№1参照。なお、「羽柴秀家」時代の「秀」の一字は豊臣秀次からの偏諱とされるが(註(8)「飯田堀家譜」)、同時代史料では確認できない。秀次と親良間では、名護屋在陣を労う書状一点が確認できるのみである(表2№2)。
(37) 「豊臣秀頼」(『国史大辞典』第十巻、一九八九年)。

(38)　年未詳九月四日豊臣秀頼黒印状写（石川県立図書館所蔵『雑録追加』六）。
(39)　表2№補4。「済美録」以外では『本光国師日記』第三巻（副島種経校訂、続群書類従刊行会、一九六八年）元和二年二月一日条で堀姓への変更が確認できる。
(40)　鈴川註(11)論文参照。ただし、鈴川は改名時期の根拠として註(8)「飯田堀家譜」を挙げているが、この記述にある羽柴秀家から堀親良へ改名したという記述は前述したように明らかな誤りである。
(41)　（慶長十五年）八月十八日浅野長則書状写（「済美録」清光公巻八）。
(42)　（慶長十六年ヵ）九月朔日浅野幸長書状写（「浅野家文書」『大日本史料』家わけ第二、東京帝国大学、一九〇六年）。
(43)　田原昇「若狭野浅野家の成立事情―赤穂本家と旗本分家三家―」（『忠臣蔵と旗本浅野家』たつの市立龍野歴史文化資料館、二〇〇九年）。
(44)　表1№35、（慶長十九年）二月十四日浅野長晟書状写（「済美録」自得公巻七上ノ上）。
(45)　「寛政重修家譜」三百九（『大日本史料』十二編八冊）。
(46)　「寛永五年小袖万払帖」（「済美録」自得公巻十九）。
(47)　親良室の没年については註(29)「御戒名帖神碑名録写」、浅野長晟の没年について『本光国師日記』第七巻（副島種経校訂、続群書類従刊行会、一九七一年）寛永九年九月九日条による。
(48)　（寛永八年）七月二十三日浅野長晟書状写（「済美録」自得公巻二十二下）。
(49)　親昌は内藤信正の娘（内藤信照のきょうだい）を継室に迎えているともされ（「内藤家譜」（村上）東京大学史料編纂所所蔵）、内藤家との関係はそれに由来する可能性があるが、同時代史料では確認できないので時期などについて検討を要する。
(50)　鈴川註(11)『消された飯田藩と江戸幕府』参照。

(51) 浅野家との関係は親良の子親昌が寛文十三年に没すると浅野光晟から悼む書状(寛文十三年)七月二十三日浅野光晟書状写、「済美録」玄徳公巻四十四)も出されており、断絶したわけではなかったが、代替わりで次第に薄れていったものと考えられる。

(52) 以下の堀忠俊の当主継承から改易までの動向については『上越市史』通史編四(二〇〇四年)による。

(53) 「美作守所へ遣道具之覚」(大阪城天守閣所蔵堀家文書、註(9)『上越市史』別編五 藩制資料一)。

(54) 表2No.3、および慶長三年四月二日豊臣秀吉朱印状(註(5)『上越市史』別編五 藩制資料一)。なお、藤井譲治が越前における織豊期の大名の移り変わりについて検討しているが、親良については触れられておらず、城地なども不明である(「豊臣期における越前・若狭の領主」『福井県史研究』一二、一九九四年)。

(55) 例えば文禄・慶長の役に関する文禄四年正月十五日「高麗国御動人数帳」(「島津家文書」『大日本古文書』家わけ十六ノ二、東京大学、一九五三年)では、堀秀治・溝口秀勝・村上頼勝に軍役が課されているが親良にはない。また関ヶ原合戦後の最上義光による庄内平定への協力を徳川家康が諸大名に命じた慶長六年八月二十四日徳川家康朱印状写(『記録御用所本古文書』上巻、東京堂出版、二〇〇〇年、同史料については粟野俊之「関ヶ原合戦と奥羽大名」『織豊政権と東国大名』吉川弘文館、二〇〇一年、を参照)でも同様である。

(56) 例えば大光明寺勧進帳に秀治と別に勧進帳に名を連ねている。当該史料を紹介した徳川註(19)論文では分析がないが、ここに親良の何らかの特殊性を考えることができるかもしれない。また、堀家退去後、親良は京都周辺にいて近衛信尹と度々会っていることなど、上方との密接な関係を窺わせる(『三藐院記』史料纂集十四、続群書類従完成会、一九七五年)。

(57) 堀註(8)論文本文参照。

(58) 「堀良政」や「堀親良」の名乗りがいかにして考案されたのかなお検討を要するが、堀家で代々称した「秀」の通字を廃し堀家の枠組みから脱却することが一つの要因としてあるのであろう。

(59)　例えば、大名自身の権力の問題をあげることができる。笠谷和比古は親裁の存在を指摘した上で、藩制の内実がなく、機能が限定的な政治形態であったとする過渡的な体制という評価をしている（笠谷「近世官僚制と政治的意思決定の構造」『近世武家社会の政治構造』吉川弘文館、一九九三年）。ただ、「平和裏」という戦国時代とは異なる社会状況下で、例えば不安定な主従関係を要因とした御家騒動や、戦争によらない財源確保の問題など、当時の社会状況とその問題の存在も考慮が必要ではないだろうか。そうした戦国時代とは異なる新たな社会状況の中で発生する諸問題への対応と解決策の実行において、大名自身の親裁による強力な意思決定がこの時代だからこそ要請されたのではないか、といった解釈も展望の一つとして考えている。

こうした課題があることを考えているが、本稿では十分に論ずる準備がなく、なお後考を期したい。

【付記】　本稿での画像掲載には、飯田市美術博物館、公益財団法人東洋文庫、公益財団法人前田育徳会、天理大学附属天理図書館、東京国立博物館、東京大学史料編纂所、長谷川英輔から許諾を得た。また、史料の閲覧にあたっては、飯田市歴史研究所架蔵の写真帳、東京大学史料編纂所データベースを利用したのをはじめ、関係諸機関の協力を得た。末尾ながら、ここに謝意を表する（敬称略）。

戦国期都市鎌倉に関する一考察

――特に材木座蔵並氏の検討を通じて――

佐藤　博信

はじめに

中世都市鎌倉は、『鎌倉市史　総説編』の十五世紀中頃の享徳の大乱以降の「田舎の繁華な集落」「辺鄙な農村」化という評価、『よみがえる中世（3）武士の都鎌倉』の「戦国時代の鎌倉―失われた都市的性格」「都市ではなく農村」という評価が厳然として存在する。(1) これは、都市鎌倉の主体を武士とみなす視点からの評価という側面も否定できない。昨今の「武家の古都・鎌倉」論は、その延長上の所産である。

しかし、鎌倉は、武士の集住と同時に寺社・商職人の集住する世界であった。いわば聖俗一体化した都市であった。その比重は、年を追うごとに後者を中心とするに至り、近世には「名所旧跡」「名所遊覧の地」となり、近代の観光・文化都市を準備したのであった。その際、その主役として寺社を支えたのが、檀那としての商職人であった。そうした商職人の視点から中世都市鎌倉の一側面を素描せんとするのが、本稿の目的である。(2)

鎌倉は、周知のように大工岡崎・高階・河内《かわうち》・金子・蔵並氏など、仏師後藤・三橋・加納・高橋・菊地（池）・伊沢氏など、刀鍛冶山村氏などの諸職人の活躍する世界であった。(3) 本稿で特に注目するのは、乱橋《みだればし》材木座の大工・仏師蔵並氏である。蔵並氏については、『鎌倉事典［新装普及版］』(4)に以下のような解説がある。

江戸時代鎌倉仏師の一派。延宝六年（一六七八）に長谷寺木造前立十一面観音菩薩立像を修理した庄左衛門と仁右衛門、同年に横須賀市無量寺木造観音菩薩坐像の補修にたずさわった庄右衛門などがいる。仁右衛門はまた、延宝九年に妙長寺木造釈迦如来坐像を修理しており、銘文中に「仏師乱橋」とみえる。後藤家や三橋家と違って材木座の乱橋《みだればし》に仏所を構えていたと思われる。

ここに記された蔵並氏は、仏師としての蔵並氏である。従来鎌倉仏師といえば、三橋・後藤両家に代表されるなかで「江戸時代鎌倉仏師の一派」とされるとはいえ、蔵並氏が鎌倉史のなかに一定の位置づけがなされたこと自体、重要である。ただこの蔵並氏の全体的考察は、従来ほとんどなされていない。その理由には、蔵並氏の伝来文書が鎌倉市内所在の中世・近世文書を収録した、『改訂新編 相州古文書 第一巻～第五巻』〔以下、相古〇～〕、『鎌倉市史 史料編 第一～第四』、『鎌倉市史 近世史料編 第一・第二』〔以下、鎌近～〕、『鎌倉近世史料 乱橋材木座村編』〔村木家所蔵文書〕などに掲載されておらず、自己を語る証が皆無なことがあろう。(5)

その意味で、蔵並氏の検討には断片的な様々な関係史資料に依拠する以外、術がないが、それでもその足跡の検討の一端が中世都市鎌倉史研究の一素材となりうればと思う。以下、多用する関係史料と略称を記す。(6)『鎌倉地方造像関係資料 第一集～第八集』〔造像〇-〇〕、『鎌倉市文化財総合目録』書跡・絵画・彫刻・工芸篇〔文化財①〕、建造物篇〔文化財②〕、『神奈川県近世社寺建築調査報告書』〔報告書〕、『戦国遺文 後北条氏編 第一巻～第六巻・補遺編』〔戦北～〕。

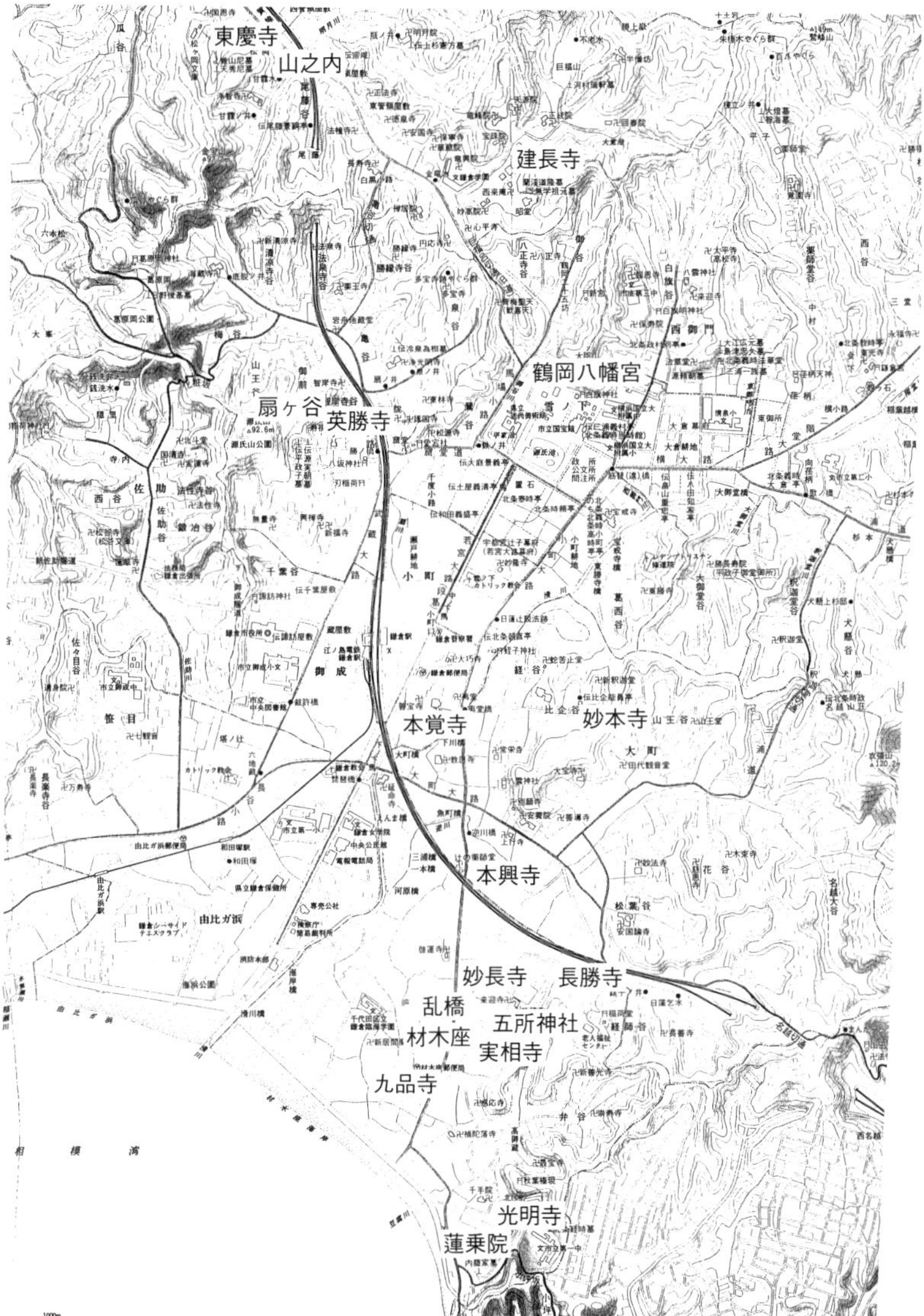

鎌倉関係地図　『国史大辞典』第三巻（吉川弘文館、1983年）所収「鎌倉史跡地図」より作成。関係地名・寺院名を拡大表記。

一　蔵並氏の歴史的変遷—大工・仏師として—

現在まで名字「蔵並」を記した活動で知られるのは、奥山信治「近世に於ける鎌倉大工の造営活動」[7]（以下、奥山論文と略す）などを参照して列記すれば、以下の通りである。

1慶長九年（一六〇四）八月十五日付鶴岡八幡宮寺棟札写（「鶴岡八幡宮文書」相古二―一四七）。大工

①当社大工　岡崎左右衛門尉能継（次）

②惣引棟大工　蔵並太郎左右衛門尉豊吉。

③惣大工木原代　好田平三定吉

鍛冶大工　中村主水正国安

檜皮大工　伴出雲守家久

大鋸大工　落合与左右衛門忠吉

2寛永十一年（一六三四）の「仏所鎌倉三橋日向・同蔵弁疰（ママ）太良」[8]。仏師

3寛永十五年（一六三八）の「大工棟梁倉（蔵）□□（並カ）」[9]（文化財②五二七頁）。大工

4寛文九年（一六六九）の「大仏工相州鎌倉扇谷法橋友沢　頭領（棟梁）靫負（中略）柾右衛門　半兵衛　七左衛門」（造像二―一五七）と「大仏師相州鎌倉扇谷法橋友沢　頭領（棟梁）靫負佐（中略）柾右衛門　半兵衛　七左衛門」[10]。仏師

5寛文十二年（一六七二）の「蔵並□（庄カ）左衛門（花押）」「鎌倉乱橋之住蔵並庄左衛門作（花押）」（文化財①三二三頁）。仏師

6延宝六年（一六七八）の「仏師鎌倉蔵弁（並）柾右エ門」（造像三―八三）[11]、「仏師蔵並庄左衛門　仁右衛門」・「仏師蔵並庄左

衛門　同仁右衛門」（造像三―九二）。仏師
7延宝八年（一六八〇）の「寄進之施主　蔵並柾右衛門」（文化財①二七〇頁）。仏師
8延宝九年（一六八一）の「仏師乱橋蔵並仁右衛門」（文化財①二七五頁）。仏師
9貞享二年（一六八五）の「仏師鎌倉才（材）木座蔵並仁左（ママ）衛門　同名正之助」（造像三―一〇四）。仏師
10元禄三年（一六九〇）の「仏師鎌倉乱橋蔵並仁右衛門[12]」。仏師
11元禄六年（一六九三）の「蔵并（並）大工三良兵衛／市良兵衛／清右衛門」（文化財②五一三頁[13]）。大工
12元禄十一年（一六九八）の「大工　都料匠当所乱橋之住蔵並木工之助藤原政吉　副匠当所大町辻之住米村徳左衛門藤原政勝」（文化財②五〇九頁・報告書三七〇頁）。大工
13元禄十一年（一六九八）の「大工鎌倉七郎兵衛[14]」。大工
14元禄十二年（一六九九）の「蔵並仁左（ママ）衛門三十九才之時　法名常円[15]」。仏師
15宝永六年（一七〇九）の「大工棟梁鎌倉蔵並七良兵衛」。大工
16宝永八年（一七一一）の「鎌倉乱橋之住棟梁蔵並七良兵衛政建[16]」。大工
17享保三年（一七一八）の「仏師蔵并（並）源兵衛」（造像四―二四）。仏師
18享保九年（一七二四）の「大工鎌倉内乱橋蔵並治郎兵衛」（文化財②四三七頁）。大工
19享保十年（一七二五）の「蔵並七良右エ門」。大工
20享保十三年（一七二八）の「相州鎌倉郡乱橋村蔵並杢之助藤原政吉　工匠清右衛門」（報告書四一〇頁）。大工
21元文三年（一七三八）の「修理司　相州鎌倉蔵並杢之助政吉」（報告書四三一頁）。大工
22延享元年（一七四四）の「大工棟梁粟船鈴木与兵衛、覚園寺渋谷伝右衛門、乱橋蔵並伝六」。大工

23寛延二年（一七四九）の「大工棟梁同国鎌倉住人蔵並清兵衛」。大工
24寛延四年（一七五一）の「鎌倉乱橋大工三郎兵衛」（文化財②四三九頁・報告書三三一頁）。大工
25寛政三年（一七九一）の「大工鎌倉乱橋住蔵並善五郎政良」。大工
26寛政十二年（一八〇〇）の「大工棟梁乱橋村蔵並勝右衛門俊房」（文化財②五二四頁）。大工
27明治十五年（一八八二）の「蔵並三郎兵衛」・「蔵並伊三郎」（文化財②五一三頁）[17]。

このように、名字「蔵並」を記した活動は、慶長九年の1②の「惣引棟大工　蔵並太郎左右衛門尉豊吉」から26の寛政十二年の「大工棟梁乱橋村蔵並勝右衛門俊房」に至るまで知られる。なお将来的に検出される可能性もあろう。27も、その延長上に位置づけられる。この1～26までの蔵並氏は、職種別に分ければ、大工と仏師に大別され、大工は1・3・4・11・12・13・15・16・18・19・20・21・22・23・24・25・26、仏師は2・4・5・6・7・8・9・10・14・17という具合である。史料的偏差があるとはいえ、当初は仏師（「仏工」）としての活動が顕著であった。特に2の川崎の影向寺《ようごう》（川崎市宮前区野川）や4の金沢称名寺（横浜市金沢区）で仏師三橋氏と行動をともにしていたことが注目される。ただ享保年代以降は、確認されなくなる。「蔵並姓仏師」は「現時点の史料に基づくかぎり、十八世紀初めの源兵衛を最後に造仏界から姿を消す[18]」とされる所以である。それに対して、大工としての活動は寛政年代まで確認される。大工と仏師の併存時代に両側面を持つ蔵並氏には、4で大工として、また6で仏師としてみえる柾右衛門がいるが、それ以後は確認されないので、大工家と仏師家がそれぞれ独立して族的展開を遂げていったものと推察される。

なお、在所は、仏師＝5「鎌倉乱橋」、大工＝12「乱橋」、という具合に、ともに乱橋であった。蔵並氏は、乱橋を舞台に大工・仏師として活動したのであった。

ただそのなかで、仏師家の活動が経済的・社会的変動をうけて衰退し、蔵並氏の活動は、大工中心となっていったのであった。その際、12の元禄期から21の元文期にかけて活躍した政吉こそ、重要な役割を果たした人物であったに違いない。その時期は、元禄大地震の災害復興期に当たった。特に「江戸時代中期の当地域（三浦郡のこと）では、鎌倉蔵並一門の大工の活躍が目立」（報告書四〇二頁）とされ、またその手法も「蔵並一門の特徴」（同上）の確立を示すものといわれる。と同時に幕藩体制下の位階序列の整備に規定されて後藤氏と同様な氏姓藤原を称したうえに、官途木工助の名乗り、棟梁・都料匠《とれうしやう》（大工の頭）・修理司の称号など、さまざまな権威的な肩書きをもってその存在感を示すに至ったのである。それは、三橋・後藤・菊地（池）諸氏が運慶の「末弟」「末孫」（造像三一七三他）を明確に自称するに至る問題とも緊密に繋がろう。[19] 政吉が豊吉に直接的に繋がるか否かは明確ではないが、豊吉に次ぐ中興の祖と後世認識されたのであった。[20]

政吉の子息が13「七郎兵衛」、15「蔵並七良兵衛」、16「蔵並七良兵衛政建」とみえる政建であろう。25の「蔵並善五郎政良」まで続く政を通字とする嫡流と推察される。その年代に相前後してみられるのが、一族であろう。ただ25「蔵並善五郎政良」から26「蔵並勝右衛門俊房」への変化は、一族間での「大工棟梁」の交代を示唆するかにみえる。それがまた大工としての活動が26の寛政十二年を最後にみられなくなる事態に連鎖する一過程かにみえる。大工家の或る段階での衰退が推察される。

すなわち、蔵並氏は大工家と仏師家の併存段階から享保年代以降に仏師家が衰退し、大工家が隆盛を極めたのであるが、その大工家も寛政年代以降に衰退したのであった。それには、さまざまな経済的・社会的要因が考えられよう。鎌倉内外での新興・独自な職人たちの登場による作事量の減少など。もちろん、それがそく、族的消滅でなかったことは、明治五年の「工　蔵並三郎兵衛」の存在が確認される通りであるが、仏師家と大工家を含んだ蔵並氏全体が大きく衰退したことは間違いない。時期は違えたものの、大工家も仏師家と同様な軌跡を歩んだのであった。

　ところで、蔵並氏は大工・仏師として如何なる立場にあったのであろうか。その点を検討したい。名字「蔵並」の史料的初見である1②からみたい。そこに最初に記された1①岡崎氏は、周知のように鎌倉時代以来の鶴岡八幡宮付属大工（社家大工）として著名である。それからすれば、②蔵並氏も③好田氏も同様な存在とみられるが、それで正しいであろうか。その明確化の前に、1③好田氏は従来注目されてこなかった家筋故[21]、一瞥したい。

　その好田平三定吉は「惣大工木原代」とみえるが、その「惣大工木原」自体は寛文六年付「鶴岡八幡宮寛文年中修復記[22]」に「大工　鈴木修理長常　木原内匠義永」、寛文八年八月十五日付棟札に「大工　鈴木修理藤原長常　木原内匠藤原義永」とみえる江戸幕府作事方の大工であった[23]。好田平三定吉は、江戸幕府作事方大工の「代」を勤めうる立場の人物であったことになる。

　それは、好田平三定吉自身、鈴木亘「川崎市における近世社寺造営の大工（二）[24]」（以下、鈴木論文と略す）によって注目された、それ以前の慶長五年（一六〇〇）九月十五日付鳥山三会寺《さんねじ》（横浜市港北区鳥山町）弥勒堂棟札写[25]にみえる「大工　好田平蔵」と同人とみられることのみならず、天文二十一年（一五五二）四月晦日付恵光院尋尊出仕坐席次第[26]にみえる「好田云、番匠出官方、鶴岡之望大工職、不事、剰大菩薩乗移吾前掾大工江成妨松壖蔑如、曲事也」の「好田」に繋がる鶴岡八幡宮付属大工であること、などに裏付けられてのことであったに違いない。鶴岡八幡宮付属大工の好田＝吉田氏は、その後の天明元年（一七八一）八月の「雪下　吉田源七」（造像八‐一）、文政十年（一八二七）四月の「大仏師雪下　吉田成芳」（造像八‐四二）などともみえる[27]。仏師としての吉田氏も、存在したのであった。その他、宝暦七年（一七五七）七月の「大工棟梁吉田理兵衛」（文化財②六九五頁）も、報国寺（浄明寺宅間ケ谷[28]）関係のものとはいえ、鶴岡八幡宮付属大工の吉田氏ではなかろうか[29]。

なお、好田氏関係といえば、享禄三年（一五三〇）二月八日付長王寺（横浜市都筑区池辺町《いこのべちょう》）棟札写（「新編武蔵風土記稿都筑郡五」戦北四八四〇）の「大工好田兵衛三郎秀宗　花押」の存在が注目される。鈴木論文は、これを「大旦那仲重広田二郎衛門」と「関係ある近在の大工ではないであろうか」とする。この記載自体は元和三年（一六一七）十月四日の再興時のものとの区分けが難しいが、確かに好田氏は文化十年（一八一三）の再建時に「大工　池辺村吉田氏　久兵エ　好暁」とみえ、[30]好田＝吉田氏が存在し「近在の大工」の可能性を示唆する。と同時に「大工好田兵衛三郎秀宗花押」という「花押」を据えた大工[31]は、「村」のそれよりも鶴岡八幡宮付属大工の可能性を示唆しようか。

以上、①岡崎氏のみならず、③好田氏も一定の由緒来歴を持つ鶴岡八幡宮付属大工であったことを見通した。とすれば、その間に挟まれた②蔵並氏も、当時両氏に比肩する鶴岡八幡宮付属大工であったと推定されることになる。その名字の初見である慶長九年段階の②「蔵並太郎左右衛門尉豊吉」は、明らかに中世人であったのである。「惣引棟（頭）大工」の「引頭《いんとう》」は「大工の小頭[32]」とされる。「引頭」は「一引棟」「二引棟」（「当山大工所古書之写」相古五-補遺三五）などと複数存在しえた故に、「惣引棟」が成立したものと思われる。「小頭」の元締め的存在であろう。

二　蔵並氏の歴史的性格(1)―後北条氏・鶴岡八幡宮との関係―

それでは、蔵並氏は、中世人たる豊吉以前の何時まで遡及できるであろうか。その点、まず注目すべきは、後北条氏による鶴岡八幡宮再建工事の次第を記した「快元僧都記[33]」の次の記事である。天文九年（一五四〇）七月二十七日条の「几帳箱指之、当社（鶴岡八幡宮）一引棟太郎左衛門造之、珠障子之板、彫物彩色有之」である。この「当社一引棟太郎左衛門」は、②の「惣引棟大工　蔵並太郎左右衛門尉豊吉」と「引棟」のみならず通称・官途なども繋がり、蔵並氏の可能性が高いのではなかろうか。豊吉の父か祖父に該当しよう。「当社一引棟」と「惣引棟大工」が「同じ諸種」とする指摘は、すでに湯山氏[34]によってなされている。とすれば、蔵並氏は「快元僧都記」にみえる「鎌倉中之番匠」（「鎌倉番匠」「鎌倉大工」）の一人であった可能性が極めて高いことになる。

そうした「太郎左衛門（尉）[35]」に注目すれば、a天正四年（一五七六）二月十六日付北条家朱印状写（「相州文書所収鎌倉郡金子清左衛門所蔵文書」戦北一八三五）にみえる「番匠」「鎌倉」「太郎左衛門」[36]、b天正五年十月十月一日付春日神社（横浜市南区日野中央）棟札写（「横浜市史稿　神社編」戦北四七二三）にみえる「御大工鎌倉太郎左衛門」[37]、c文禄元年（一五九二）三月十七日某（巫女大石若王か）宛頓阿弥等三人連署知行打渡状（「大石文書」相古二―三六九）にみえる「はんしやう（番匠）大郎左衛門」の存在が注目されてくる[38]。通称・官途太郎左衛門を名乗る大工・番匠の存在である。その延長上に②の慶長九年（一六〇四）の「惣引棟大工　蔵並太郎左右衛門尉豊吉」が位置づけられよう。a〜cは、豊吉自身ではなかろうか。その点、奥山論文は「表8　乱橋大工蔵並家の造営活動」の最初にbの「御大工鎌倉太郎左衛門」を挙げるものの、同人か否かの言及はみられない。

すなわち、天文九年の「太郎左衛門」→天正四年の「鎌倉」「太郎左衛門」→天正五年の「鎌倉太郎左衛門」→文禄元年の「はんしやう《番匠》大郎左衛門」→慶長九年の「蔵並太郎左右衛門尉豊吉」という流れが確認されれば、蔵並氏は「江戸時代鎌倉仏師の一派」という以上に中世（戦国前期）まで遡及できる家筋ということになる。しかも、史料的偏差をともなうとはいえ、大工としての姿であった。それは、通称・官途太郎左衛門を名乗る蔵並氏であったのである。またその歴史的性格も、「快元僧都記」の「太郎左衛門」以降a・bを含めて後北条氏関係の職務担当であり、その滅亡後はc・②の鶴岡八幡宮関係のそれという具合である。前者は後北条氏に奉仕する姿であり、後者は鶴岡八幡宮に奉仕する姿である。これは、鎌倉大工としての二面性を示すものであったと評価される。

三　蔵並氏の歴史的性格(2)―「町方大工」として―

ところで、前節でみたように、大工蔵並氏の後北条氏と鶴岡八幡宮に奉仕する姿が鎌倉大工としての二面性を示すものとすれば、それは、近世の蔵並氏の歴史的性格として指摘される鶴岡八幡宮の岡崎氏、円覚寺の高階氏、建長寺・英勝寺の河内氏、東慶寺の金子氏などのような特定の寺社付属大工ではなく、「町方大工」であった、という奥山論文による評価と如何に結び付こうか。鎌倉大工と「町方大工」との関係如何である。

その点と緊密な関係を有すると思われるのは、蔵並氏の在所の問題である。それは、5寛文十二年（一六七二）に「鎌倉乱橋」、8延宝九年（一六八一）に「乱橋」、9貞享二年（一六八五）に「才(材)木座」、10元禄三年（一六九〇）に「鎌倉乱橋」などとみえる在所＝「乱橋」「才(材)木座」が何時まで遡及できるのかという問題である。

もちろん、天文九年（一五四〇）の「太郎左衛門」→天正四年（一五七六）の「太郎左衛門」→天正五年の「鎌倉太郎左衛門」→文禄元年（一五九二）の「はんしやう(番匠)太郎左衛門」→慶長九年（一六〇四）の「蔵並太郎左右衛門尉豊吉」が、一貫して「乱橋」「才(材)木座」を在所としたという確証はない。ただ「乱橋」「才(材)木座」と自称しまた他称されるには、それなりの時間が必要であったに違いない。そのうえ、7の前にみえる2「仏所鎌倉三橋日向・同蔵並庄(ママ)太良」、6延宝六年の「仏師鎌倉蔵弁(並)柾右エ門」、7の後の13元禄十一年の「大工鎌倉七郎兵衛」、21の元文三年（一七三八）「鎌倉蔵並杢之助政吉」、23の寛延二年（一七四九）「鎌倉住人蔵並清兵衛」のように、たんに「鎌倉」と記される場合もあり、6などほぼ「乱橋」＝「鎌倉」とみて間違いない。とすれば、2の「鎌倉」も、またその初見の天正五年の「大工鎌倉太郎左衛門」なども、同様な理解が十分可能あろう。

またその点と絡むのは、「蔵並太郎左右衛門尉豊吉」という名前の問題である。大工など職人に吉止めが多いことは、蔵並氏自身12・20・21の「藤原政吉」が示す通りである。ただ上の字は、上位者から官途と同様に授与される例も存在したと思われる。例えば、この豊がほぼ同時期に材木座で活動した商職人蒔田豊□の豊と同様に（「尊経閣文庫所蔵文書」戦北四六六〇）、後北条氏家臣として乱橋材木座支配に深く関わった山中康豊からの一字拝領の可能性が想定されるからである。蒔田豊□の場合は、山中康豊との寄親・寄子のような主従関係出来の結果とみられるのである。[39]蒔田氏といい、蔵並氏といい、ともに商職人として中世・近世において乱橋材木座を舞台に活躍した氏族であり、そこになんらかの共通した歴史的属性が想定される。

その意味で、蔵並氏と乱橋材木座との関係は慶長年代以前の中世に遡りうる可能性が極めて高く、[40]そこに他の寺社付属大工とは決定的に異なる側面が存在したと推察される。周知のように、乱橋材木座は、鎌倉時代以来、商職人の生産と労働の場であった。特に鎌倉期以来鎌倉寺社の「浜木屋地」（「円覚寺文書」相古二―六一一）が存在する世界であった。後に寺社付属大工の集住する世界として現れる山内や扇谷（「職人の町」「扇谷今小路」[41]）とは明確に異なる世界であった。またその宗教的にも、禅・真言など権門寺社との関わりの深い山内・扇谷周辺とは異なり、日蓮と浄土など在地寺院の関わりの深い世界であった。

それは、蔵並氏の近世段階の檀那寺が日蓮宗寺院長勝寺（大町字名越坂二一六四）、実相寺（乱橋材木座字能蔵寺二七三）、妙長寺（乱橋材木座字能蔵寺二一三）であったことと表裏の関係にあったのである。日蓮門徒としての姿は、7延宝八年に長勝寺蔵日蓮本弟子日朗像「御衣替」造営の「寄進之施主　蔵並柾右衛門」に象徴されたのであった。[42]蔵並氏と日蓮宗との関係も中世にまで遡りうる可能性が高く、そのネットワークが蔵並氏の活動をより広範囲なものにさせたのであった。それが近世に入り顕著化することは、鈴木論文の指摘の通りである。

すなわち、蔵並氏は、近世に乱橋材木座を在所として「町」の大工として顕著な活動を行ったのであった。ただこれは、中世段階の後北条氏への奉仕と鶴岡八幡宮への奉仕の二側面を包み込んだ鎌倉大工としての本質の原点回帰を示すものであったと解される。

四　蔵並氏の出自をめぐって

それでは、中世において鎌倉大工蔵並氏をして、後北条氏と鶴岡八幡宮への奉仕を可能にせしめた歴史的条件は何であろうか。それこそ、奥山氏がいわれた「乱橋蔵並家は寺社大工ではないにも関わらず、近世を通して寺社の造営に携わっていたのは、高い技術を保持していた可能性が高く、通常の村大工とは異なる次元で広域に活動した有力な大工家であった。おそらく兼業大工としての村大工ではなく、本格的な専門職の大工としての造営活動を行っていたのではないかと考えられる」という伝統と専門職能の存在ではなかったかと考える。後北条氏による鶴岡八幡宮再建工事をはじめ、小田原や箱根湯本への職務奉仕もさることながら、その後の鶴岡八幡宮再建工事の際に、岡崎氏や好田氏のような鶴岡八幡宮付属の「当社大工」（社家大工）ではなく、その専門職能によって抜擢された存在（「一引棟」「惣引棟大工」）という位置付けであったのは、それ故であったと推察される。

そもそも、乱橋材木座は、その名の通り、飯島（和賀江津）と一対にして、材木の陸揚・保管・管理・加工・搬送などを生業とする人々の集住する世界であった。地名高御蔵（高御倉）・蔵屋敷などの成立と相俟って、名字蔵並・村木などが成立する歴史的背景である[43]。まさに蔵並氏は、そのなかで族的発展を遂げたのであった。鎌倉寺社とその付属大工は、その存立と営為のためにそうした蔵並氏の技量を必要としたのである。乱橋材木座に生きた人々の蓄積された技量こそが、蔵並氏の専門職能の原点であった。それ自体、乱橋材木座全体の持つ磁場としての力量の賜物であったと評価される。

その点で確認したいのは、蔵並氏の出自の問題である。そのこと自体を語るものはみられないが、その後の展開を蒔田氏・村木氏と比較して考えてみたい。例えば、蔵並氏は、明治五年付相模国第拾壱区乱橋材木座村番地取調帳（「村木家所蔵文書」三三）に「工　蔵並容吉　日蓮宗長勝寺」「雇　蔵並清助　日蓮宗妙長寺」「工　蔵並源兵衛　日蓮宗実相寺」「雑業　蔵並四郎兵衛　日蓮宗実相寺」「雑業　蔵並勝右衛門　日蓮宗長勝寺」「工　蔵並三郎兵衛　日蓮宗長勝寺」「農　蔵並伝治郎　日蓮宗実相寺」「雇　蔵並治郎右衛門　日蓮宗長勝寺」「雑業　蔵並利吉　日蓮宗実相寺」「雑業　蔵並七郎兵衛　日蓮宗長勝寺」「雇　蔵並伝右衛門　日蓮宗長勝寺」「雑業　蔵並平治郎　日蓮宗実相寺」とみえるのである。職種別では「農」は一軒で、基本的には「工」（三軒）とそれに絡む「雇」（三軒）・「雑業」（五軒）という具合である(44)。檀那寺別では、日蓮宗寺院長勝寺（六軒）・実相寺（五軒）・妙長寺（一軒）である。大工家と仏師家の入り組み関係は不明である。今に乱橋材木座にその名字が多く確認される所以である(45)。

その点は、近世の乱橋材木座村の地方《じかた》名主蒔田氏と並んで浜方（浦方）名主を務めた村木氏も同様である。村木氏は、寛文六年（一六六六）に「村木善四郎」としてみえるのが初見である（「村木家所蔵文書」一）。「村木善四郎」の父母か祖父母は、中世人であったに違いない。村木氏は、同取調帳に「農」「工」はなく「雑業」と記されたものが一二軒ある。檀那寺としては、浄土宗寺院九品寺（乱橋材木座字蔵屋舗四六二）が一一軒、同（光明寺塔頭）蓮乗院（乱橋材木座字門前八六二）が一軒という具合である(46)。

それに対して、蒔田氏は同取調帳には、「農　蒔田善右衛門　浄土宗九品寺」一軒がみえるだけである。これは、近世において族的発展が必ずしも顕著でなかった結果と認識される(47)。またその「中古」以来の「地方名主」支配は、村木氏以下百姓の抵抗（村方騒動）で弱体化し、さらに自ら経済的困難に直面して明治維新を迎えたのであった。そのうえ地租改正などでさらなる打撃を受けて、近代への主体的転換を迎えることができなかったのである。その結果が現在当地に蒔田名字のものは存在しないという歴史的事実である。[48]

問題は、こうした蔵並・村木両氏と蒔田氏との顕著な歴史的帰結の相違を如何に考えるかである。その点、蒔田氏は中世後期に「他所者《よそもの》」として入部したことがほぼ確実な点と相俟って、逆に蔵並・村木両氏が当地で成長してきた在地者であったと十分想定される点に、ことの推移の根源の一端が存在するのではないかという仮説が立てられようか。[49]

以上、蔵並氏が、鎌倉大工として天文九年（一五四〇）以降、文禄・慶長年代に至るまで、後北条氏や鶴岡八幡宮に奉仕する背景には、乱橋材木座の「町」の大工として成長してきた専門職能の存在が想定され、それが近世に入り新たな身分編成（「士農工商」）によって、本来の乱橋材木座の「町」の大工（「工」）に回帰したことを見通した。それを鈴木氏は「町方大工」と称したのであった。その原点に乱橋材木座という世界から生み出された在地者蔵並氏が存在し、それ自体、乱橋材木座全体の力量を示すものであったことを見通した。

五　蔵並氏登場の歴史的背景

さて、最後にこうした蔵並氏が歴史に名を残すに至った歴史的背景について素描したい。先述の通り、現在想定しうる蔵並氏の初見は天文九年（一五四〇）の「太郎左衛門」[50]で、それ以前は確認されていない。その点は、仏師にしても、後藤氏に繋がるとされる弘円が文明元年（一四六九）、やはり三橋氏に繋がるとされる泉円が天文二年（造像一一九七)に確認されるという具合である。以後かれらによって「鎌倉大仏所」(造像二-八七・九六)・「仏師鎌倉」(造像二-一一三)・「鎌倉仏師」(造像二-一一五・一二六)などと自己敬称として使用されるに至る。[51] それ以前は、ほぼ近世の「系図」「相伝書」の世界の産物といってよい。[52] もちろん、その登場の前史(連続)があったはずであるが、この断絶の意味は大きい。[53]

この前史は、鎌倉が上杉禅秀の乱・永享の乱・結城合戦・享徳の大乱などで万事政治的混乱を極めた段階に当たると同時に、数多くの自然災害に直面した時代であった。それは、大きな社会構造の変化と相俟っての事態であり展開であった。その克服主体としての現代に繋がる「家」の人々の登場に象徴されたのであった。[54] 列島規模で展開される有徳の世紀から家・村・町の世紀への転換であった。そこから後藤・三橋両氏のみならず蔵並氏らが登場してきたという見通しである。

それは、鎌倉の混乱から再興への主体の問題でもあった。以後鎌倉が再興されていったことは、建長寺玉隠英璵[55]を中心とする寺社再建と文事興隆や、後北条氏による鶴岡八幡宮再建[56]などによって知られる通りである。その起爆剤となったのは、特に東海南海地震に代表される明応年代の自然災害(鎌倉大仏の流失など)からの復興であったと思われる。[57] これらの復興事業は一種の公共事業としてなされ、その富の分配と循環が鎌倉全体の再建を導いたからである。その際、勧進主体でもあり再興主体でもあった「町」の商職人が大きな役割を果したことは、想像に難くない。[58] まさに仏師・大工らの活躍の場であった。その先駆けとして「大工鎌倉町小次郎」、次いで「太郎左衛門」らが登場する一方で、従来の寺社付属の大工も大きな転身を遂げていったのであった。[59] 新旧の仏師・大工が相俟って新たな「鎌倉大工」(「鎌倉番匠衆」)を形成し、鎌倉再建を担ったのである。[60] 蔵並氏は、その一端を担い大きな足跡を残したのであった。

すなわち、大工蔵並氏は、列島規模で展開される社会構造の変化のなかから登場し、鎌倉においてその歴史的役割を果たしたのであった。

おわりに

以上、蔵並氏について不十分ながら検討してきた。要約すれば、第一に、蔵並氏は「江戸時代鎌倉仏師の一派」と総称されるが、中世の天文年代には大工としての活動が見通せること、第二に、蔵並氏はその間、後北条氏と鶴岡八幡宮への奉仕を鎌倉大工として行ったが、その本質は乱橋材木座を在所とする「町」の大工として活動であったと推察されること、第三に、そのなかで蓄積された専門職能を後北条氏や鶴岡八幡宮は造営・再建上無視できず「一引棟」「惣引棟」などとして活用せざるをえなかったこと、第四に、蔵並氏は近世に入り「町」の大工・仏師として原点回帰を果たしたが、その仏師としての活動は享保年代まで、大工としての活動は寛政年代までで、その後は史料的にみえず、なんらかの経済的・社会的変動をうけて衰退したと思われること、第五に、ただそれまで広範囲な活動が可能であったのは「町」の大工という基本的属性によるものであったこと、第六に、それ故に明治の廃仏毀釈で寺社付属大工・仏師が廃業か彫物師への転業（「鎌倉彫」）を強いられたにもかかわらず、蔵並氏は衰退しつつも在地に「工」として存続しえたこと、第七に、それは蔵並氏が「他所者」ではなく乱橋材木座特有な再生産構造のなかから成長してきた在地者であったからであったこと、第八に、その淵源が十五世紀中頃前後来の社会構造の変化のなかにあった点で、列島的規模で展開される歴史の一齣に位置づけられること、を見通した。

とはいえ、史料的制約も大きく仮説的な見通しに留まった部分が多く、今後それを客観的に裏付ける必要性を痛感する。と同時に鎌倉商職人の全体像の構築やそのなかでの乱橋材木座の歴史的位置づけなど、残された課題も多い。改めて検討したい。

なお、蔵並氏のように淵源を中世に持つとみられる鎌倉人は、今に諸氏確認される。そうした諸氏の検討も、今後の鎌倉史研究の重要な課題である。その際、「吾妻鏡」の世界を相対化させた鎌倉中世考古学の成果を学ぶと同時に、鎌倉期に偏したかにみえる鎌倉文献史学の見直しが、より豊かな鎌倉史の展開をもたらすと考える。

註

（1）『鎌倉市史 総説編』（吉川弘文館、一九七二年。高柳光寿氏執筆分）。石井進他編『よみがえる中世（3）武士の都鎌倉』（平凡社、一九八九年。石井進氏執筆分）。ただ石井進「文献からみた中世都市鎌倉」（『石井進著作集 第九巻 中世都市を語る』岩波書店、二〇〇五年、初出一九九四年）は「一四世紀前半、鎌倉幕府滅亡以後から約一世紀余りの都市鎌倉の後期、衰亡期（中略）、実はこの時期の鎌倉については、文献史の方ではこれまであまり人気がなく、十分な研究がなされておりません。しかし私は以前から非常に重要な研究対象であると考えておりました」と記し、さらに「中世都市鎌倉の構造」（『解放研究』一〇、一九九六年）では「少なくとも江戸時代のはじめまで鎌倉はやはり関東で都市とよばれるに値する特別な場所であり」「相当にまだ都市的な様相が残っていたと見るべきで、私がこれまで書いてきたことを自己批判しなきゃならない」と記している。

（2）その点、過去に纏めた拙稿「室町後期の鎌倉・鶴岡八幡宮をめぐって―『香象院珎祐記録』を題材に―」・「戦国期の鎌倉・鶴岡八幡宮をめぐって―『快元僧都記』を題材に―」（『続中世東国の支配構造』思文閣出版、一九九六年、初出一九九一年・九四年）なども、同様な問題意識に基づくささやかな試論である。本稿も、その素意上のものである。また湯山学「鎌倉の祇園祭」（『中世南関東の武士と時宗　湯山学中世史論集5』岩田書院、二〇一二年、初出一九八四年～八五年）、藤木久志「中世鎌倉の祇園会と町衆―どっこい鎌倉は生きていた―」（『戦国の村を行く』朝日新聞出版、一九九七年、初出一九九三年）・「鎌倉公方の四季―中世民俗誌としての『鎌倉年中行事』から」（『戦う村の民俗を行く』朝日新聞出版、二〇〇八年、初出一九九七年）、伊藤一美「戦国時代の鎌倉」（福田豊彦他編『「鎌倉」の時代』山川出版社、二〇一五年）などからも学ぶべき点が多い。

特に藤木「鎌倉公方の四季」は「文献の方でも、鎌倉を見る目を、鎌倉時代から室町以後の時代へ、変や乱や政治や法から、鎌倉の人びとの生活や祈りの世界へと、広げて行くことが進められています」とか「武威の衰退＝『武士の都』の衰え」という以上に、鎌倉「公方を取り巻く生活や文化の面での、意外な充実ぶりにも、あらためて『町の成熟』という角度から、目を向けてみてもいいのではないでしょうか。」と述べている。

なお、拙稿「鎌倉蒔田善右衛門家の近世的展開―「地方名主」・「旧家」への道―」（『鎌倉』一二一、二〇一六年）では、天正十八年四月日付豊臣秀吉禁制（「尊経閣文庫所蔵文書」。蒔田善右衛門家旧蔵文書）が「鎌倉中」の「地下人・町人」を対象とする希有な禁制である点に中世「町人」の力量の到達点を見通した。

（3）　例えば、三山進『鎌倉と運慶』（有隣新書、一九七六年）・『鎌倉彫刻史考』（有隣堂、一九八一年）、『鎌倉市史　近世通史編』（吉川弘文館、一九九〇年。三山進・関口欣也両氏執筆分）、湯山学「鶴岡八幡宮の大工―戦国期・鎌倉の寺社付属職人―」（永原慶二・所理喜夫編『戦国期職人の系譜』角川書店、一九八九年）・『中世の鎌倉―鶴岡八幡宮の研究―南関東中世史論集三』（私家版、一九九三年）・『鶴岡八幡宮の中世的世界―別当・新宮・舞楽・大工―　南関東中世史論集四』（私家版、一九九五年）・『北条氏綱と戦国関東争奪戦』（戎光祥出版、二〇一六年）、関口欣也『増補　鎌倉の古建築』（有隣新書、二〇〇五年。初版一九九七年）など。

なお、これらのうち、「新編相模国風土記稿　鎌倉郡」の「旧家」としては、「伊織」（経師・里正神尾〈加納〉氏）、「勘

左衛門」（刀工・山村氏）、「永助」（仏師・三橋氏）、「斎宮」（仏師・後藤氏）、「小三郎」（里長・甘糟氏）、「九郎右衛門」（問屋・沢辺氏）、「与次右衛門」（里正・梅沢氏）、「八兵衛」（松平氏）、「小十郎」（里正・森氏）、「八郎右衛門」（鋤柄氏）、「左平太」（里正・福原氏）がみえる。都合一二家となる。

（4）白井永二編『鎌倉事典［新装普及版］』（東京堂出版、一九九五年。三山進氏執筆分）。

（5）『改訂新編 相州古文書 第一巻～第五巻』（角川書店、一九六五～七〇年）、『鎌倉市史 史料編 第一～第四』（吉川弘文館、一九七二年）、『鎌倉市史 近世史料編 第二』（吉川弘文館、一九八六年）、『鎌倉近世史料 乱橋材木座村編』（鎌倉市教育委員会、一九六七年）。もちろん、従来の公的な編纂でどこまで踏み込んで悉皆調査がなされたのかは検証が必要であろう。その点は、その事実上の嚆矢たる「新編相模国風土記稿」・「相州文書」においても同様である。

（6）三山進編『鎌倉地方造像関係資料 第一集～第八集 鎌倉国宝館論集』（鎌倉国宝館、一九六八年～七五年）、『鎌倉市文化財総合目録 書跡・絵画・彫刻・工芸篇』（鎌倉市教育委員会、一九八六年）、『鎌倉市文化財総合目録 建造物篇』（鎌倉市教育委員会、一九八七年）、『神奈川県近世社寺建築調査報告書』（神奈川県教育庁、一九九三年）、『戦国遺文 後北条氏編 第一巻～第六巻・補遺編』（東京堂出版）を利用した。

（7）奥山信治「近世に於ける鎌倉大工の造営活動」（『鎌倉』九五、二〇〇二年）。

（8）『川崎市史 通史編2近世』（一九九四年、三山進氏執筆分）、『川崎市彫刻・絵画緊急調査報告書―本文編―』（川崎市教育委員会、一九九六年）。

（9）『妙本寺文書』（比企谷妙本寺、二〇〇二年）一七〇頁。

（10）『称名寺の庭園と伽藍』（神奈川県立金沢文庫、二〇〇九年）三八頁。

（11）上杉孝良「無量寺聖観音菩薩像とその周辺―三浦地方における金剛幢下の人びと―」（『市史研究横須賀』五、二〇〇六年）。

(12)　三山進「神武寺の彫刻と絵画」（『三浦古文化』一〇、一九七一年）、『逗子市史 別編Ⅱ 考古・建築・美術・漁業編』一九九五年）。

(13)　『神奈川県有形文化財　長勝寺法華堂修理工事報告書』（長勝寺、一九七三年）によって若干補訂した。

(14)　『横須賀市文化財総合調査報告書　第2集―久里浜地区―』（横須賀市教育委員会、一九八二年）。なお、この11の「蔵幷（並）大工三郎兵衛・市郎兵衛・清右衛門」は、「鎌倉寺社大工全体の定書」（関口註（3）『増補　鎌倉の古建築』一五一頁）といわれる元禄十七年（一七〇四）二月二十二日付鎌倉大工仲間議定（「鎌倉建築組合蔵」鎌近二五六）にみえる「乱橋清右衛門　七郎兵衛　三郎兵衛　二郎兵衛　武左衛門　平兵衛」に該当しようか。また議定にみえる七郎兵衛は、13の「大工鎌倉七郎兵衛」と15の「大工棟梁鎌倉蔵並七良兵衛」に該当しようか。

(15)　『新横須賀市史　別編文化遺産』（二〇〇九年）。

(16)　『寒川町史11別編　美術工芸』（一九九二年）。

(17)　この27「蔵並三郎兵衛」は、明治五年付相模国第拾壱区乱橋材木座村番地取調帳（「村木家所蔵文書」三三）の「工蔵並三郎兵衛　日蓮宗長勝寺」や、明治八年八月付地価取調委任議定書（「村木家所蔵文書」三六）の「蔵並三郎兵衛」と同人であろう。

(18)　『鎌倉市史　近世通史編』（吉川弘文館、一九九〇年）五七七頁。

(19)　三山註（3）『鎌倉と運慶』・「三橋家の歴史―鎌倉仏師と鎌倉彫―」（大石永輔・三橋三郎編『明治鎌倉彫　三橋鎌山とその伝統』有隣堂、一九八一年）・「仏師後藤家の系譜」（後藤俊太郎・圭子編『鎌倉彫後藤家四代』かまくら春秋社、一九九七年）。

(20)　中世段階から豊吉まで確認される通称・官途太郎左衛門（尉）が近世段階には確認できないのは、如何なる事情によろうか。大工蔵並家の内部でも諸家分立・存立状況が存在し、その間で栄枯盛衰も十分想定されてよい。なお、実相寺墓地所在の近年建立の「蔵並家墓誌」には、「第十代　蔵並太郎左衛門尉豊吉　長享元年　天文十七年没」とみえる（斎木明美さんの調査）。生没年の根拠は不詳であるが、名字「蔵並」家の家祖とされる豊吉の存在感が窺われる。それに続いて「第十五代　蔵並杢之助　延宝五年　元文四年十一月二十八日没」とみえる人物が政吉と思われる。

（21）好田＝吉田氏については、『鎌倉事典［新装普及版］』、三山註（3）『鎌倉と運慶』・『鎌倉彫刻史考』なども触れるところがない。

（22）土肥誠「鶴岡八幡宮寛文年中修復記」（『鎌倉』四六、一九八四年）。

（23）内藤昌『江戸と江戸城』（講談社学術文庫、二〇一三年、初版一九九六年）一〇六頁。

（24）鈴木亘「川崎市における近世社寺造営の大工（二）」（『川崎市文化財調査集録』三一、川崎市教育委員会、一九九五年）。

（25）『横浜市史稿　仏寺編』（横浜市役所、一九三一年）一六〇頁。

（26）「鶴岡御造営日記」（『神道大系　神社編　鶴岡』神道大系編纂会、一九七九年）。

（27）『鎌倉市史　近世通史編』。

（28）以下の鎌倉市内寺院の所在地表記は、地名変更以前の『鎌倉市史　社寺編』（吉川弘文館、一九五九年）によった。

（29）特定の寺社付属の大工とはいえ、さまざまな縁で諸寺社の仕事に関わったことはいうまでもない。寺社付属大工の代表格河内氏（建長寺・英勝寺付属）も日蓮宗寺院妙本寺（大町字北側一一二六）の再建工事に加わったり（「妙本寺棟札」『大田区史（資料編）寺社2』一九八三年、三四〇頁・四二九頁・四三四頁）、鎌倉浄光明寺（扇ケ谷字泉ケ谷二八三）阿弥陀堂の造営にも加わっている（造像三―五五）。

（30）山田泰弘・緒方啓介「横浜三会寺の歴史と本尊及什宝類」（『三浦古文化』三二、一九八二年）。

（31）棟札に大工が花押を据えた例は、大永三年六月十二日付箱根神社棟札銘（「箱根神社蔵」戦北五六）の「大工方積《ほづみ》彦左衛門尉宗次（花押）」などで知られる程度である（方積宗次については、湯山註（3）『北条氏綱と戦国関東争奪戦』を参照）。文書においても、弘治二年四月晦日付伊豆下田大工清次郎等連署請文（「金沢文庫所蔵武本為訓氏旧蔵文書」戦北四八七七）は、二人とも（筆印）である。なお、5「蔵並□《（庄カ）》左衛門（花押）」「鎌倉乱橋之住蔵並庄左衛門作（花押）」は仏師のものであるが、これ自体、二七例中唯一である。大工・仏師が花押を据える行為自体、相当な存在感を示すものであったと認識される。仏師の例は、造像二-六八・九〇など。

（32）『日本国語大辞典』（小学館）。「引頭」については、大河直躬『ものと人間の文化史 番匠』（法政大学出版局、一九七六年）を参照。

（33）「快元僧都記」は、『神道大系 神社編 鶴岡』、『戦国遺文 後北条氏編 補遺編』を利用した。

（34）湯山註（3）『中世の鎌倉』。

（35）この点から検討したものに「太郎左衛門尉」（『戦国人名辞典』吉川弘文館、二〇〇六年。鳥居和郎氏執筆分）がある。鳥居氏は、元亀元年四月九日付北条家朱印状写（「相州文書所収鎌倉郡金子清左衛門所蔵文書」戦北一四〇一）の宛所「大工太郎左衛門尉」をa・b・②の前提に位置づけて、②の「あるいは子ならば太郎左衛門尉は蔵並姓といえる」という評価を下されている。ただその宛所「大工太郎左衛門尉」は内容からa～cの「太郎左衛門」とは別人と思われ、ここでは検討外とした。

（36）ここにみえる「番匠」「鎌倉」の「源次三郎」「九郎左衛門」「三郎左衛門」「太郎左衛門」「四郎左衛門」「甚左衛門」のうち、湯山註（3）「鶴岡八幡宮の大工」は、「源次三郎」を東慶寺付属大工金子氏、「九郎左衛門」を鎌倉本興寺（大町字南側二二八三）棟札（『千葉市の戦国時代城館跡』千葉市立郷土博物館、二〇〇九年）にみえる「大工九郎左衛門吉久」に比定する。ただ「大工九郎左衛門吉久」を含めて「三郎左衛門」「四郎左衛門」「甚左衛門」の名字は、現在なお不明である。

(37) この「御大工鎌倉太郎左衛門」は、永正十六年九月十六日付春日神社再興棟札写(『横浜市史稿 神社編・教会編』横浜市役所、一九三二年、二五一頁)の「大工鎌倉扇谷坂中《さかなか》匠(ママ)内小六」(河内氏)→享禄三年十一月吉日付春日神社再興棟札写(『横浜市史稿 神社編・教会編』)の「大工鎌倉町小次郎」をうけて天正五年十月十日付春日神社棟札に登場する。その意味で、その前提となったのは「大工鎌倉町小次郎」であった。当時の鎌倉では「鎌倉中」「町」「町人」という表現はみられるが、「鎌倉町」という表現は「高野山高室院月牌帳」(『寒川町史10別編 寺院』一九九七年)に「相州鎌倉町　伊井右近立之　融鎮　逆修　天正十四年八月廿一日」などとみえる程度で、極めて例外的なものと認識される。そうした「町」から寺社付属の「大工鎌倉扇谷坂中匠(ママ)内小六」(河内氏)に代わって「大工」「小次郎」が登場し、それを受けての「御大工鎌倉太郎左衛門」であった。

(38) なお、cの「はんしやう(番匠)大郎左衛門」は鶴岡八幡宮領の名請人でもあったことを示すものである。

(39) 鎌倉蒔田氏については、拙稿「蒔田氏の族的性格について―相模鎌倉・藤沢と西上総を中心に―」(『江戸湾をめぐる中世』思文閣出版、二〇〇〇年)・拙稿註(2)「鎌倉蒔田善右衛門家の近世的展開」を参照。

(40) 鎌倉蒔田氏と乱橋との関係を示す初見は、天正十九年七月二十八日付と文禄元年四月二十九日付賀茂衆宛頓阿弥等三人連署知行注文・打渡状(「加茂文書」相古二―三六四・三六五)に、「壱貫八百七十四文同所(不戸)源五郎」と「社人領長谷御領所渡分」の内「壱貫百文　蒔田源五郎」とみえることである。中世に遡及しうる記事である。

(41) 大工(河内氏他)・仏師(後藤・三橋両氏他)・刀鍛冶(山村氏)・経師(加納氏)などが集住した。湯山註(3)『北条氏綱と戦国関東争奪戦』を参照。

(42) 『神奈川県有形文化財　長勝寺法華堂修理工事報告書』は、明治十五年の法華堂修理銘に「蔵並三郎兵衛　明治十五年午五月十五日　蔵並伊三郎」(27を指す)がみえることと「長勝寺では蔵並大工が代々修理をなし、前述した墨書に『三郎兵衛』『清左衛門』(11を指す)が書かれておる。現在でも長勝寺出入で蔵並家は建設業を営んでいる」ことを記している。

(43) なお、蔵(倉)については、小野正敏他編『中世人のたからもの　蔵があらわす権力と富』(高志書院、二〇一一年)、鈴木弘太『中世鎌倉の都市構造と竪穴建物』(同成社、二〇一三年)を参照。蔵(倉)並(波)に準ずる蔵(倉)持・蔵(倉)本(元)・蔵(倉)多(田)・蔵(倉)員(数)・蔵(倉)方などの名字・地名は各地で確認される。万事富を象徴する名字・地名であった。特に蔵並は、家(屋)並に準ずる言葉である。

(44) なお、『鎌倉市史　近代通史編』(吉川弘文館、一九九四年、七一頁)は、本取調帳から「全二〇二戸中「雑業」が一四八戸(全体の約七三%)をも占めており、鎌倉における都市的民衆の姿をかいま見ることができる」と指摘する。「雑業」とは、日雇い中心の雑多な生業の意である。

(45) 乱橋材木座には、その他、光明寺(乱橋材木座字門前八五四)付属大工金子・古川両氏が確認される。両氏が何時から登場するかは、不詳である。先の元禄十七年付鎌倉大工仲間議定に連署した「光明寺前勘右衛門」は、正徳二年中秋(八月)付蓮乗院本堂棟札(文化財②六〇九頁)の「建立願主」の一人「大工助(勘)右衛門」と同人にして、宝暦十年付九品寺山門棟札にみえる「大工古川勘右衛門尉藤原光盛」の父親ではなかろうか(報告書三七九頁)。古川氏は、天保年代には「年寄」とみえる(「村木家所蔵文書」一四・一五)。また村木氏からも仏師が出ている(造像八-八七)。ここにも、乱橋材木座の地域性が窺われて興味深い。

(46) 蔵並氏は、註(42)のように一九七三年当時も建設業(「蔵並建設」)を営む一族がいた。「工」の存続である。

(47) もちろん、「蒔田源五郎」なるものが註(40)以外にも寛永十七年段階の記録を集成した天和三年九月二十日付鶴岡八幡宮領社人分名寄帳(「鶴岡八幡宮蔵多家史料」鎌近一四七)にもみえる。また享保十五年十一月吉日付庚申塔(五所神社〈乱橋材木座字能蔵寺二八一〉)に「蒔田佐五兵エ」(斎木明美さんの調査)などがみえる。ただ明治五年の取調帳には一軒のみということである。

(48)『鎌倉近世史料 乱橋材木座村編』がほぼ「村木家所蔵文書」なのに対して、「蒔田家所蔵文書」なるものは、編纂当時すでに「地方名主である乱橋村名主蒔田家の文書をぜひ一見したいと極力努めてみたが、同家は現在は旧地を離れており、且つそうした文書記録類は何も残っていないとのことで、諦めざるを得なかった。因みに蒔田家は『新記』にも『旧家善右衛門』の項がある累代名主なので、同家の記録類の亡失は、まことに惜しい限りである」との状態であった。

(49)なお、乱橋材木座には、「永禄二年乱橋村住居」以来という伝承を持つ高橋氏がいる(「高橋家由緒書」『鎌倉近世史料』二四二)。この高橋氏は、元文二年八月吉日付九品寺蔵鐘銘(曾存)に「施主」一六人の一人としてみえる(赤星直忠『鎌倉の新鐘—江戸時代— 鎌倉国宝館論集 第七』鎌倉市教育委員会・鎌倉国宝館、一九六三年)。また「高野山高室院文書 相州川西月牌帳」(『新横須賀市史 資料編古代・中世補遺』)に元和五年六月四日二親のために高野山高室院に供養を依頼した「相州鎌倉材木座高木与右衛門」もいる。その段階の「材木座」と現在の乱橋材木座は地域的に必ずしも一致しないが、関係史料にはまったくみえない。鎌倉の高木氏といえば、室町期に社家被官として横地氏と並んで活躍した高木氏(「鶴岡事書日記」「香蔵院珎祐記録」「鶴岡八幡宮寺供僧次第」)が想起されるが、もちろんその関係は不詳である。

(50)弘円については、三山進「仏師弘円考」(『跡見学園女子大学紀要』一、一九六八年)・「『仏師弘円考』補遺」(『跡見学園女子大学美学・美術史学科報』一七、一九八九年)、「弘円」(『戦国人名辞典』鳥居和郎氏執筆分)を参照。

(51)もちろん、永徳二年の安房長福寺蔵薬師如来立像台座裏墨書銘(『中世の安房と鎌倉—海で結ばれた信仰の道—』館山市立博物館、二〇一二年)に「大仏師鎌倉并ニ□□□□開眼」とみえるように言葉自体はそれ以前にもみえるが、自己敬称としての使用はこの段階以降に顕著となる。

(52)三山註(3)『鎌倉彫刻史考』・「仏師後藤家の系譜」・「三橋家の歴史」など。

(53)その点は、天文年代以降の寺社再建に比して室町前期(応永年代)の「寺社造営の時代」の大工などの実態が不明なことと深く関わると思われる（小森正明『室町期東国社会の寺社造営』思文閣出版、二〇〇八年）。

(54)　勝俣鎮夫『戦国時代論』（岩波書店、一九九六年）、尾藤正英『江戸時代とはなにか　日本史上の近世と近代』（岩波現代文庫、二〇〇六年、初版一九九二年）、久留島典子『日本の歴史13　一揆と戦国大名』（講談社学術文庫、二〇〇九年、初版二〇〇一年）など。

(55)　玉隠英璵（一四三二～一五二四）については、拙稿「古河公方周辺の文化的諸相―古河公方研究の深化のために―」（『続中世東国の支配構造』思文閣出版、一九九六年、初出一九九一年）、川本慎自「室町時代の鎌倉禅林」（村井章介編『東アジアのなかの建長寺』勉誠出版、二〇一四年）などを参照。なお、玉隠英璵は註（60）のように、建長寺付属大工河内氏に道号を贈ったばかりでなく、「旦那神奈（河）住人」端山《はやま》国重が弘明寺《ぐみょうじ》（横浜市南区弘明寺）に納めた扁額に揮毫するなど、より在地的な人物と接点を有したことも看過し難い（湯山学『藤沢の武士と城』名著出版、一九七九年）。また玉隠英璵が鎌倉の明応四年の「五十年来、無如是之風水災」に「先天下之憂、後我之憂」としたことは、「文明明応年間関東禅林詩文等抄録」（『信濃史料　第十巻』信濃史料刊行会、一九五七年）にも窺われるし、そのなかから「海蔵寺修造勧進状」「荒居閻魔堂円応寺修造勧進状」「建長寺西来庵修造勧進状」などが生まれたのであった（浪川幹夫「中世鎌倉の烈震と復興―鎌倉時代末期から戦国時代の地震災害と復興の姿―」『鎌倉』一一四、二〇一三年）。鎌倉五山禅林最後の学僧とともに時代に身を投じた実践僧としての姿である。

(56)　湯山註（3）『北条氏綱と戦国関東争奪戦』、拙稿註（2）「戦国期の鎌倉・鶴岡八幡宮をめぐって」、伊藤註（2）「戦国時代の鎌倉」など。

(57)　この前後の鎌倉の自然災害史については、浪川註（55）「中世鎌倉の烈震と復興」に詳しい。なお、拙稿「安房妙本寺関係史料からみる自然災害史序説―房総・駿河・日向を中心に―」（『千葉大学人文研究』四三、二〇一四年）も、この前後の鎌倉の自然災害史について不十分ながら言及した。

（58）例えば、石井註（1）「中世都市鎌倉の構造」・『日本の中世1　中世のかたち』（中央公論新社、二〇〇二年）も注目した「荒居閻魔堂円応寺修造勧進状」は、その周辺の「市鄽《してん》四ヶ町屠児《とじ》」を意識した内容となっている。石井の後書は、それを「四ヶ町にのぼる店屋が並び、『屠児』とよばれる人びとが住んでいた」（一六五頁）と解する。

（59）本文に記したように大工「太郎左衛門」「鎌倉新右衛門」「源次三郎」「九郎左衛門」「三郎左衛門」「太郎左衛門」「四郎左衛門」「甚左衛門」などが続々と歴史の舞台に登場し、寺社付属の大工以上に大きな役割を果たしたのであった。それは、絶対的であったかにみえる鶴岡八幡宮の「大工職」をめぐる対立をも招来せしめるものであった（湯山註（3）「鶴岡八幡宮の大工」）。

（60）例えば、建長寺付属大工である河内氏に対して、玉隠英璵は永正十六年二月十七日に「相之鎌倉扇谷亀谷山勝因寺門前、有内匠助者、俗躰法名曰浄円、就老衲求字、迺以月英命之」（「玉隠和尚語録」『信濃史料　第十巻』）とみえるように道号「月英」を贈っている。これには、当然対価を要したはずであり、「官途職」「内匠助」（「当山大工所古書之写」相古五-補遺三八）の受領を補填する財力を有していた証拠である。建長寺付属大工河内氏が新たな展開を遂げていた証拠であり、もって同氏は鶴岡八幡宮再建工事へ参加していったのである。なお、その後の展開については、文化財②に掲載の「鎌倉造営名目」「解題—中世の鎌倉大工と造営名目」（関口欣也氏執筆分）に詳しい。

【付記】本稿執筆に際し、斎木明美さんから種々万端教示をえた。また文献閲覧に際しては、横浜市立大学図書館・鎌倉市中央図書館・神奈川県立金沢文庫の便宜をえた。併せ記し拝謝す。

遠山 成一（とおやま　せいいち）　1954年生　千葉県立佐倉東高等学校
「建武期千田庄動乱の再検討」（『千葉史学』33号、1998年）
「戦国後期房総における城下集落の存在形態」
（佐藤博信編『中世東国の社会構造』岩田書院、2007年）
「中世における宿地名に関する一考察」
（佐藤博信編『中世房総と東国社会』岩田書院、2012年）

川戸 貴史（かわと　たかし）　1974年生　千葉経済大学
『戦国期の貨幣と経済』（吉川弘文館、2008年）
「奥羽仕置と会津領の知行基準」（『史学雑誌』123編４号、2014年）
「15～17世紀海域アジアの交流と日本の貨幣」（『歴史学研究』950号、2016年）

黒田 基樹（くろだ　もとき）　1965年生　駿河台大学
『戦国大名北条氏の領国支配』（岩田書院、1995年）
『中近世移行期の大名権力と村落』（校倉書房、2003年）
『増補改訂 戦国大名と外様国衆』（戎光祥出版、2015年）

田嶋 悠佑（たじま　ゆうすけ）　1988年生　新潟市歴史博物館
「堀直寄印判の研究」（『新潟市歴史博物館研究紀要』11号、2015年）

佐藤 博信（さとう　ひろのぶ）　1946年生　千葉大学名誉教授
『古河公方足利氏の研究』（校倉書房、1989年）
『中世東国日蓮宗寺院の研究』（東京大学出版会、2003年）
『中世東国の権力と構造』（校倉書房、2013年）

【執筆者紹介】掲載順

阪田 雄一（さかた　ゆういち） 1953年生　千葉県立犢橋高等学校
「雑訴決断所と鎌倉将軍府」（佐藤博信編『中世東国の政治構造』岩田書院、2007年）
「南北朝前期における上杉氏の動向」
（黒田基樹編『関東管領上杉氏』戎光祥出版、2013年、初出1998年）
「中先代の乱と鎌倉将軍府」
（佐藤博信編『関東足利氏と東国社会』岩田書院、2012年）

木下　聡（きのした　さとし） 1976年生　東京大学大学院人文社会系研究科
『中世武家官位の研究』（吉川弘文館、2011年）
『美濃斎藤氏』（編著、岩田書院、2014年）
『管領斯波氏』（編著、戎光祥出版、2015年）

石橋 一展（いしばし　かずひろ） 1981年生　野田市立七光台小学校
『下総千葉氏』（編著、戎光祥出版、2015年）
「室町期における下総千葉氏の動向」（『千葉史学』66号、2015年）
「禅秀与党の討伐と都鄙和睦」
（黒田基樹編『足利持氏とその時代』戎光祥出版、2016年）

長塚　孝（ながつか　たかし） 1959年生　馬の博物館
「戦国期下総における馬の流通と生産」（『馬の博物館研究紀要』19号、2014年）
「武蔵原氏と上足立郡」（『埼玉地方史』71号、2015年）
「浄光院殿―足利義氏の室―」
（黒田基樹・浅倉直美編『北条氏康の子供たち』宮帯出版社、2015年）

中根 正人（なかね　まさと） 1986年生　筑波技術大学
「戦国期常陸大掾氏の位置づけ」
（高橋修編『常陸平氏』戎光祥出版、2015年、初出2013年）
「南北朝～室町前期の常陸大掾氏」（『国史学』217号、2015年）
「「南方三十三館」謀殺事件考」（『常総中世史研究』４号、2016年）

松本 一夫（まつもと　かずお） 1959年生　栃木県立上三川高等学校
『東国守護の歴史的特質』（岩田書院、2001年）
『下野中世史の世界』（岩田書院、2010年）
『小山氏の盛衰』（戎光祥出版、2015年）

細田 大樹（ほそだ　だいき） 1989年生　千葉県職員

竹井 英文（たけい　ひでふみ） 1982年生　東北学院大学文学部
『織豊政権と東国社会』（吉川弘文館、2012年）
「徳川家康江戸入部の歴史的背景」（『日本史研究』628号、2014年）
「城郭研究の現在」（『歴史評論』787号、2015年）

中世東国の政治と経済　中世東国論 6

2016年(平成28年)12月　第 1 刷　350部発行　定価[本体7400円＋税]

編　者　佐藤 博信

発行所　有限会社岩田書院　代表：岩田　博　http://www.iwata-shoin.co.jp

〒157-0062 東京都世田谷区南烏山4-25-6-103　電話03-3326-3757 FAX03-3326-6788

組版・印刷・製本：亜細亜印刷

ISBN978-4-86602-980-1 C3321　￥7400E